WESTEND

ULRIKE WEILER

FLEISCH ESSEN?

Eine Aufklärung

WESTEND

Mehr über unsere Autoren und Bücher:
www.westendverlag.de
Die Deutsche Nationalbibliothek verzeichnet diese Publikation in
der Deutschen Nationalbibliografie; detaillierte bibliografische Daten
sind im Internet über http://dnb.d-nb.de abrufbar.

ISBN 978-3-86489-123-6
© Westend Verlag GmbH, Frankfurt/Main 2016
Umschlaggestaltung: Buchgut, Berlin
Satz: Publikations Atelier, Dreieich
Druck und Bindung: CPI – Clausen & Bosse, Leck
Printed in Germany

Inhalt

Für all die Landwirte und Metzger, die trotz heftiger öffentlicher Anfeindungen, fehlender gesellschaftlicher Wertschätzung und völlig unzureichender Bezahlung ihrer Arbeit und Produkte immer noch weitermachen. Die trotz alledem den Anspruch nicht aufgeben, gut mit ihren Tieren umzugehen, ihre Produktionsweise auf die Umwelt abzustimmen und gute Qualität zu erzeugen. Eben so gut, wie es unter den undankbaren Bedingungen heute geht.

Stuttgart, im März 2016,
bei einem Schweinepreis von 1,24 Euro
pro Kilogramm Schlachtgewicht …

1 Warum dieses Projekt

Bei wohl wenigen Lebensmitteln scheiden sich die Geister so sehr wie beim Thema Fleisch. Die Zeit des hochgeschätzten Veredelungsprodukts – so hat man Fleisch früher mal genannt – ist vorbei. Heute polarisiert das Thema Fleisch die Diskussionen, da viele Verbraucherinnen und Verbraucher darüber nachdenken, ob man Fleisch denn überhaupt essen darf, denn dafür stirbt ja ein Tier. Zudem haben Berichte über Missstände in der Tierhaltung und über negative Umweltfolgen und fehlende Nachhaltigkeit der Fleischerzeugung zum negativen Imagewandel beigetragen. Auch die beteiligte Fleischindustrie trägt aufgrund von Fleischskandalen und den Arbeitsbedingungen der dort beschäftigten Menschen zum negativen Bild bei. In puncto Glaubwürdigkeit und Ansehen bei der Bevölkerung haben sie inzwischen einen schlechteren Ruf als Politiker. Mit gutem Gefühl Fleisch essen können nur noch diejenigen, die diese Diskussionen ausblenden und bewusst ignorieren, oder die Menschen, die wissen, was in der Produktion wirklich passiert, die nicht der medialen Schwarz-Weiß-Malerei verfallen sind und die guten und die schlechten Seiten der Erzeugung kennen.

Zusätzlich zu diesen ethischen Aspekten werden mit Vehemenz die Fragen des ernährungsphysiologischen Werts und möglicher gesundheitlicher Folgen des Fleischkonsums diskutiert, ob man denn nicht ohne gesünder lebt oder ob dadurch eine Mangelernährung vorprogrammiert ist. Die Agitation für einen vegetarischen oder gar veganen Lebensstil hat inzwischen eine Professionalität erreicht, die hinter der Werbung der Fleischwirtschaft in keiner Weise zurückbleibt. Zum Teil angetrieben durch hochprofessionelle Kampagnen der Tierschutzorganisationen, die vom Infostand für Festivalbesucher bis hin zu Schulkampagnen alles bedienen, verweigern zunehmend jüngere Menschen den Fleischkonsum. Neben den fast 10 Prozent Verbrauchern, die behaupten, sich ohne Fleisch zu ernähren, wächst die Gruppe der sogenannten Flexitarier rasant an. Flexitarier ernähren sich überwiegend vegetarisch, Fleisch wird qualitätsbewusst und in kleinen Mengen in den Speiseplan integriert.

Doch was ist dann wirklich Qualität? Produktqualität mit hohem Genusswert? Oder die Art der Erzeugung: tiergerecht und umweltfreundlich, aber mit Abstrichen hinsichtlich des Genusswerts?

Doch auch die Menschen, die Fleisch weiterhin fast täglich essen, haben keine wirkliche Wertschätzung für dieses Lebensmittel. Häufig ist es ein zweifelhafter Proteinträger mit geringem Genusswert, nur für wenige bedeutet Fleisch noch eine hochgeschätzte Quelle der Gaumenfreude.

Der Markt trägt diesen Entwicklungen Rechnung, treibt sie voran. Vegetarischer Wurstersatz erobert die Theken, während in normalen Läden zunehmend auch der Wunsch nach High-End-Fleisch erfüllt werden kann. Biofleisch hat eine hohe Reputation und wird als Alternative heftig diskutiert, aber der Anteil am Verbrauch dümpelt zum Beispiel bei Schweinefleisch bei weniger als 1 Prozent. Viele Verbraucher sehen die regionale Erzeugung in kleinbäuerlichen Betrieben als Alternative zu den Produkten, die unter den zweifelhaften Bedingungen der Massentierhaltung erzeugt werden und für die Tiere leiden und sterben müssen.

Aber stimmen diese Bilder? Ist das wirklich eine Alternative? Ist denn Fleisch aus landwirtschaftlichen Großbetrieben wirklich schlechter als das aus kleinen Betrieben? Und geht es Tieren im Kleinbetrieb besser, sind Tiere dort wirklich glücklicher?

Diese extremen Bilder und Vorstellungen basieren zum erheblichen Teil darauf, dass Menschen heute wenig Ahnung davon haben, wie das Lebensmittel Fleisch erzeugt wird, was gutes Fleisch ausmacht, welche Beziehungen zwischen tiergerechter Produktion, Produktqualität und Genusswert wirklich bestehen. Das Buch möchte hier wesentliche Grundlagen der Fleischerzeugung und der Produktqualität erläuterten und mit gängigen Vor- und Fehlurteilen aufräumen. Ich diskutiere seit vielen Jahren diese Themen mit Studierenden im Rahmen meiner Lehrveranstaltungen an einer Universität und habe dabei festgestellt, wie viel Interesse und Wissensbedarf selbst bei landwirtschaftlich orientierten Studierenden zu diesem Thema besteht. Der größte Bedarf zeigte sich dabei für mich bei den Themen aus den Grenzbereichen zu anderen Disziplinen, ein Grund, warum ich für meine Lehrveranstaltungen auch den Kontakt zur Ernährungswissenschaft, der Fleischbranche und der Spitzengastronomie gesucht habe, um auch diese Sichtweisen und spezifischen Anforderungen in meine Lehre zu integrieren. Dieser interdisziplinäre Ansatz ermöglicht dann nicht nur Studierenden Erkenntnisse, die über die Enge der Disziplinen hinausgehen. Aus dieser lebendigen Lehrkooperation hat sich auch für dieses Buch die fruchtbare Zusammenarbeit mit einem Spitzenkoch eines benachbarten Sternelokals ergeben. Markus Eberhardinger ergänzt aus seiner Sicht die Themen des Buches mit kulinarisch-hedonistischen Aspekten sowie wissenschaftlicher Küchenkunst.

2 Menschen essen Fleisch

2.1 Karnivore, Omnivore, Vegetarier: kein Neuzeitproblem

Fleisch zu essen ist Teil der evolutionären Entwicklung unserer Spezies. Fast alle Primaten sind strikt auf pflanzliche Nahrung programmiert, nur für Schimpansen und Paviane wird gelegentlicher Verzehr von Fleisch berichtet. Menschen sind im Gegensatz dazu Omnivoren, das heißt, unser Gebiss, unser Verdauungssystem sind darauf ausgelegt, dass wir sowohl pflanzliche als auch tierische Nahrung zu uns zu nehmen. Damit sind wir eine höchst anpassungsfähige Spezies, die mit unterschiedlichen Ernährungsgrundlagen überleben kann. Das heißt aber auch, dass eine prinzipielle Negierung von Produkten tierischen Ursprungs nicht den physiologischen Bedürfnissen unserer Spezies entspricht.

Wie die wenigen detaillierten ethnographischen Daten von Menschen, die aktuell noch als Jäger und Sammler leben, zeigen, variiert auch hier die Zusammensetzung der Kost bei den einzelnen Gruppen erheblich. Sie reicht von einer Ernährung, die fast nur auf tierischen Produkten basiert, bis hin zu einer vorwiegend aus pflanzlichen Ressourcen bestehenden Nahrung.[1]

Im Verlauf der Evolution war das Ernährungsverhalten der prähistorischen Menschen – wie das seiner pleistozänen Vorfahren – sehr flexibel. Unsere Vorfahren waren auf eine energetisch hochwertige, nährstoffreiche Kost ausgerichtet; eine weitergehende Spezialisierung auf bestimmte Lebensmittel, ein charakteristisches Pflanzen-Tier-Verhältnis oder eine definierte Makronährstoffverteilung sind nicht zu erkennen.

Fleisch hat einen hohen Gehalt an hochwertigem Protein und Fett, zudem zum Teil andere Vitamine und Mineralstoffe als Pflanzen. Nach einer Übersichtsarbeit von Ströhle und Kollegen (2009) zeigen neuere Isotopen-Auswertungen, dass die Australopithecinen vor 4,5 bis 2,5 Millionen Jahren bereits geringe Mengen tierischer Nahrung aufgenommen haben, ansonsten jedoch überwiegend harte, abrasive pflanzliche Kost konsumierten, die der Nahrung der heutigen Schimpansen ähnelte. Die ersten Vertreter der Gattung Homo wie Homo erectus und Homo habilis (vor 2,5 bis 1,5 Millionen Jahren) hingegen hätten bereits eine energetisch gehaltvollere, nährstoffreichere Kost verzehrt, was auch die typischen Veränderung des Gebisses in Richtung Omnivore, der Grazilisierung, erkläre. Wie der Homo sapiens sollen diese Vorläufer unserer Spezies eine omnivore Ernährungsstrategie verfolgt haben.[2]

Die Entwicklung und die Nutzung unserer großen Gehirnmasse sind energetisch höchst aufwendige Prozesse, daher verwenden Menschen im Vergleich zu Primaten und anderen Säugern einen wesentlich höheren Anteil des Grundumsatzes – das heißt des Energieverbrauchs in Ruhe – für den Energiebedarf des Gehirns. Eine speziesübergreifende Analyse der Nahrungszusammensetzung bei Primaten zeigt, dass paradoxerweise mit steigender Nahrungsqualität der relative Anteil der Nahrungsenergie ansteigt, der für das Gehirn benötigt wird. Diese Beobachtung stützt die Hypothese, dass die enorme Gehirnentwicklung im Laufe der Evolution erst durch die Verfügbarkeit von nährstoffreicher Nahrung und damit mehr Energie möglich wurde, das heißt, die starke Gehirnentwicklung wurde mit der Wandlung vom Pflanzenfresser zum Omnivoren möglich.

Im Vergleich zu anderen Primaten haben Menschen einen relativ kleineren Verdauungstrakt, insbesondere einen kleineren Dickdarm. Diese anatomischen Unterschiede belegen, dass der Verdauungstrakt an energetisch hochwertige, leichtverdauliche Nahrung angepasst ist. Menschen sind zudem weniger bemuskelt und fetter als andere Primaten ähnlicher Größe. Der außergewöhnlich hohe Fettanteil ist insbesondere in der Kindheit feststellbar. Der Körperfettgehalt von neugeborenen Menschen ist mit 16 Prozent weitaus höher als bei anderen Spezies, bei denen der Fettanteil im Schnitt nur 2 bis 3 Prozent des Geburtsgewichts beträgt, so auch bei Schimpansen.[3] Der Fettgehalt erreicht mit 15 Monaten vorübergehend ein Maximum von 25 Prozent. Normalgewichtige habe einen so hohen Körperfettanteil erst wieder im fortgeschrittenen

Erwachsenenalter. Dieser höhere Fettanteil und die geringere Muskelmasse erlauben in der Kindheit die rasche Gehirnentwicklung, quasi eine Schwerpunktsetzung bei der Gehirnentwicklung zu Lasten des Restkörpers. Bei Neugeborenen verbraucht das Gehirn fast 90 Prozent der Energie, die der Körper im Ruhezustand benötigt, mit 18 Monaten sind es immerhin noch über 50 Prozent, bei Erwachsenen etwa 25 Prozent.[4]

Die erste Errungenschaft: mehr Fleisch

Die Entwicklung der Jagd und der hierdurch steigende Fleischverzehr gelten als Schlüsselereignisse in der menschlichen Evolution. Der höhere Fleischanteil in der Nahrung lieferte mehr Energie und ermöglichte die Entwicklung eines größeren Gehirns, welches wiederum für die Kommunikation, Planung und die Verwendung von Werkzeugen bei der Jagd essentiell ist.

Dabei waren die tierischen Nahrungsmittel zudem eine reiche Quelle für die wichtigen mehrfach ungesättigten langkettigen Fettsäuren (PUFA), die insbesondere für die Gehirnentwicklung essentiell sind.[5] Mit der Entwicklung zum Omnivoren mit natürlichem hohem Anteil tierischer Nahrung haben Menschen die Fähigkeit verloren, diese speziellen Fettsäuren selbst zu bilden. Sie wurden dann durch den steigenden Anteil tierischer Nahrung zugeführt.

Die verbesserte Nahrungsqualität hatte wohl auch Konsequenzen für die Fruchtbarkeit und damit die Verbreitung der menschlichen Vorfahren: Der steigende Fleischanteil in der Ernährung ermöglichte es, die Dauer des Stillens zu verkürzen und Kinder früher auf andere Kost umzustellen, da durch Fleisch hochwertigere, leichter verdauliche Proteine als in rein pflanzlicher Kost verfügbar waren. Eine kürzere Stilldauer führt dazu, dass eine erneute Schwangerschaft früher möglich wird.

Der Zusammenhang zwischen Nahrungszusammensetzung und Still- beziehungsweise Säugedauer wurde erst vor wenigen Jahren von einer schwedischen Forschergruppe durch den Vergleich von siebzig Säugetierspezies hergeleitet.[6] Fleischfressende Arten haben eine kürzere Laktationsdauer als reine Pflanzenfresser. In ursprünglich lebenden Jäger- und Sammlergemeinschaften beträgt die durchschnittliche Stilldauer zwei Jahre und vier Monate. Bei den stärker auf pflanzliche Nahrung ausgerichteten Schimpansen beträgt die Säugedauer hingegen vier bis fünf Jahre. Daher wird die durch den Fleischanteil hochwertigere Nahrung als der zentrale Einflussfaktor gesehen, der es Menschen ermöglichte, sich zahlreicher fortzupflanzen, so dass sie zu einer unglaublich erfolgreichen Spezies wurden.

Die zweite Errungenschaft: das Kochen

Der zweite wesentliche Entwicklungsschritt in der menschlichen Esskultur war die Entdeckung, dass pflanzliche und tierische Produkte durch das Erhitzen im Feuer nicht nur geschmacklich interessanter wurden, sondern vielfältige ernährungsphysiologische Vorteile brachten. Neben einer Verbesserung der hygienischen Qualität (Abtötung von schädlichen Mikroorganismen und Parasiten) wurde durch das Erhitzen oder Kochen eine bessere Nährstoffverfügbarkeit erreicht. Reine Rohkost (auch mit tierischen Anteilen) führt zu massivem Energiemangel. Die gleiche Menge an zubereiteten Lebensmitteln ist hingegen energetisch wesentlich hochwertiger, da sie besser verdaut werden kann. Unter den pflanzlichen Inhaltsstoffen betrifft dies vor allem die Stärke, aber auch bei Fleisch werden das schwer verdauliche Kollagen und andere große Struktureiweiße durch das Erhitzen besser verdaulich und energetisch hochwertiger.

Auch wenn Rohkost den Ruf hat, gesünder zu sein als gekochte Lebensmittel, trifft dies per se nicht zu. Rohkost enthält neben Vitaminen auch viele Inhaltsstoffe, die für den Menschen nicht günstig sind, da sie die normale Aufnahme von Nährstoffen beeinträchtigen. Oft sind es Abwehrstoffe, mit denen die Pflanzen sich vor Fraß durch Tiere schützen, indem sie sich unbekömmlich machen. Solche Inhaltsstoffe werden als antinutritive Inhaltsstoffe bezeichnet. Eine erhöhte Aufnahme von antinutritiven Substanzen kann die Nahrungsaufnahme vermindern, die Verdaulichkeit der Rohnährstoffe verschlechtern, und es können Stoffwechselstörungen bis hin zu toxischen Reaktionen auftreten. Antinutritive Inhaltsstoffe können zu ganz unterschiedlichen chemischen Stoffgruppen gehören wie Kohlenhydrate, Proteine, Phenole und Glykoside. In Sojabohnen kommen so Trypsininhibitoren vor, die das körpereigene Verdauungsenzym Trypsin hemmen. Trypsin ist wichtig für die Eiweißverdauung, denn es spaltet Proteine in Aminosäuren und macht sie damit für den Körper erst verwertbar. Andere antinutritive Stoffe gehören zu den Lectinen, komplexen Eiweißen, die in der Lage sind, sich an Zellmembranen zu binden und von dort aus biochemische Reaktionen auszulösen. Mit der Nahrung aufgenommene Lectine heften sich an die Darmzotten und können hierdurch zur Schädigung der Darmschleimhaut führen, was eine verminderte Nährstoffverdauung und -absorption zur Folge hat. Auch die Verfügbarkeit von Phosphor und Mineralstoffen wird durch antinutritive Pflanzeninhaltsstoffe wie zum Beispiel Phytinsäure reduziert. Phytinsäure dient den Pflanzen als wichtigster Phosphorspeicher und kann mit verschiedenen Mineralstoffen schwerlösliche Verbindungen bilden. In Folge kann die Verfügbarkeit von Phosphor, Mineralstoffen, Spurenelementen und Vitaminen beeinträchtigt werden, weil bei Spezies mit einhöhligem Magen wie Mensch und Schwein die Verbindungen nicht gespalten werden können.

Viele der antinutritiven Inhaltsstoffe wie Trypsininhibitoren und Lectine sind wärmeempfindlich und werden durch Erhitzen zerstört beziehungsweise in der Wirkung vermindert. Daher werden in den meisten Kulturen Getreidearten vor dem Verzehr ähnlich bearbeitet, fermentiert und erhitzt, zum Beispiel bei der Herstellung von Sauerteig- oder Hefebrot. Auch die in der vegetarischen Ernährung bedeutsamen Sojabohnen müssen vor dem Verzehr zuerst getoastet oder anderweitig erhitzt oder fermentiert werden, um den antinutritiven Trypsininhibitor zu inaktivieren. Dieser Vorgehensweise liegen jahrtausendealte Erfahrungen der Menschen zugrunde, da erst durch diese Formen der Verarbeitung viele Samen und Körner für den Menschen genießbar und verwertbar werden.

Auch die Stärke aus Speicherwurzeln oder Knollen ist in rohem Zustand für den Menschen wenig verdaulich, zum Beispiel kann Stärke aus rohen Kartoffeln von unseren Verdauungsenzymen kaum angegriffen werden und landet nahezu unverdaut im Dickdarm. Erst in den 1980er Jahren wurde nachgewiesen, dass ein Teil der verzehrten Stärke im Dünndarm nicht verdaut wird, obwohl alle dafür notwendigen Enzyme von der Bauchspeicheldrüse produziert werden. Diese schwer abbaubare Stärke wurde als resistente Stärke bezeichnet.

Sie ist entweder deshalb schwer abbaubar, weil sie wie bei Vollkornprodukten physikalisch unzugänglich innerhalb der Zellwände liegt und damit für Verdauungsenzyme nur schwer zu erreichen ist. Oder sie liegt – wie in rohen Kartoffeln – in Stärkekörnern (granuläre Stärke) vor, die in ihrer ursprünglichen (nativen) Form unverdaulich sind. Werden jedoch die Stärkekörner durch Erhitzen zum Quellen und Platzen gebracht, wird diese Stärke verdaulich.

Daher steigt durch das Kochen die Verdaulichkeit der Stärke von Kartoffeln im Dünndarm um das Mehrfache. Resistente Stärke hat einen nutzbaren Energiegehalt von 4 und 8 Kilojoule pro Gramm, verdauliche Stärke hingegen mehr als doppelt so viel (17 Kilojoule pro Gramm). Meistens ist den Verbrauchern nicht bewusst, dass auch viele Müslikomponenten vor dem Herstellen der Mischung mit Hitze und Druck behandelt wurden, um eine gute Verdaulichkeit zu erreichen.

2.2 Produkte tierischen Ursprungs und Verbreitungsgebiet

Es scheint logisch, dass bei ursprünglich lebenden Menschen die Region, in der sie leben, und die klimatischen Bedingungen entscheidenden Einfluss darauf haben, welche Bedeutung tierische Produkte in der Nahrung haben. Mit zunehmender Entfernung vom Äquator sind saisonale Perioden mit sehr geringer Verfügbarkeit pflanzlicher Nahrungsquellen ausgeprägter und nur tierische Produkte ermöglichen das Überleben. In den Tropen, wo hochverdauliche Nahrungsmittel aus Pflanzen kontinuierlich vorhanden sind, ist andererseits der Zwang geringer, tierische Produkte in den Speiseplan zu integrieren. Damit ist ein Vergleich der Ernährungsgewohnheiten in unterschiedlichen Regionen der Erde ein gutes Modell, um abzuschätzen, ob eine omnivore oder eher vegetarische Ernährung unserer Spezies entspricht.

Über die Nahrungszusammensetzung rezenter Jäger- und Sammlergesellschaften liegt eine erhebliche Zahl von Untersuchungen vor. Ein Teil der Untersuchungen beschäftigt sich auch genau damit, wie das Verbreitungsgebiet Einfluss auf die Nahrungszusammensetzung dieser Menschen nimmt. Generell gibt es kein festes Verhältnis zwischen tierischen und pflanzlichen Nahrungsbestandteilen. Im Mittel stammen 65 Prozent der aufgenommenen Energie aus tierischer Nahrung, aus pflanzlicher entsprechend 35 Prozent.[7]

Bei mehr als drei Viertel der weltweit untersuchten Populationen dominierten tierische Produkte in der Energieversorgung (mehr als 50 Prozent der Nahrungsenergie). Wenn die Jäger und Sammler ausgeschlossen werden, die aus klimatischen Gründen nahezu keinen Zugang zu pflanzlichen Produkten haben (zum Beispiel in Alaska, Grönland), liegt das Verhältnis tierische/pflanzliche Produkte etwa bei 60 zu 40. Der Breitengrad und damit die klimatischen Lebensbedingungen sind eine weitere Variable, die den Anteil der tierischen Nahrung beeinflusst. Unter tropischen Bedingungen (immerfeuchte Tropen, unter 10 Grad nördlicher und südlicher Breite) mit einer gleichmäßigen Verfügbarkeit von süßen Früchten und damit hochwertigen, leichtverdaulichen pflanzlichen Produkten liegt der Anteil tierischer Nahrungsmittel dennoch nie unter 40 Prozent.[8]

Tabelle 1: Anteil tierischer und pflanzlicher Nahrungsmittel in der Ernährung von rezenten Jäger- und Sammlergesellschaften in Abhängigkeit vom Breitengrad der Herkunft (Basis: Beitrag zur Energieaufnahme)[9]

Population	Herkunft	Breitengrad	Tierische Lebensmittel	Pflanzliche Lebensmittel
Efe	Afrika	2 N	44 %	56 %
Nukak	Kolumbien	2 N	41 %	59 %
Hadza	Afrika	3 S	48 %	52 %
Hiwi	Venezuela	6 N	75 %	25 %
Onge	Andaman Island	12 N	79 %	21 %
Aborigines	Australien	12 S	77 %	23 %
Anbarra	Australien	12 S	75 %	25 %
!Kung	Afrika	20 S	68 %	32 %
!Kung	Afrika	20 S	33 %	67 %
Gwi	Afrika	23 S	26 %	74 %
Ache	Paraguay	25 S	78 %	22 %
Nunamiut	Alaska	68 N	99 %	1 %
Eskimo	Grönland	69 N	96 %	4 %

Neben dem hochwertigen Protein ist auch das tierische Fett als Energielieferant wichtiger Nahrungsbestandteil rezenter Jäger- und Sammlergesellschaften. Der Proteingehalt von fettfreien Tierkörpern ist über alle Spezies relativ konstant, der Unterschied zwischen Tierarten liegt im Fettanteil. Dabei steigt der Anteil an Fett mit zunehmender Körpergröße der Art an.

Hintergrund ist einerseits die sogenannte Bergmannsche Regel, die besagt, dass aufgrund des ökonomischeren Wärmehaushalts (relativ kleinere Oberfläche bei zunehmenden Volumen) eher große Varianten einer Art in den äquatorfernen Regionen leben, während eine geringe Körpergröße mit relativ großer Körperoberfläche in den Tropen günstiger für das Überleben ist. Andererseits brauchen Tiere, die in einem gemäßigten Klima leben, jedoch auch zur Überbrückung der nahrungsarmen Zeit im Winter die Fähigkeit, größere Fettdepots aufzubauen. Fette Tiere werden bei Jäger- und Sammlergesellschaften weitaus mehr geschätzt als magere Tiere, sie meiden traditionell sehr proteinreiche (kleine oder abgemagerte) Tiere.

Ernährungsphysiologisch ist das sinnvoll, denn eine Vielzahl von Berichten belegt, dass eine extrem proteinreiche Ernährung ohne zusätzliche Energie aus Fett oder Kohlenhydraten massive Gesundheitsprobleme mit sich bringt. Das Krankheitsbild ist als »Kaninchenhunger« (rabbit starvation) bekannt und historisch bei den ersten Siedlern in Amerika beschrieben. Es kommt aber auch als saisonales Phänomen bei Jäger- und Sammlergesellschaften vor.[10] Die Symptome umfassen anhaltendes Hungergefühl, Schwindel und Durchfälle und eine erhöhte Zahl von Todesfällen. Hintergrund ist wohl die begrenzte Fähigkeit der Leber, die limitierte Aktivität der Enzyme der Harnstoffsynthese zu steigern, so dass es zur Hyperammonämie und Hyperaminoacidämie kommt. Daher muss die Nahrung bei steigendem Anteil tierischer Produkte auch entsprechend mehr Fett oder Kohlenhydrate enthalten.

2.3 Fleischverzehr und Fleischverbrauch: heute – hier und anderswo

Wir essen es wohl in Massen, und wir schätzen es immer weniger. Im Jahr 2009 berichtete die Zeitung *Die Welt* über eine wissenschaftliche Studie unter Federführung von Göttinger Wissenschaftlern zum Image von Fleisch und der Fleischwirtschaft bei der Bevölkerung.[11] Danach vollziehen sich derzeit historische Umwälzungen: Die Essgewohnheiten der Oberschicht würden sich gerade von Grund auf verändern. Früher sei der Fleischverzehr Statussymbol gewesen, die Menschen hätten umso mehr Fleisch gegessen, je höher ihr gesellschaftlicher Status war. Nun habe sich der Trend umgekehrt. Nach den Ergebnissen der Nationalen Verzehrsstudie sinke der Fleischkonsum mit steigendem Bildungsniveau und Einkommen. Die Wohlhabenden und die Gebildeten würden am wenigsten Fleisch essen. Ein Grund dafür sei das sinkende Image des Lebensmittels Fleisch, zum Teil bedingt durch die Vielzahl der Skandale. Auch der Ruf der Fleischbranche bei deutschen Verbrauchern sei schlecht, und Landwirte, die eigentlich positiv wahrgenommen würden, hätten dann ein Imageproblem, wenn sie mit Tieren arbeiten.

In den unteren Schichten würden dagegen die größten Mengen an Fleisch und Fleischwaren verspeist. »Fleisch droht zum Unterschichtsprodukt zu werden«, sagt Achim Spiller, Professor für Lebensmittelmarketing an der Universität Göttingen. Spillers Ergebnisse seien für die Branche ernüchternd gewesen. »Ihr Ruf ist schlechter als der von Süßwarenindustrie und Banken und sogar weniger gut als der des notorisch ungeliebten Chemiesektors.«[12]

Imageprobleme sind nicht neu. Seit der BSE-Krise der 1990er Jahre kämpfen die Anbieter von Fleisch- und Wurstwaren mit dem schlechten Image. Zwar stand damals primär die Landwirtschaft wegen der Verfütterung von Tiermehl in der Kritik. Heute hingegen ist es die Fleischwirtschaft und dabei insbesondere die industriellen Großbetriebe, zu denen die Verbraucher wenig Vertrauen haben.

Zu dem Misstrauen tragen nach Auffassung von Achim Spiller nicht nur zahlreiche Gammelfleischskandale bei, sondern wohl auch der Umgang der Behörden und der Zunft mit solchem Fehlverhalten. Auch die Metzgerverbände und Fleischproduzenten beteuern nur, dass so etwas bei ihnen nicht vorkomme; die Hintergründe für solche Skandale werden nicht diskutiert. Beim Verbraucher entsteht das Bild einer verschworenen Gemeinschaft, die am Rande und jenseits der Legalität agiert, um schnödes Gewinnstreben auszuleben. Es ist klar, dass unter diesen Umständen dem Produkt, dem

Fleisch, dann wenig Hochachtung entgegengebracht wird, sondern Unbehagen und Misstrauen.

Neben der Skandalberichterstattung sind zunehmend auch Aspekte der Nachhaltigkeit und Umweltfolgen ein Grund für den Abschied vom Fleisch, wie weiter unten ausführlich diskutiert wird.

Wer Fleisch mag und dazu steht

Verbraucher sind ein heterogenes Klientel. Wenn es darum geht, die Fleischkäufer zu charakterisieren, findet man Erstaunliches. Neben den Schwarz-Weiß-Einstufungen, die die Verbraucher in Veganer, Vegetarier oder Omnivoren einteilen, gibt es Untersuchungen, in denen die Verbraucher differenzierter klassifiziert

Tabelle 2: Überblick über die verschiedenen Ernährungstypen in Deutschland 2003[13]

Schnäppchenjäger	Fleischfan
ca. 28 %	ca. 22 %
sehr discountorientiert kaum markenbewusst wenig Kochinteresse figur- und gesundheitsbewusst	geringes Gesundheits- und Fitnessinteresse kein Konsum von Bio- und Trans-fair-Produkten geringes Risikobewusstsein Präferenz für Fast Food
Gleichgültige	**Kochfan**
ca. 13 %	ca. 20 %
geringes Koch- und Ernährungsinteresse wenig regionale Lebensmittel oder Familienrezepte eher discountorientiert wenig markenbewusst Präferenz für Fast Food	traditionsorientiert gesundheitsbewusst liest Kochbücher besucht gute Restaurants wenig discountorientiert kauft regionale Lebensmittel reagiert auf Krisen wie BSE
Bewusst und kritisch	**Marken- und Industrial Food**
ca. 8 %	ca. 9 %
Gesundheits- und Fitnessinteresse starker Konsum von regionalen Lebensmitteln sowie Trans-fair- und Bio-Produkten isst gerne in guten Restaurants Ablehnung von Fast Food	geringes Kochinteresse markenbewusst isst angereicherte Lebensmittel Fitness- und Schlankheitsinteresse kauft regionale Lebensmittel, nutzt Familienrezepte

werden. In einer Studie aus dem Jahr 2003 teilte zum Beispiel die Arbeitsgruppe um Achim Spiller die Verbraucher in sechs unterschiedliche Ernährungstypen ein. Diese sind mit ihren wesentlichen Eigenschaften in Tabelle 2 zusammengefasst. Neben den Schnäppchenjägern, die 2003 mit 28 Prozent die größte Gruppe ausmachten, gab es »Fleischfans« (22 Prozent), Kochfans (20 Prozent), Marken- und Industrial-Food-Orientierte (9 Prozent) und mit 8 Prozent die kleinste Gruppe der bewussten und kritischen Verbraucher.

In dieser Studie werden gut 40 Prozent der deutschen Bevölkerung aufgrund ihres Ernährungsverhaltens als grundsätzlich für Qualitätsprodukte aufgeschlossen eingestuft. Diesen Verbrauchern sei gemeinsam, dass sie über ein höheres Einkommen und eine bessere Bildung verfügen und der Frauenanteil deutlich höher sei als in den übrigen Konsumentengruppen. Da gehört man doch gerne dazu.

Ganz anders sieht es bei der überraschend kleinen Gruppe der Fleischfans aus, die als Anhänger deftigen Essens charakterisiert werden, die gerne Fast Food konsumieren, bei denen Gesundheit und Fitness in der täglichen Ernährung eine untergeordnete Rolle spielen und die ein geringes Risikobewusstsein haben. Mit dieser Gruppe möchte man sich eher nicht identifizieren. Die Klassifizierung entwickelt so ihre Eigendynamik und beeinflusst die Einstellung zu dem Lebensmittel Fleisch durch Verknüpfung mit einem uncoolen Lebensstil. Die bereits zitierte Studie von 2009 setzt diesen Trend nur fort und macht per Schlagzeile Fleisch zum Lebensmittel der Unterschicht.

Auch wenn – wie unten ausgeführt – der Fleischverzehr nach der zitierten Nationalen Verzehrsstudie sich eben nicht zwischen den Schichten unterscheidet, nur im Wurstverbrauch besteht der Trend, werden diese plakativen Aussagen formuliert. Fleisch essen darf wohl nicht mehr schick sein.

Die Studien der Universität Göttingen waren nur der Auftakt, neuere Studien schreiben den Trend fort, den Fleischkonsum nicht gerade positiv darzustellen: Göttinger und Hohenheimer Wissenschaftler publizieren 2013, dass nach ihrer aktuellen Untersuchung 60 Prozent der Deutschen zu einer Einschränkung ihres Fleischkonsums bereit wären. Die Motivationsfaktoren seien hauptsächlich Überlegungen zur eigenen Gesundheit und zum Tierschutz. Tatsächlich wäre nach Einschätzung der Wissenschaftler der reduzierte Fleischkonsum in Industrieländern auch für Ressourcenschutz, Klimawandel und die Sicherung der Welternährung vorteilhaft. »Bereits 20 Prozent weniger Fleischkonsum in den Industrieländern hätte spürbare Auswirkungen auf Agrarpreise und die Ernährungssicherung armer Menschen in Entwicklungsländern«, so die Autoren der Studie, die im Auftrag der Edmund Rehwinkel-Stiftung durchgeführt wurde. Na, ist Ihnen jetzt endlich der Appetit auf Fleisch vergangen? Wer will das schon sein, ein prolliger Umweltschädling, der die Welternährung gefährdet? Kein Wunder, der Anteil der Menschen, die bewusst den Fleischkonsum reduzieren, nimmt laut Presse und Marktumfragen zu.

Eine beliebte Neuentdeckung der Medien sind dabei die Flexitarier, die zwar Fleisch essen, aber dies nur selten tun. Nach einer neuen belgischen Studie ist der Hauptunterschied zu den Verbrauchern mit bewusstem Fleischkonsum die Einstellung zum Tierschutz.[14] Sie machen sich über Tierschutz und Tierhaltung mehr Gedanken als sonstige Omnivoren, sind aber weniger besorgt als Vegetarier. In ihren Wertvorstellungen – so die Wissenschaftlerinnen – haben sie höhere Werte in den Kriterien Fürsorge und Empathie und niedrigere in ihrer Wertschätzung von gesellschaftlichem Status und Autoritäten. Trotzdem unterscheiden sie sich in ihrem Sozialverhalten und dem gesellschaftlich orientierten Verhalten (zum Beispiel Spendenaktivität) nicht von den Omnivoren. Die Wissenschaftlerinnen empfehlen daher, die Flexitarier in Werbung und Marketing als eigenständige Verbrauchergruppe anzusprechen.

Ähnliche Ergebnisse wurden auch für deutsche Verbraucher erhoben.[15] In dieser Onlinestudie mit circa 1 200 Befragten gaben circa 12 Prozent an, zwar nicht vollständig auf Fleisch zu verzichten, dieses aber bewusst und maßvoll zu konsumieren, und wurden damit als Flexitarier eingestuft. 3,5 Prozent waren Vegetarier, und etwa 10 Prozent gaben an, in der Zukunft den Fleischkonsum reduzieren zu wollen. Die eher fleischkritische Gruppe war nach dieser Studie besser informiert und sozial besser gestellt, und der Gesundheitsaspekt des Fleischkonsums hatte für sie einen hohen Stellenwert.

Unabhängig davon versuchen manche Gruppen, die Flexitarier für sich zu beanspruchen. Laut einer aktuellen FORSA-Umfrage zählen nach Aussage des Vegetarierbunds Deutschland rund 42 Millionen zu den Flexitariern.[16] Damit gäbe es in Deutschland natürlich viel mehr Flexitarier als Vegetarier. Definiert wurden Flexitarier bei dieser Umfrage als Personen, die mindestens dreimal pro Woche auf Fleisch verzichten. Völliger Quatsch, da nicht die Verzehrshäufigkeit per se, sondern die Motivation hierzu im Vordergrund stehen müsste.

Wie viele echte Vegetarier gibt es?

Sucht man Zahlen zum Vegetarieranteil in den europäischen Ländern, so tut man sich schwer. Für 2012 werden 9 Prozent angegeben.[17] In Allensbach-Untersuchungen von 2012 bis 2015 wird die Zahl mit 7,1 Millionen für 2012, 7,5 Millionen für 2013 und 5,3 Millionen beziehungsweise 5,4 Millionen für die Jahre 2014 und 2015 angegeben.[18] Bezugsbasis der Untersuchungen war dabei die deutschsprachige Bevölkerung ab 14 Jahren. Augenfällig ist die krasse Abnahme der Vegetarierzahlen von 2013 auf 2014.

Nein, sie wurden nicht von Mangelerkrankungen dahingerafft, sondern die unerwartete massive Abnahme erklärt sich ausschließlich durch den Wechsel der Formulierung in der Befragung. Bis 2013 wurde gefragt, ob sich die Befragten zur Gruppe »Vegetarier oder Leute, die öfters mal auf Fleisch verzichten« zählen. Ab 2014 lautete die Frage, ob sie sich als »Vegetarier oder Leute, die weitgehend auf Fleisch verzichten« bezeichneten. Obwohl diese Formulierungen für mich per se überraschend sind, erklären sie hier zumindest die divergierenden Zahlen. Allensbach beziffert für 2014 den Anteil der Veganer auf 1,2 Prozent (Zuordnung zur »Personengruppe: Veganer oder Leute, die weitgehend auf tierische Produkte verzichten« durch den/die Befragte/n).

In einer Untersuchung der Verbraucherzentralen von 2013 bezeichnen sich etwa 1 Prozent der Verbraucher als vegan sowie 4 Prozent als vegetarisch. Bei Frauen liegt der Anteil in solchen Umfragen mit 7 Prozent (1 Prozent vegan und 6 Prozent vegetarisch) eindeutig höher als bei Männern (zusammen 2 Prozent). Auch bei jüngeren Leuten ist der Trend zur fleischfreien Ernährung stärker als bei der Gesamtbevölkerung. 16- bis 29-Jährige beiderlei Geschlechts bezeichnen sich zu 12 Prozent als Vegetarier (10 Prozent) oder Veganer (2 Prozent), bei den 30- bis 49-Jährigen sind es zusammen nur 4 Prozent (1 Prozent und 3 Prozent) und 2 Prozent insgesamt bei den Älteren. In dieser Erhebung wurde gefragt, welche Aussagen am besten auf ihre Ernährung zutreffen (mit den Antworten »Ich ernähre mich überwiegend vegan beziehungsweise überwiegend vegetarisch«). Der Anteil der Befragten, die fast täglich Fleisch oder Wurst essen, betrug 21 Prozent insgesamt, 34 Prozent bei Männern und 9 Prozent bei Frauen. Viele Verbraucher gaben an, »mittlerweile weniger Fleisch als vor ein bis zwei Jahren zu essen« (33 Prozent der unter 45-Jährigen, 47 Prozent der 46- bis 55-Jährigen und 59 Prozent der über 56-Jährigen).[19]

Allerdings sprechen die Statistiken eine andere Sprache: Von 2012 bis 2014 hat der Fleischverbrauch in Deutschland statistisch um nur 0,45 Prozent abgenommen, die von den Befragten angegebene Abnahme des Konsums ist wohl mehr gefühlt als real messbar.

In älteren englischen Studien zeigen sich die Schwierigkeiten der Erhebung deutlich: Hier wurde untersucht, was Befragte als »Fleisch einstufen« – nicht unerheblich, wenn es um die Diskussion geht, ob man Fleisch isst oder nicht. Wurst oder Hamburger wurden in dieser Untersuchung von knapp 60 Prozent als Fleisch eingestuft, Hähnchen von 83 Prozent, während die klassischen roten Fleischsorten von mehr als 95 Prozent so eingestuft wurden.

Aufschlussreicher sind die Gründe, die genannt werden, warum die Befragten (nur Vegetarier und Veganer) keine tierischen Produkte / kein Fleisch essen beziehungsweise nur selten Fleisch essen. In einer FORSA-Untersuchung im Auftrag der Verbraucherzentrale aus dem Jahr 2013, die in Abbildung 1 dargestellt ist, sind die beiden gleich oft genannten Gründe, dass die Produkte nicht gut schmecken (34 Prozent) und dass das Fleisch aus Massentierhaltung beziehungsweise nicht artgerechter Tierhaltung stamme. Dass (zu viel) Fleisch ungesund wäre, war für 31 Prozent der Befragten wichtig.

Abbildung 1: Gründe, warum die befragten Vegetarier und Veganer keine tierischen Produkte / kein Fleisch beziehungsweise nur selten Fleisch essen[20]

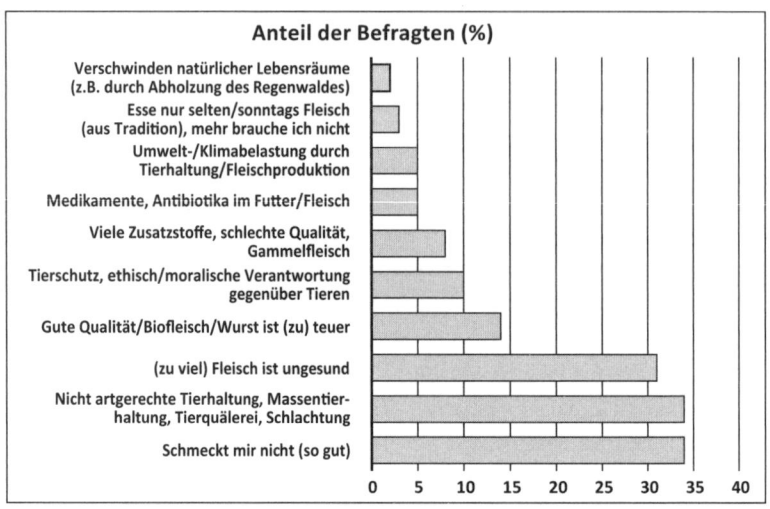

Auch wenn die Zahl der Vegetarier damit nur grob geschätzt werden kann und der Fleischverbrauch marginal zurückgeht, gibt es doch harte Zahlen, die zeigen, dass der Verbraucher Alternativen testet. Der Anteil der Konsumenten, die mindestens einmal pro Woche vegetarische Fleischersatzprodukte wie zum Beispiel Tofu zu sich nehmen, ist von circa 1,41 Millionen 2010 auf 2,15 Millionen 2015 gestiegen.[21] Der Anteil der Menschen, die noch nie Fleischersatz konsumiert haben, ist in diesem Zeitraum von 60,4 auf 58,2 Millionen gesunken. Hört sich nicht so bewegend an, doch die Wachstumsrate dieses Sektors betrug jährlich immerhin 18 Prozent.[22] Erste Großfabrikanten der Wurstbranche machen bereits mit. Sie fürchten, dass Wurst und Fleischprodukte bald eine ähnliche gesellschaftliche Ächtung erfahren werden wie Zigaretten. Und das bedeutet sinkenden Umsatz. Dabei hat sich auch die Orientierung auf den Bioladen abgeschwächt, Vegetarier/Veganer kaufen am liebsten bei den Großen der Branche (Rewe und Edeka) sowie den Discountern Aldi und Lidl, Bioläden landen auf Platz 5.[23]

Immerhin, jeweils fast 60 Prozent der Gesamtbevölkerung und speziell die Untergruppe der Flexitarier können sich nicht vorstellen, vegetarische Wurstersatzprodukte zu kaufen. Ich verstehe auch immer nicht so ganz, warum Vegetarier, wenn ihnen Fleisch nicht schmeckt und sie auch wegen der Produktionsbedingungen Fleisch und Wurst nicht essen möchten, nicht gänzlich auf Wurstartiges verzichten wollen. Umso unverständlicher, wenn man weiß, dass ein Hauptbestandteil vieler vegetarischer Wurstprodukte Hühnereiweiß ist.

2.4 Über den Tellerrand: Wie sieht es am internationalen Markt aus, und wie viel Fleisch essen wir denn überhaupt?

International stellt sich das Verhältnis zu dem Produkt Fleisch äußerst divers und zum Teil völlig anders als in Deutschland dar. In einer internationalen Studie von Gé Backus und anderen wurden jeweils die drei wichtigsten Gründe beim Kauf von Fleisch in verschiedenen Ländern ermittelt.[24] In Deutschland war die Kaufentscheidung extrem durch die »Qualität« bestimmt (für über 70 Prozent der Verbraucher eines der Top-3-Motive), was auch immer die Befragten darunter verstanden haben mögen. In China war dieses Motiv im Vergleich zu anderen Nationen von geringster Bedeutung, wenn auch immerhin noch bei etwas mehr als 50 Prozent der Verbraucher unter den Top-3-Motiven. In China zählte der Preis am wenigsten, dagegen wurden Gesundheitswert und Sicherheit des Produkts am höchsten bewertet. Tierschutzaspekte waren bei etwa 30 Prozent der deutschen Befragten unter den Top-3-Motiven – im internationalen Vergleich der höchste Wert.[25]

Anhand der Kaufmotive wurden auch hier die Verbraucher in Kategorien eingeteilt. Die umwelt- und tierwohlorientierten Verbraucher waren nach dieser Untersuchung mit 36 Prozent in Deutschland die größte Gruppe, der Anteil der »Schnäppchenjäger« nur etwa ein Drittel so groß wie in der oben vorgestellten Untersuchung von Maren Lüth und Kollegen.[26] Interessanterweise waren in verschiedenen Ländern Verbraucher explizit »Anti-Öko« beim Fleischkauf eingestellt, insbesondere in Russland (33 Prozent), Polen (14 Prozent), China (16 Prozent) und Spanien (26 Prozent).

Die Zahlen bezüglich unseres Fleischverbrauchs sind beeindruckend. Jährlich verbraucht der Durchschnittsdeutsche etwa 13

Kilogramm Rind, 54 Kilogramm Schwein und 19 Kilogramm Geflügel, hinzu kommen circa 3 Kilogramm Lamm, Wild und Innereien, alles in allem fast 89 Kilogramm. Trotz des eindeutig belegten Imageverlusts hält sich seit fast 15 Jahren der Verbrauch auf diesem Niveau. Im Jahr vor der Wende erreichte der Fleischverbrauch in Deutschland sein historisches Hoch mit etwa 105 Kilogramm, davon fast 24 Kilogramm Rind, 62 Kilogramm Schwein, aber nur 11 Kilogramm Geflügel. Innereien waren mit fast 5 Kilogramm beliebt, aber Rind und Innereien wurden dann zu den größten Verlierern der BSE-Welle, Geflügel der Gewinner, und sein Siegeszug hält bis heute an. Ein Grund dafür ist der niedrige Fettgehalt und die weiche Konsistenz, die bei Kindern und Frauen das Produkt besonders beliebt macht.

Abbildung 2: Fleischverbrauch (Kilogramm/Person) in den vergangenen drei Jahrzehnten nach Fleischarten[27]

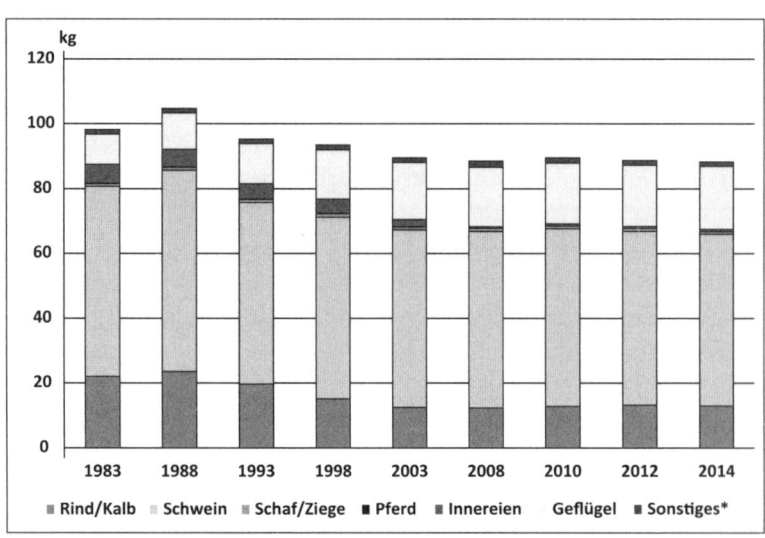

* Sonstiges: 50 Prozent Wildbret

Ein Fleischverbrauch von über 240 Gramm pro Person und Tag im Jahr 2014 – eindrucksvolle Zahlen, die in ihrer Dimension in jeder Antifleisch-Diskussionsrunde überzeugen. Allerdings ist den Diskutanten meist weniger bewusst, dass der Verbrauch nicht das ist, was auf unserem Teller landet, sondern nur das, was für unseren

Inlandsmarkt an Schlachtkörpern verbraucht wird. Diese Zahlen sind valide und durch wenig Einflussgrößen verfälscht. Allerdings sagen sie nur begrenzt etwas über unseren Fleischverzehr aus, also über das, was wir wirklich essen. Die Zahlen enthalten die nicht unerheblichen Mengen an Fleisch für unser Haustierfutter, das inzwischen zu höheren Preisen vermarktet wird als Wurstwaren beim Discounter. 2014 wurden für Katzenfutter (Fertignahrung) 1 569 Millionen Euro in Deutschland ausgegeben, der Fleischanteil summiert sich dabei auf circa 44 Kilogramm pro Katze und Jahr und damit auf circa 370 000 Tonnen jährlich bei der niedrig geschätzten Zahl von 8,4 Millionen Katzen (andere Statistiken gehen von 12 Millionen Katzen aus, das wären dann 530 000 Tonnen jährlich). Hundefutter (Fertigfutter) hatte 2014 einen Umsatz von 1 265 Millionen Euro. Bei circa 131 Kilogramm Fleisch pro Hund und Jahr sind dies bei 6,9 Millionen Hunden circa 900 000 Tonnen.[28] Das entspricht zusammen mengenmäßig etwa der gesamten Rindfleischerzeugung in Deutschland (2014: 1 125 000 Tonnen).

Der Verbrauch enthält zudem auch die Teile, die vom Schlachtkörper nicht gegessen werden, zum Beispiel Knochen, sowie das, was vom Teller direkt in den Abfall wandert. Traditionell rechnet man den Verzehr mit circa zwei Drittel des Verbrauchs, wobei große Unterschiede zwischen den Fleischarten bestehen. Geflügel hat einen Anteil von weniger als 60 Prozent wegen des hohen Knochenanteils der Karkasse, Innereien nur circa 20 Prozent, da der Hauptteil der Innereien in das Tierfutter wandert, bei Rind und Schwein ist der Anteil des Verzehrs mit etwa 70 Prozent am höchsten.

Bessere Zahlen über die Mengen, die wir dann wirklich an Fleisch essen, kann man nur mit einer aufwendigen Befragungstechnik wie zum Beispiel Diet-History-Interviews (Ernährungsverhalten in den letzten vier Wochen) oder der 24-Stunden-Recall-Methode erfassen. Hierbei werden mit mehreren tausend zufällig ausgewählten Verbrauchern unterschiedlicher Altersgruppen Interviews über ihr Essverhalten geführt. Die Teilnehmer werden zweimal telefonisch darüber befragt, was sie am Vortag der Befragung gegessen und getrunken hatten. Jeweils zwei Befragungen werden mit einem zeitlichen Abstand von einer bis sechs Wochen durchgeführt. Mit beiden Techniken wurden die Daten für die Nationale Verzehrsstudie II erhoben.[29]

In der aktuellen Studie wurden so für Männer 1092 Gramm Fleisch, Fleischerzeugnisse und Wurstwaren pro Woche ermittelt (das ist zwar das Doppelte der empfohlenen Menge, auf das Jahr gerechnet jedoch mit 57 Kilogramm in der Größenordnung des errechneten Verzehrs).

Im Gegensatz dazu liegt für Frauen die per Befragung ermittelte Verzehrsmenge im aktuellen Bericht mit durchschnittlich 595 Gramm pro Woche etwa im Empfehlungsbereich der Ernährungswissenschaftler und erreichte im Jahr etwa 31 Kilogramm.

Abbildung 3: Verzehrsmenge (g/Tag) an Fleisch (helle Säulen) und Fleischerzeugnissen (dunkle Säulen) in Bayern nach Alter und Geschlecht (Ergebnisse der Bayerischen Verzehrsstudie 2002/2003)

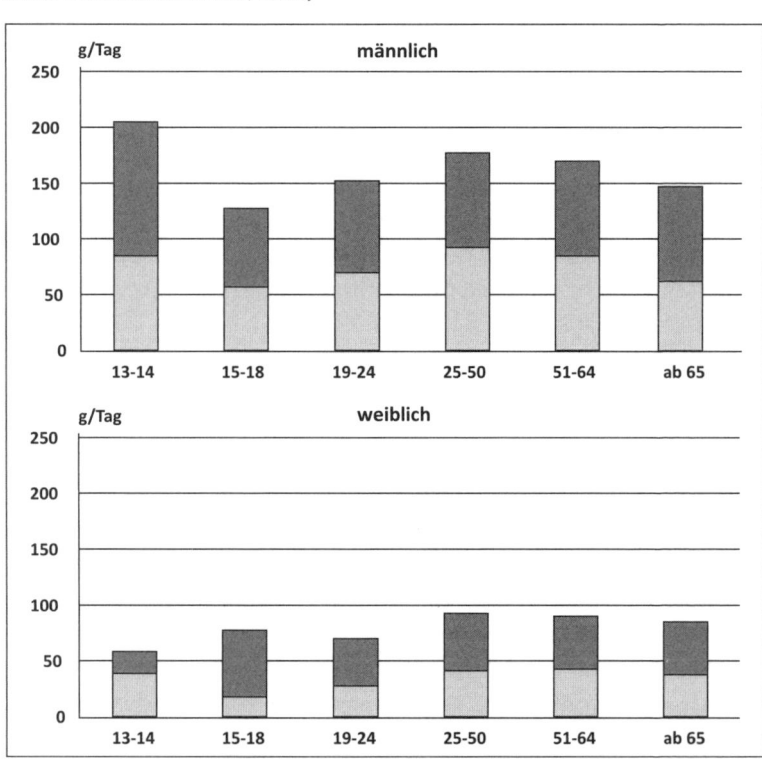

Neben dem Geschlechtsunterschied gibt es auch interessante Alterseinflüsse und bemerkenswerte regionale Besonderheiten. In der Nationalen Verzehrsstudie wurde das nahezu höchste Niveau des Verzehrs an Fleisch und Fleischwaren in der Altersgruppe der 35- bis 50-Jährigen gefunden (Männer: 166 Gramm pro Tag Frauen: 93 Gramm pro Tag). Nur junge Männer der Altersgruppe 19 bis 24 Jahre übertreffen den Konsum der 35- bis 50-Jährigen noch leicht (169 Gramm pro Tag). Ein leicht anderes Bild ergibt sich in einer statistischen Erhebung aus Bayern, wie in Abbildung 3 dargestellt. Hier sind die Verzehrszahlen zwar im Durchschnitt ähnlich wie im Rest der Republik, allerdings scheint die Aufzucht männlicher Jungbajuwaren temporär absolut proteinlastig und ist damit nicht ohne weiteres auf den Rest der Republik übertragbar.

All diese Einflussgrößen können nur zum Teil die interessante Diskrepanz zwischen dem relativ konstanten Verbrauch der letzten Jahre und dem tendenziell sinkenden Verzehr erklären. Eine Ursache ist der steigende Geflügelverbrauch, da beim Geflügel der Fleischanteil aufgrund des hohen Knochenanteils relativ geringer ist als bei Rind und Schwein. Andererseits ist der steigende Anteil an Tierfutter und Abfällen eine Erklärung für die abnehmende Menge, die wirklich verzehrt wird. Unsicherheiten bleiben, wie immer, wenn harte Umsatzzahlen mit Verbraucheraussagen verglichen werden.

Neben diesen Einflussgrößen wird zunehmend auch ein schichtenspezifisches Ernährungsverhalten thematisiert, wie oben bereits dargestellt. Die Aussage von Achim Spiller und Kollegen, dass Fleisch dabei sei, das Lebensmittel der Unterschicht zu werden, stimmt dabei nicht ganz. Die Nationale Verzehrsstudie II zeigt, dass Menschen der unteren Schicht weniger Lebensmittel mit günstiger Nährstoffzusammensetzung wie Gemüse, Pilze und Hülsenfrüchte, Obst und -erzeugnisse sowie Fisch oder -erzeugnisse und Krustentiere verzehren als Frauen und Männer der Oberschicht. Stattdessen essen Personen der unteren Schicht mehr fett- und zuckerreiche Lebensmittel wie Fleisch, insbesondere Wurstwaren und Fleischerzeugnisse, Fette (Streichfette) sowie Süßwaren. So zumindest steht es wörtlich in der Nationalen Verzehrsstudie II. Betrachtet man die Zahlen aber genauer, so ist offensichtlich, dass der Unterschied nicht in der Fleischmenge liegt, sondern sich auf die Fleischerzeugnisse, also Wurst etc., beschränkt.[30]

Damit stellt sich die Frage nach der Ursache dieser Trends und wie man Verbraucher und ihre Wünsche differenzierter beschreiben kann.

3 Parallelwelten: Wertschätzung, Entfremdung und das Idyll

3.1 Warum die Wertschätzung gesunken ist

Gründe für den Imageverlust von Fleisch sind vielfältig. Die Gammelfleischskandale habe ich beispielsweise genannt. Ein weiterer wichtiger Grund ist jedoch ein Phänomen, das als »Überschreitung der optimalen Reizintensität« oder »Sättigungsphänomen« beschrieben wird. Fleisch ist billig und immer verfügbar, es ist vom begehrten Festtagsbraten zum wenig geschätzten Kantinenessen abgestiegen. Dass es so häufig konsumiert werden kann, liegt daran, dass es billig geworden ist, mehr als alle anderen Lebensmittel.

Die Landwirtschaft hat diese Entwicklung einerseits durch ihre erhebliche Produktivitätssteigerung ermöglicht und wird andererseits zu deren Opfer. Die Vorteile der Produktivitätssteigerung in den letzten Jahrzehnten werden gerne genutzt, etwa in Form von günstigen Preisen, doch das Image der Landwirtschaft ist gleichzeitig gesunken: Konnte in Deutschland ein Landwirt 1950 mit seiner Produktion nur zehn Menschen ernähren, sind es im Jahr 2008 bereits 148 Menschen. Diese Produktivitätssteigerung ist in der Öffentlichkeit jedoch negativ besetzt, ebenso wie Natürlichkeit beim Verbraucher durchweg positiv besetzt ist: Massentierhaltung auf der einen Seite, idyllische Szenen mit Tieren auf der Wiese auf der anderen Seite.

Was wenig kostet, ist wenig wert, und durch die zunehmende Entfremdung ist man schnell bereit, die Horrorgeschichten einschlägiger Veröffentlichungen zu glauben. Dass Fleisch Rückstände von Antibiotika und Hormonen enthält, wird gerne geglaubt und taucht in fast jeder Verbraucherdiskussion auf.

Wie es wirklich aussieht, dass diese Horrorgeschichten so nicht stimmen, ist dabei für jeden Verbraucher frei verfügbar. Die Infor-

Tabelle 3: Relative Entwicklung von Löhnen und Lebensmittelpreisen in den letzten vier Jahrzehnten: Erforderliche Arbeitszeit eines Industriearbeiters (Minuten) um 1 Kilogramm der unterschiedlichen Lebensmittel zu kaufen[1]

	1970	1980	1990	2000	2010	2011	2013	2013/ 1970
Netto-Stundenverdienst (Industriearbeiter) €	2,68	5,51	8,12	11,36	13,13	13,43	13,99	522 %
	aufzuwendende Arbeitszeit in Minuten je kg							
Dunkles Mischbrot	15,5	14,5	12,8	11,2	11,1	11,5	11,3	72,9 %
Kartoffeln Hdkl. I	5,9	4,2	4,5	3,4	3,2	3,1	3,4	57,6 %
Tafeläpfel, Hdkl. I	12,4	14,2	13,0	8,7	6,7	7,0	8,1	65,3 %
Rindfleisch, zum Braten	115,0	87,2	69,1	51,3	35,2	37,0	40,0	34,8 %
Schweinefleisch, Kotelett	96,2	62,4	45,7	33,3	21,8	22,4	23,3	24,2 %
Brathähnchen, bratf. TK	45,8	27,7	18,9	12,0	8,6	9,2	10,1	22,1 %
frischer Fisch (Kabeljau)	52,6	52,4	66,2	66,3	k.A.	k.A.	k.A.	-

k.A.: keine Angabe

mationen kommen nur nicht in den Köpfen an, da in allen Bereichen der Gesellschaft das Vertrauen in Experten oder staatliche Berichte zunehmend verloren gegangen ist. Die Ergebnisse der aktuellen staatlichen Rückstandskontrollen stehen im Internet, darunter die Ergebnisse von fast 15 000 Rinder- und 30 000 Schweineproben, die pro Jahr analysiert werden.[2] Beim Schwein wurden 2013 circa 10 000 Proben auf antibakterielle Rückstände untersucht, davon waren 9 (0,09 Prozent) positiv, ähnlich viele wie in den Jahren davor. Trotzdem ist das Image ein anderes. Im »gesunden« Salat überschritten hingegen fast 11 Prozent der untersuchten 403 Proben die zulässigen Höchstmengen an Nitrat. Trotzdem ist in den Köpfen unumstößlich verankert, dass Salat gesund und Schweinefleisch belastet ist.

3.2 Die Polarisierung des Angebots und die Idealisierung des Natürlichen

Wie in anderen gesellschaftlichen Bereichen finden wir auch auf dem Lebensmittelmarkt ein Phänomen, das mit der Polarisierung des Angebots beschrieben werden kann. Verbraucher kaufen zunehmend extrem preisbewusst, beim Fleisch heißt das beim Discounter. Andererseits hat auch das Marktsegment mit hochpreisigen »High-End«-Produkten überdurchschnittliche Wachstumsraten. Im Fleischsektor spiegelt sich dies an der zunehmenden Zahl von auf High-End-Fleisch spezialisierten Internetversandhändlern wie Otto Gourmet, Gourmetfleisch und anderen. Im Einzelhandel zeigt sich dieser Trend bei Handelsketten wie Edeka und Rewe, sie bieten inzwischen in vielen Märkten Fleisch der Spitzenklasse an, etwa Dry Aged Beef, amerikanisches Rindfleisch oder das bekannte spanische Iberico-Schweinefleisch.

Die Metzgereien, die das handwerkliche mittlere Marktsegment lange verkörpert haben, sind die Verlierer. Während 2007 die Discounter inklusive Aldi nur 18,7 Prozent des Frischfleischumsatzes machten, ist dieser Anteil bis 2013 auf 24,6 Prozent angestiegen. Gleichzeitig verlieren die Fachgeschäfte, die Metzgereien, fast 4 Prozentpunkte und damit über 15 Prozent des Umsatzes mit Frischfleisch, den sie 2007 noch hatten.[3]

Diese Polarisierung im Einkaufsverhalten geht Hand in Hand mit einer immer größeren Entfremdung der meisten Verbraucher von der landwirtschaftlichen Erzeugung, auch wenn sich plötzlich die High-End-Fleischliebhaber mit Rinderrassen und Teilstücken, mit Reifungsverfahren und Grilltechniken beschäftigen. Problematisch ist dabei, dass bei der großen Mehrzahl der Verbraucher das Wissen über das Produkt Fleisch und die Realität in den landwirtschaftlichen Betrieben sehr gering ist. Damit fehlen Erfahrungen, um Werbebotschaften oder die Berichterstattung in der Presse kritisch an der Realität zu messen.

Die Werbung greift bei der Vermarktung von Lebensmitteln nach Anke Zühlsdorf und Achim Spiller häufig darauf zurück, dass der Produktionsprozess von Lebensmitteln emotionalisiert wird, indem idyllische Produktionsszenarien aufgegriffen werden, die allerdings mit der Wirklichkeit heute nichts mehr zu tun haben.[4] Die

Schere zwischen den Produktionsrealitäten in Landwirtschaft und Ernährungsindustrie sowie dem gesellschaftlichen Produktionsideal von Lebensmitteln wird beständig größer.

Wie stark diese Einstellung das Erleben beeinflusst, wurde in einer dänischen Untersuchung zur Qualität von Schweinefleisch bereits 2004 eindrucksvoll dokumentiert.[5] Hier wurde Verbrauchern konventionell erzeugtes Schweinefleisch und Bioschweinefleisch zur Verkostung vorgelegt. Die Deklaration war jedoch für die Tester irreführend, denn beide Qualitäten wurden einmal ohne Label, einmal mit der Bezeichnung »konventionell«, von Freilandschweinen (»free range«) und mit der Bezeichnung »organic« (Bioschweinefleisch) verkostet (siehe Abb. 8). Die Ergebnisse zeigten, dass die konventionell erzeugten Proben in der sensorischen Bewertung generell besser abschnitten und die höhere Punktzahl erreichten, die Deklaration »konventionell« führte jedoch in allen Fällen zur drastisch schlechteren Bewertung. Die Annahme, dass das Fleisch aus Bio- oder Freilandhaltung stammt, führt durchweg zu besten Bewertungen. Man spricht hier auch vom »Halo«-Effekt, dem Heiligenschein, der aufgrund der Natürlichkeitspräferenz sich bis zur subjektiven Wahrnehmung auswirkt.

Abbildung 4: Punktebewertung der Saftigkeit (oben) und des Geschmacks (gegenüber) von konventionellem und Öko- Schweinefleisch in einem Sensorik-Test mit unterschiedlicher Deklaration bei der Verkostung (dunkle Säulen: konventionell, helle Säule: Öko; nach Scholderer et al, 2004)

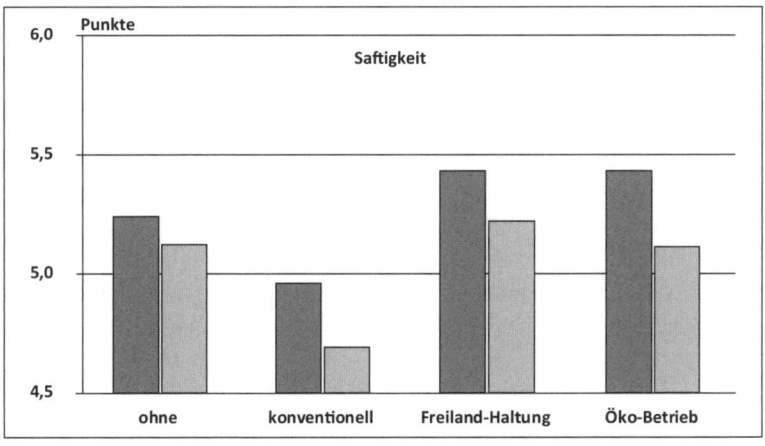

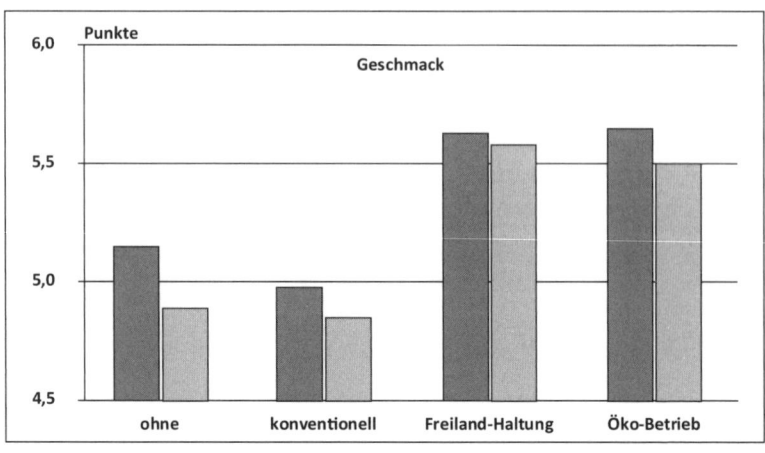

Verbraucher sind sich dabei nicht darüber im Klaren, dass Natürlichkeit nicht immer positiv für die Qualität ist, da zum Beispiel die Parasitenbelastung unter »natürlichen« Haltungsbedingungen meist stärker ist und – wie bei Bioschweinen – zu starken Qualitätseinbußen führen kann (zum Beispiel der hohe Anteil für den Verzehr nicht mehr geeigneter Leber aufgrund von »Milkspots« durch Spulwurmbefall). Sie sind sich zudem nicht im Klaren, dass natürliche Haltungsformen – wie zum Beispiel das freie Abferkeln der Sauen – zu größeren Ferkelverlusten durch Erdrücken führen. In konventionellen Betrieben sind die Sauen bei der Geburt in einem Stand fixiert, sie können sich hinlegen oder aufstehen, nicht aber in der Bucht frei bewegen. Hierdurch sind die Ferkel jedoch weniger gefährdet, von der Sau beim Hinlegen erdrückt zu werden. Es besteht also ein Zielkonflikt zwischen dem Ausleben von natürlichen Verhaltensweisen der Sau und dem Überlebensschutz der Ferkel, der natürlich nie dem Verbraucher kommuniziert wird, so dass die Natürlichkeit positiv und die Produktivität negativ besetzt bleibt.

Der Wunsch nach Natürlichkeit, nach traditioneller Produktion und die Idealisierung dieser Produktionsweisen finden sich auch in der Diskussion um Tierschutz wieder. Für den Verbraucher ist die Unversehrtheit der Tiere, da natürlich, ein hoher Wert. Dass seit dem Mittelalter bereits Eber kastriert werden, um das Fleisch essbar zu machen, ist ihm nicht bekannt. Ein Schock, wenn er erfährt, dass Eberferkel routinemäßig kastriert werden, wie weiter unten ausführlich diskutiert wird (Kapitel 10.6). Ein Schock und Empörung, wenn er erfährt, dass Schweinen routinemäßig der Schwanz kupiert wird, wo wir doch als Kind das Schwein immer mit Ringelschwanz gemalt haben. Unverständnis, dass Landwirte so etwas tun. Kein Wunder, dass der Ringelschwanz längst zur agrarpolitischen Streitfrage geworden ist.

Es wird gerne vereinfachend dargestellt, dass es mit Ringelschwänzen in der Mast dann gut gehen würde, wenn die Haltungsbedingungen gut wären. Dass jedoch selbst unter Ökohaltungsbedingungen das Problem des Schwanzbeißens und des Kannibalismus auftritt, ist den Verbrauchern und den Politikern meist nicht bewusst, ebenso wenig wie das Leiden der Tiere, die dann aufgrund von Kannibalismus schwere Entzündungen der Schwanzwirbel entwickeln.

Das Thema »Unversehrtheit« wird von Nichtregierungsorganisationen (Non-Governmental Organizations, NGOs) heftig thematisiert. Sie versuchen, auf den Handel Druck auszuüben mit der Folge, dass zur Verbesserung des Images beim Verbraucher vorschnell vollmundige Erklärungen verfasst werden, wie kürzlich im Zusammenhang mit dem Kastrationsverzicht beim Schwein geschehen. Fatale Folgen für den Tier- und Verbraucherschutz resultieren aus dieser emotionalisierten und mit wenigen Fakten gestützten Diskussion, wie ich in Kapitel 6 weiter ausführen werde.

Ein weiterer Grund, warum die Fleischerzeugung mit einem Imageproblem kämpft, besteht darin, dass der Nutzen des Produkts im Vergleich zu den Kritikpunkten an der Erzeugung vielen Verbrauchern recht gering erscheint. Es schmeckt nur manchmal, es scheint ernährungsphysiologisch bedenklich zu sein, also wieso soll man dann solche Fehlentwicklungen auch nur einen Tag länger dulden?

Auch wenn Ernährung ein beliebtes Thema ist, bestehen hinsichtlich des ernährungsphysiologischen Werts von Fleisch bei vielen Menschen ebenso große Wissenslücken wie hinsichtlich der Erzeugung. Nachfolgend daher ein kritischer Blick auf dieses Thema.

4 Fleischessen und Gesundheit

Der Fleischverbrauch weist weltweit eine enorme Spanne auf. Im Schnitt variiert er zwischen weniger als 20 und 40 Gramm pro Person und Tag in der Sahelzone und 330 Gramm pro Person und Tag in den USA. Eine Menge von 50 bis 100 Gramm Verzehr pro Tag wird als ausreichend angesehen, um den Bedarf an Vitamin B_{12}, Eisen und Zink zu decken, für die Fleisch eine wichtige Quelle darstellt.[1] Da der Fleischkonsum dieses Niveau in den westlichen Ländern jedoch übersteigt, gibt es eine große Zahl von Studien, die sich mit gesundheitlichen Problemen durch exzessiven Fleischkonsum befassen. Wie weiter unten dargestellt, fallen die hierbei untersuchten Erkrankungen zum größten Teil in die recht unspezifische Kategorie der sogenannten Zivilisationserkrankungen wie Übergewicht, Herz-Kreislauf-Erkrankungen, Diabetes und Krebserkrankungen, die alle mit dem Fleischkonsum, aber ebenso auch mit Bewegungsmangel und Übergewicht korrelieren, auch wenn die Kausalbeziehungen weitgehend unklar sind.

4.1 Was uns nicht guttut: Fehlernährungen mit und ohne Fleisch

Im Gegensatz dazu sind die negativen Konsequenzen einer zu geringen Versorgung mit Fleisch und tierischen Produkten weniger epidemiologisch untersucht, obwohl heute die Variationsbreite in der Versorgung höher sein muss als in entwicklungsgeschichtlich frühen Zeiten. In jenen Zeiten war der Fleischkonsum generell hoch, und eine Verknappung trat nur kurzfristig und auf Notzeiten begrenzt auf, sicherlich nie chronisch und nicht zusammen mit einer getreidelastigen Ernährung.

Historische Fälle von Fehlernährung

Fehlernährungen durch zu wenig Fleisch sind insbesondere aus Notzeiten oder unter Lebensbedingungen mit extremer Versorgungslage bekannt.[2] Pellagra, eine Mangelerkrankung, ist eines der wichtigsten historischen Beispiele. Sie wurde bereits im Jahr 1763 von dem Spanier Gaspar Casal beschrieben, der entsprechende Krankheitssymptome bei der Landbevölkerung mit einseitiger Polenta-Ernährung fand. Das offensichtlichste erkennbare Symptom gab der Erkrankung ihren Namen, »pellisagra« bedeutet »raue Haut«, italienisch »mal rosso«, im englischen Sprachraum »Casal collar« oder »Casal's necklace«. Pellagra wird durch Mangel an Nicotinsäure (Niacin, Vitamin B_3, auch Pellagra preventive factor genannt), einem Vitamin aus dem B-Komplex, ausgelöst. Heute ist bekannt, dass zum klinischen Bild der Pellagra eine eingeschränkte Wahrnehmung (Kognition), Lese- und Rechenschwäche aufgrund einer beeinträchtigten Gehirnentwicklung, langfristig eine fortschreitende Demenz, zum Teil mit Symptomen ähnlich der Parkinson'schen Erkrankung, sowie motorische Einschränkungen und andere neuropsychiatrische und soziopathische Symptome gehören.[3] Menschen, die unter Pellagra leiden, weisen häufig auch Stoffwechselstörungen auf und sind sehr stressempfindlich.

Eine hohe Disposition zu der Erkrankung besteht dann, wenn die Nahrung hauptsächlich aus Mais oder Sorghumhirse besteht und wenig Fleisch oder andere tierische Produkte aufgenommen werden. Die im Mais und anderen Getreiden vorliegende gebundene Form der Nicotinsäure (Niacytin) kann vom Körper prinzipiell nicht verwertet werden, erst durch alkalische oder saure Behandlung wird die Verfügbarkeit erhöht. Zudem hat Mais einen niedrigen Gehalt der Aminosäure Tryptophan (TRP), einer essentiellen, das heißt lebensnotwendigen, Aminosäure, die Niacin im Stoffwechsel partiell ersetzen kann. Tryptophan ist zudem die Vorstufe des Neurotransmitters Serotonin. Die Aufnahme von Maisprotein, dem Zein, mit relativ hohen Anteilen der Aminosäuren Glutamin, Prolin, Alanin und Leucin führt zu niedrigen TRP-Werten im Blut sowie zu sinkenden Serotoninwerten im Zentralnervensystem (ZNS).

Pellagra breitete sich über Europa bis in den Süden Afrikas aus, nachdem Mais als Nahrungsmittel aus Amerika eingeführt worden war, ohne die traditionelle Zubereitungsweise mit zu importieren. Einheimische in Nord-, Zentral- und Südamerika hatten Maiskörner mit Kalk oder Holzasche behandelt, so erhöhte sich die biologische Verwertbarkeit des Niacins im Mais, und sie erkrankten nicht an Pellagra. Aus der Zeit um 1910, in der die Baumwollwirtschaft eine Phase der tiefsten Depression durchlief, ist aus den US-amerikanischen Südstaaten bekannt, dass die Zahl der Menschen, die an Pellagra erkrankt waren, dramatisch zunahm.[4] Durch die Verarmung der Bevölkerung in den Südstaaten kam es zu einer einseitigen Ernährung auf Maisbasis mit wenig oder gar keinem Fleisch. Mais lieferte unter den dortigen Bedingungen die höchsten Erträge und war ein billiges Nahrungsmittel.

In den Südstaaten waren die körperlichen Symptome in der Unterschicht offensichtlich, etwa Multiorgandegeneration, Entzündungen, vorzeitiges Altern, eingeschränkte intellektuelle Fähigkeiten, hohe Sterblichkeit. Die Diagnose erfolgte meist aufgrund einer charakteristischen photosensitiven Dermatitis (Casal's necklace), so dass viele Fälle unerkannt blieben, eben »pellagra sine pellagra«.

Dass die Ursache in der Ernährung liegt und dass es sich um eine Mangelerkrankung handelt, wurde erst 1937 entdeckt. Zu Beginn des 20. Jahrhunderts wurde noch vermutet, dass die Ursache für diese Krankheit ein Pilz sei, der auf Maispflanzen vorkommt. Eine andere These war, dass es sich bei Pellagra um eine Lebensmittelvergiftung handle, die durch verdorbenen Mais verursacht würde. 1925 wurde noch im Lehrbuch der Nervenkrankheiten eine Behandlung mit Arsen empfohlen. 1937 entdeckte Professor Conrad Elvehjem in Experimenten mit erkrankten Hunden einen Zusammenhang zwischen der Besserung der Symptome und der Gabe von Nicotinsäure und Nicotinamid. Nicotinamid ist essentiell für die Bildung eines Coenzyms, NAD (Nicotinamid-Adenin-Dinukleotid), das an zahlreichen zellulären Stoffwechselreaktionen beteiligt ist.

Die Mangelerkrankung Pellagra kann geradezu epidemische Ausmaße annehmen, bleibt jedoch auch heute noch häufig unerkannt und unbehandelt – wie in vielen Regionen Afrikas.[5] Bei getreidedominierter Ernährung und Unterversorgung mit tierischem Protein – wie es in vielen Ländern der Erde der Fall ist – haben bereits kurzfristige Phasen der Verknappung Konsequenzen für energie- und mikronährstoffsensitive Gewebe wie das zentrale Nervensystem. Diese Hypothese steht in Übereinstimmung mit Befunden, dass unter diesen Bedingungen die Versorgung mit Fleisch und/oder Nicotinamid und Tryptophan die geistige Leistungsfähigkeit, insbesondere Lese- und Rechenleistung, ebenso steigert wie soziale und motorische Fähigkeiten.[6]

Fehlernährung heute: Hidden Hunger[7]

Die Unterversorgung mit essentiellen Inhaltsstoffen auch bei uns ist in den letzten Jahren unter dem Schlagwort des »Hidden Hunger« in den Blickpunkt der Öffentlichkeit gerückt. Hidden Hunger beschreibt die chronische Unterversorgung mit Mikronährstoffen wie zum Beispiel Mineralien, Spurenelementen und Vitaminen. Hidden Hunger tritt unabhängig von der Gesamtenergiezufuhr auf. In den reicheren Staaten übersteigt zwar die Energiezufuhr meist den täglichen Bedarf, eine Unterversorgung an Mikronährstoffen wie etwa Eisen, Jod, Vitamin D, Folsäure und Vitamin B_{12} kann dennoch auftreten. Übergewicht, Armut und Fehlernährung liegen gerade in den Industrienationen nah beieinander. Hidden Hunger resultiert aus einseitigem Nahrungsangebot, und Armut ist die wesentliche Ursache. Die schweren Fälle einer Nährstoffunterversorgung treten jedoch zu 90 Prozent in den Entwicklungsländern auf. Ärmere Bevölkerungsschichten ernähren sich dort im Wesentlichen von Grundnahrungsmitteln wie Hirse, Reis und Mais, die zwar sättigen, aber wenig essentielle Mikronährstoffe enthalten. Im Ergebnis wirken die Menschen oberflächlich gesättigt, weil die Mindestenergiemenge konsumiert ist, und bleiben dabei doch chronisch unterernährt.[8] Eine abwechslungsreiche Ernährung auch unter Einbeziehung von Fleisch und Innereien steuert diesen gravierenden Mangelsituationen entgegen.

Die Mikrokomponenten der Nahrung, die Mineralien, Spurenelemente und Vitamine, sind für den menschlichen Organismus ebenso unentbehrlich wie Protein und Energie. Defizite in der Versorgung mit Mikronährstoffen bleiben jedoch lange unerkannt, da es erst spät zu erkennbaren Symptomen kommt. Kinder sind jedoch in den ersten Lebensjahren – man spricht von einem 1000-Tage-Fenster – extrem sensitiv gegenüber diesen Mangelsituationen, so dass langfristig teilweise irreversible Störungen der mentalen und körperlichen Entwicklung die Folge sind. Eine deutliche Abweichung der Körpergröße und des Körpergewichts bei Kindern von dem für die jeweilige Altersgruppe errechneten Mittelwert nach unten gilt neben schweren Krankheiten während der Wachstumsphase auch immer als ein Zeichen für frühkindliche Mangelernährung. Die Arbeitsgruppe des Hohenheimer Ernährungswissenschaftlers Hans Konrad Biesalski untersucht dieses Phänomen seit Jahren. Am weitesten verbreitet ist weltweit die Unterversorgung mit Eisen, Jod, Zink und Vitamin A. Viele Faktoren, die zum Hidden Hunger führen sind noch unbekannt. Bekannte Folgen des anhaltenden Mangels an diesen Mikronährstoffen sind nachfolgend dargestellt.[9]

Tabelle 4: Häufigkeit des Hidden Hunger[10]

Mangel an	Betroffene	Zeichen des schweren Mangels
Eisen	ca. 2 Mrd.	Anämie
Zink	ca. 1 Mrd.	Hautveränderungen/Durchfall
Jod	ca. 750 Mio.	Kropf/Kretinismus
Vitamin A	ca. 20 Mio.	Blindheit

Nach Biesalski erblinden jedes Jahr bis zu einer halben Million Kinder, bevor sie das zweite Lebensjahr erreichen.[11] Weitere 14 Millionen Kinder leiden an einem Verlust des Sehvermögens und drohen zu erblinden. Das allererste Anzeichen dafür sei Nachtblindheit, der Grund: chronische Unterversorgung mit *Vitamin A*, die schließlich in einem sichtbaren Mangel endet. Andere Symptome, die noch vor den Augenveränderungen auftreten, sind häufige, meist schwere Atemwegsinfekte durch Veränderungen des Atemwegepithels und des Immunsystems als Folge der Unterversorgung.

Auch *Zinkmangel* schwächt das Immunsystem. Er ist damit indirekt für eine erhöhte Krankheitsanfälligkeit verantwortlich. Eine häufige Todesursache sind infektiöse Durchfallerkrankungen, die dazu führen, dass auch andere wichtige Mikronährstoffe vom Körper nicht aufgenommen werden können. Fast zwei Millionen Kinder sterben jährlich an den Folgen solcher Durchfälle.

Weitere ein bis zwei Milliarden Menschen auf der Welt leiden an *Eisenmangelanämie*. Diese Mangelerscheinung schränkt das Wachstum von Kindern ein und schwächt ihr Immunsystem. Auch mangelnde geistige Fähigkeiten gehen mit Eisenmangel einher, da ausgeprägter chronischer Eisenmangel die Entwicklung des Gehirns beeinflusst, Kinder mit massiver Eisenmangelanämie bleiben in ihrer intellektuellen Entwicklung hinter den Kindern zurück, die keine Eisenmangelanämie aufweisen. Als Erwachsene verfügen sie immer noch über mangelnde motorische Fähigkeiten, haben weniger Kraft und sind nicht so leistungsfähig wie andere im gleichen Alter. Das verstärkt den Teufelskreis von Armut und Mangelernährung.[12]

Oft kann nicht identifiziert werden, ob es sich bei den Symptomen um die Folge des isolierten Mangels eines einzelnen Mikronährstoffs handelt oder ob es ein Defizit an mehreren Substanzen gibt. Zum Teil verstärken sich Mangelsituationen gegenseitig. Infektionskrankheiten oder Parasitenbefall verstärken den Hidden Hunger. Schon eine moderate Mangelernährung ohne sichtbare klinische Anzeichen verschlimmert durch die Schwächung des Immunsystems den Verlauf von Infektionskrankheiten wie Malaria, Masern oder Tuberkulose signifikant. Die hohe Kinder- und Müttersterblichkeit in den Entwicklungsländern steht ebenso in einem direkten Bezug zum Hidden Hunger.

Eine Anämie aufgrund von Eisenmangel ist eine der bekanntesten Mangelsituationen bei Vegetariern, die sich insbesondere bei Kindern und jungen Frauen negativ auswirkt. Eisen ist essentiell für die Bildung des Blutfarbstoffs Hämoglobin sowie des Muskelfarbstoffs Myoglobin, die für den Sauerstofftransport und die Verfügbarkeit im Gewebe essentiell sind. Daher wirkt sich ein Mangel selbst im Grenzbereich zur Anämie bereits negativ auf die Gesundheit aus.[13]

Was gegen Hidden Hunger hilft ...

Fleisch ist für eine ausreichende Eisenversorgung essentiell. In Fleisch, Fisch und Geflügel liegt Eisen vorwiegend gebunden in den Proteinen Myoglobin und Hämoglobin vor. In der Bürstensaummembran der Darmzelle existiert ein spezieller Rezeptor für dieses »Häm-Eisen«, das auch im Gegensatz zu anderen Formen nicht durch antinutritive Substanzen an der Resorption gehindert und deshalb vergleichsweise gut aufgenommen wird. Pflanzliches Eisen liegt in anderen Verbindungen vor und ist generell schlecht bioverfügbar, so dass große Mengen notwendig sind, um den täglichen Bedarf zu decken.

Fleisch enthält je nach Tierart zwischen 1,5 und 3 Milligramm Eisen pro 100 Gramm, Innereien, insbesondere Leber, jedoch deutlich mehr (Schweineleber 18 Milligramm pro 100 Gramm). Der Anteil der gut resorbierbaren Form des Häm-Eisens ist dabei im Muskelfleisch mit 50 bis 60 Prozent besonders hoch (Spanne im Rindfleisch 45 bis 78 Prozent; Schweinekotelett 38 bis 60 Prozent; Filet nur 23 Prozent). Verglichen mit Eisensalzen aus Pflanzen ist Häm-Eisen um den Faktor 10 besser verwertbar, die Bioverfügbarkeit von Eisen aus pflanzlichen Lebensmitteln liegt zwischen 2 und 20 Prozent. Fleisch liefert dabei nicht nur die gut resorbierbare Variante des Eisens, es steigert auch die Verwertung und Resorption von Eisen aus pflanzlichen Produkten. Im Gegensatz dazu vermindern in verschiedenen pflanzlichen Nahrungsmitteln Begleitsubstanzen die Bioverfügbarkeit von Eisen. So kann eine Tasse schwarzer Tee zu einer Mahlzeit den größten Teil des pflanzlichen Eisens binden, während das Häm-Eisen aus Muskelfleisch aufgrund seiner chemischen Struktur davor geschützt ist.[14]

Fleisch trägt im Schnitt zwar nur 14 Prozent der gesamten Eisenaufnahme bei, aufgrund der hohen Bioverfügbarkeit und der anderen synergistischen Effekte auf die Eisenverwertung ist sein effektiver Beitrag jedoch um ein Vielfaches höher. Damit erklärt sich, warum das Risiko für Eisenmangel bei Vegetariern erhöht ist, obwohl sich eine vegetarische Ernährung im absoluten Eisengehalt wenig von dem einer omnivoren Ernährung unterscheidet.

Exzessive Eisenaufnahme wird allerdings auch mit negativen Konsequenzen für die Gesundheit in Verbindung gebracht. Überdosierungen können zu Magen-Darm-Problemen führen. Hohe Eisenaufnahme wird unter anderem mit einer erhöhten Häufigkeit von Darmkrebs und Herz-Kreislauf-Erkrankungen in Verbindung gebracht. Als tolerable Höchstgrenze wurden in den USA 45 Milligramm pro Tag für Erwachsene empfohlen.[15]

Auch für die *Zinkversorgung* hat Fleisch enorme Bedeutung. Ungefähr 20 bis 40 Prozent des resorbierten Zinks stammen aus

Fleisch, das damit in entwickelten Ländern die wichtigste Quelle darstellt. Auch hier ist ähnlich wie beim Eisen die Bioverfügbarkeit verbessert, wenn es mit tierischem Protein aufgenommen wird. Ein Erwachsener benötigt etwa 10 Milligramm Zink am Tag.

Zink zählt, laut Deutscher Gesellschaft für Ernährung (DGE), zu den sogenannten »kritischen« Wirkstoffen, das heißt, weltweit und auch besonders in den Industrienationen besteht eine Unterversorgung, von der mindestens ein Drittel der Bevölkerung betroffen ist. Besonders Kinder und ältere Menschen leiden häufig an den Folgen von Zinkmangel. Die Ernährungsweise ist eine der Hauptursachen für den Mangel, insbesondere freiwillige oder krankheitsbedingte Diäten oder eine vegane Lebensweise verursachen oft eine Unterversorgung mit dem lebenswichtigen Spurenelement. Rotes Fleisch von Lamm und Rind enthält relativ viel Zink (3 bis 5 Milligramm pro 100 Gramm), aber auch verschiedene Nussarten liegen in einer ähnlichen Größenordnung. Austern übertreffen mit 86 Milligramm pro 100 Gramm alle anderen Lebensmittel. Die Bioverfügbarkeit von Zink ist vermindert, wenn die Nahrung gleichzeitig Stoffe enthält, die die Resorption behindern, etwa Phytate und Oxalate, die in vegetarischer Nahrung in höheren Konzentrationen vorkommen. Hierdurch erklären sich auch die niedrigeren Zinkwerte im Plasma von Vegetariern und Veganern in verschiedenen Studien, trotz der höheren Aufnahme an Zink.[16]

Selen ist eines der wichtigsten Antioxidantien, denen Schutzwirkung vor Herz-Kreislauf-Erkrankungen und Krebs zugesprochen wird, auch wenn hier noch weiterer Klärungsbedarf besteht.[17] Als Referenzwerte für eine gute Versorgung gibt die DGE für Erwachsene eine Aufnahme zwischen 60 und 79 Mikrogramm pro Tag an. Die Angaben zu den Selengehalten der Lebensmittel sind extrem unterschiedlich:. Der Selengehalt in Pflanzen variiert je nach Anbaugebiet stark, da er vom Selengehalt der Böden abhängig ist. In Europa sind die Böden weniger selenreich als in den USA. So sind dort Getreidepflanzen und Getreideprodukte eine gute Selenquelle, in Europa dagegen weniger. Tierfutter darf in der Europäischen Union mit Selen angereichert werden. Deshalb können tierische Lebensmittel wie Fleisch und Ei relativ konstant zur Selenversorgung beitragen und sind so in Deutschland zuverlässige Selenquellen. Fleisch liefert etwa 20 bis 35 Milligramm Selen pro 100

Gramm. Die Bioverfügbarkeit von Selen aus Pflanzen wurde ursprünglich als besser angesehen als aus tierischen Lebensmitteln, aber neue Studien zeigen die hohe Bioverfügbarkeit aus tierischen Lebensmitteln.[18]

Vitamin A umfasst eine ganze Familie von Wirkstoffen, die unterschiedliche Effekte im menschlichen Organismus aufweisen. Beim Menschen zählt man zum Beispiel Retinal, Retinol und Retinsäuren zum Vitamin A. Sie werden teilweise direkt mit der Nahrung aufgenommen oder aus Carotinen (Provitamin A) gebildet. Vitamin A wird für das Sehen gebraucht, insbesondere für die Hell-Dunkel-Empfindung. Weitaus wichtiger aber ist Vitamin A für die Kontrolle einer funktionsfähigen Schleimhautbarriere (zum Beispiel in Darm, Lunge, Nasen-Rachen-Raum) und das Funktionieren des Immunsystems.[19] So erhöhen Retinol und Betacarotin Aktivität und Zahl der weißen Blutkörperchen und fördern die Produktion von Antikörpern. Schon ein leichter Mangel erhöht das Risiko, an einer Lungenentzündung zu erkranken oder Durchfall zu bekommen, um das Zwei- bis Dreifache. Retinol stimuliert zudem die Bildung neuer roter Blutkörperchen. Vitamin A ist an der Knochenbildung und Knochenheilung beteiligt. Daher ist besonders bei Kindern eine ausreichende Vitamin-A-Versorgung wichtig.

Die Vitamin-A-Säure und Retinol sind für ein intaktes Nervensystem essentiell, da sie in der Embryonalentwicklung als Wachstumsfaktor für Nervenzellen fungieren und nach der Geburt für den Erhalt von Nervenzellen bedeutsam sind. Bei der Frau werden Unfruchtbarkeit und Fehlgeburten mit Retinolmangel in Zusammenhang gebracht. Da das Vitamin so enorm wichtig ist, wird es in der Leber gespeichert, so dass der Organismus einen temporären Mangel abpuffern kann. Erst wenn dieser Speicher entleert ist, zeigen sich die typischen klinischen Symptome des Vitamin-A-Mangels. Sie beginnen mit der Nachtblindheit und führen zunächst zur Austrocknung und lokalen Entzündungen am Auge und in der Folge zu einem geschwürigen Zerfall des Organs (Keratomalazie). Bis zu einer halben Million Kinder erblinden Jahr für Jahr, bevor sie das zweite Lebensjahr erreichen.[20] Diese Erblindung wäre bei frühzeitigem Eingreifen allein durch Gabe eines Vitamin-A-Supplements zu verhindern.

Der tägliche Bedarf wird mit etwa 1 Milligramm Retinol-Äqui-valent angenommen, dies entspricht aufgrund der Konversionsrate etwa 6 Milligramm all-trans-β-Carotin oder 12 Milligramm anderer Provitamin-A-Carotinoide. Eine höchst effektive Quelle zur Auffül-lung der Speicher ist Rinderleber, die über 7 Milligramm Retinol-Äquivalent pro 100 Gramm enthält und darin allen pflanzlichen Nahrungsmitteln weit überlegen ist.

Lebensmittel tierischer Herkunft können also effektiv meh-rere Mangelzustände bei Hidden Hunger beheben und die dra-matischen Langzeitfolgen vermeiden. Wir müssen uns bewusst machen, dass Hidden Hunger auch ein Problem in westlichen In-dustrieländern darstellt. Geringes Einkommen vor allem bei Allein-erziehenden gehen meist zu Lasten der Ernährungsqualität. Kinder aus sozial schwachen Familien haben daher auch in Deutschland ein höheres Risiko, an krankhafter Fettsucht, an Typ-2-Diabetes und am metabolischen Syndrom zu erkranken. Laut UNICEF wach-sen in den 35 reichsten Staaten der Welt rund 30 Millionen Kinder in relativer Armut auf; 1,2 Millionen von ihnen leben hierzulande. Ein wichtiger Beitrag für die Prävention von Hidden Hunger be-steht nach Ansicht der Experten in Maßnahmen, die es ermögli-chen, das Spektrum der konsumierten Lebensmittel zu erweitern.[21] Die ungerechtfertigte Stigmatisierung von tierischen Produkten, insbesondere auch des Verzehrs von Innereien, ist hier besonders kontraproduktiv.

4.2 Wertvolles Fleisch – was sonst noch für die Ernährung Wichtiges drin ist

Fleisch ist unumstritten eine wichtige Nahrungsquelle für hoch-wertiges Protein, für Mineralstoffe und Spurenelemente sowie für Vitamine überwiegend aus der B-Serie und Vitamin D. Die Protein-versorgung und damit die Proteinqualität sind bei uns meist nicht kritisch. Fleisch hat ein Aminosäuremuster, das dem des Bedarfs von wachsenden Menschen sehr gut entspricht, man spricht dann von einer hohen biologischen Wertigkeit. Die biologische Wertig-keit wird international mit dem Protein Digestibility Corrected

Amino Acid Score (PDCAAS) beschrieben.[22] Der Wert für Eiprotein, Milchproteine und Sojaprotein liegt bei 1, Fleisch erreicht 0,92, während die anderen Proteinquellen vegetarischer Ernährung zwischen 0,52 (Erdnussprotein) und 0,78 (Kichererbsen) liegen.[23] Um eine so hohe Proteinqualität wie von Fleisch, Milch und Eiern zu erreichen, ist bei vegetarischer Ernährung eine Kombination verschiedener Lebensmittel erforderlich, um zum Beispiel den niedrigen Lysingehalt von Getreide oder den niedrigen Methioningehalt von Hülsenfrüchten auszugleichen. Aber die Proteinaufnahme ist – wie bereits gesagt – bei uns ja nicht limitierend, in Ländern mit schlechter Lebensmittelversorgung kann das anders sein, und tierischen Produkten kann hier – wie bereits beschrieben – ein erheblicher Ergänzungswert zukommen.

Lebensmittel tierischen Ursprungs tragen zur Versorgung unterschiedlicher Vitamine aus der Gruppe der B-Vitamine bei. Dabei handelt es sich um eine Sammelbezeichnung wasserlöslicher Vitamine unterschiedlicher chemischer Zusammensetzungen. Außer den eigentlichen B-Vitaminen, wie B_1 (Thiamin), B_2 (Riboflavin), B_6 (Pyridoxin) und B_{12} (Cobalamin), rechnet man noch Biotin (Vitamin B_7), Folsäure (Vitamin B_9) und Pantothensäure (Vitamin B_5) sowie die bereits besprochene Nicotinsäure (auch Niacin, Vitamin B_3) zur Familie der B-Vitamine. Die B-Vitamine sind für die Energieproduktion, die Funktionsfähigkeit des Nervensystems und die Gesunderhaltung von Haut, Knochen, Haar, Muskeln, Schleimhäuten, Magen-Darm-Trakt und Leber von Bedeutung. B-Vitamine sind wasserlöslich und werden nicht im Körper gespeichert. Sie müssen dem Körper täglich in ausreichender Menge zugeführt werden.

Vitamin B_1 ist Thiamin. Thiamin wurde vor etwa hundert Jahren als erstes Vitamin entdeckt. Ein Mangel an Vitamin B_1 führt zu Beriberi, einer Erkrankung, die durch neurologische Störungen, Herzinsuffizienz und Muskelatrophie gekennzeichnet ist. Zudem kann er das Korsakow-Syndrom verursachen, eine bei Alkoholikern häufig beobachtete Form der Amnesie (Gedächtnisstörung).

Vitamin B_{12} ist Cobalamin. Es wird ausschließlich von Mikroorganismen synthetisiert und findet sich besonders in Leber, Fleisch, Eiern, Milch und Algen, dagegen kaum in Pflanzenprodukten. Die Darmflora des menschlichen Dickdarms synthetisiert zwar Vitamin B_{12}, es kann jedoch im Dickdarm nicht mehr effizient aufgenommen werden und wird so zum größten Teil unverwertet ausgeschieden. Die Leber kann Vitamin B_{12} allerdings in Mengen speichern, die für mehrere Monate ausreichen. Ein Mangel an Vitamin B_{12} führt zu einer Störung der Blutbildung, der sogenannten perniziösen (bösartigen) Anämie. Eine zu niedrige Vitamin-B_{12}-Aufnahme mit der Nahrung ist der wichtigste Grund für einen Vitamin-B_{12}-Mangel, auch wenn bei älteren Menschen eine verminderte Resorption vorkommen kann.

Thiamin (Vitamin B_1) und Riboflavin (Vitamin B_2) kommen in Schweinefleisch in relativ hohen Konzentrationen vor, so dass Schweinefleisch eine der wichtigsten Thiaminquellen in der Ernährung darstellt. Riboflavin ist insbesondere in Leber und Nieren in sehr hohen Konzentrationen enthalten. Zusätzlich trägt der Fleischkonsum auch zur Vitamin-B_{12}-Versorgung bei und stellt die Hauptquelle für dieses wichtige Vitamin dar. Fleisch ist zudem eine der reichsten Quellen für Niacin (Vitamin B_3) und Vitamin B_6. Die Hälfte des Niacins wird dabei aus Tryptophan gebildet, das im Fleisch reichlich vorhanden ist. Dieses Niacin kann leichter verwertet werden als die glycosylierte Form aus Pflanzen (siehe Kapitel 4.1, Seite 40).

Tierische Produkte sind die einzige Nahrungsquelle für Vitamin B_{12}, so dass bei Vegetariern und besonders bei vegan lebenden Verbrauchern das Risiko eines B_{12}-Mangels besonders hoch ist und heute eine Nahrungsergänzung, eine Supplementierung, standardmäßig empfohlen wird. Bei veganer Ernährung kann ein wenig B_{12} über Erdverunreinigungen schlecht gewaschener pflanzlicher Lebensmittel beigetragen werden, allerdings dürfte unter unseren heutigen hygienischen Standards diese Möglichkeit entfallen.

Innereien sind eine reiche Quelle für Pantothensäure (Vitamin B_5) sowie für Folsäure (Vitamin B_9), die für eine störungsfreie Embryonalentwicklung wichtig ist. Rinderleber enthält circa 220 Mikrogramm pro 100 Gramm, Rinderniere 82 Mikrogramm pro 100 Gramm (jeweils freies Folsäureäquivalent). Allerdings sind auch bestimmte pflanzliche Lebensmittel eine gute Quelle, etwa Blattspinat, Fenchel oder bestimmte Kohlarten (circa 50 bis 75 Mikrogramm pro 100 Gramm). Der latente Mangel wird mit einer Zunahme von Spina bifida, einer Störung in der Embryonalentwicklung (»offener Rücken«), in Verbindung gebracht. Gerade in den letzten Wochen des Jahres 2015 wurde dieses Thema in Spiegel-Online wieder thematisiert. Ein offener Rücken und andere Neuralrohrdefekte zählen zu den häufigsten Missbildungen bei Babys, bei etwa 90 von 100 000 Lebendgeburten in Europa tritt ein Neuralrohrdefekt auf. Folsäure kann den Defekten vorbeugen, in Europa leiden jedoch noch viele Menschen unter einem Mangel. Bereits vor mehr als zwanzig Jahren zeigten Wissenschaftler, dass die Aufnahme dieses B-Vitamins vor der Empfängnis das Risiko für einen offenen Rücken oder Schädelmissbildungen (Anenzephalie) um mehr als 70 Prozent reduziert. Die Anzahl der Missbildungen in Europa konnte trotz dieses Wissens nicht gesenkt werden, schreiben Forscher im *British Medical Journal* und erklären die europäische Folsäurepolitik für gescheitert.[24] Die Amerikaner seien seit langem einen Schritt weiter. Weil viele Frauen anders nicht erreicht werden können, müssen Hersteller dort seit 1998 Getreideprodukte wie Brot, Pasta und Reis mit Folsäure anreichern. Die Zahl der Neuralrohrdefekte sei nach wenigen Jahren um etwa 30 Prozent zurückgegangen.[25]

Die Bedeutung von Fleisch für die Vitamin-D-Versorgung wurde lange unterschätzt, da man nur den Gehalt von Vitamin D_3 (Cholecalciferol), nicht aber den des potenteren Calcidiol (25(OH)-Cholecalciferol) berücksichtigte.[26] Vitamin D wird über die Zwischenstufe Calcidol in die eigentlich wirksame Form Calcitriol umgewandelt. Eine ausreichende Vitamin-D-Versorgung ist für den Calciumstoffwechsel und ganz besonders für die Knochenstabilität wichtig. Neue Studien zeigen, dass Fleisch etwa 20 Prozent der aufgenommenen Vitamin-D-Mengen liefert und in magerem wie fettem Fleisch vorkommt. Höchste Werte wurden in Rinderleber gemessen. In epidemiologischen Studien hat Fleisch bei ausreichender Calciumzufuhr einen weitaus positiveren Effekt auf die Knochengesundheit, als sich durch seinen Vitamin-D-Gehalt erklären lässt.[27] Die Bedeutung dieser Vitamin-D-Quelle wird als besonders hoch eingeschätzt für ältere Menschen, die wenig nach draußen gehen, ebenso bei Kindern mit einem ungesunden Lebensstil mit wenig Bewegung und wenig Outdoor-Aktivitäten.[28]

Markus Eberhardinger
Rund um die Leber

Die mit Abstand beliebteste Leber ist die vom Kalb. Dies spiegelt sich auch im Preis, der meist das Doppelte von Rinder- oder Schweineleber beträgt. Beim Kauf der Leber sollte man darauf achten, dass sie keine grünen Stellen von der Galle hat, diese sind sehr bitter und können einem den Genuss verleiden. Oft kommt dies bei Geflügelleber vor. Außerdem sollte die Leber eine glänzende Optik haben, was auf ausreichende Frische hindeutet. Überlagerte Leber ist von der Konsistenz her oft mehlig bis breiig. Für mich ist es eine sehr spannende Erkenntnis, dass bei handwerklich arbeitenden Metzgern die Leber nur am Wochenanfang angeboten wird, weil sie die Leber mit dem ganzen Schlachtkörper kaufen. Sie verkaufen die Leber, bis sie weg ist, kaufen aber keine neue hinzu. Mich freut es immer, wenn ich am Wochenende in eine Metzgerei gehe und es keine Leber mehr gibt, das ist für mich eine schöne Maßregelung, da doch sonst alles verfügbar ist.

Bei der Zubereitung von Leber ist es wichtig, diese vor dem Garen gründlich zu putzen, was bedeutet, die feine Haut, die auf der Leber liegt, abzuziehen. Danach sollten dicke Blutgefäße entfernt werden. Wer den intensiven Lebergeschmack nicht mag, kann die Leber auch noch für eine Nacht in Milch einlegen, was ihr besonders das gallige Aroma nimmt.

Nun kommen wir zur Zubereitung. Hier herrscht die einhellige Meinung, die Leber nicht vor dem Braten zu salzen, weil sie sonst hart wird. Das ist Unsinn, das einzig Wichtige ist, dass die Leber nicht völlig durchgebraten wird, nur dann wird sie hart. So brät man zum Beispiel für geschnetzelte saure Leber die gesalzene, geschnittene Leber einfach nur kurz an, nimmt sie noch rosa, also nicht durchgebraten, aus der Pfanne. Dann werden Zwiebeln angebraten, mit Essig, Rotwein und Sauce abgelöscht, bis zur gewünschten Konsistenz eingekocht, abgeschmeckt. Dann wird die Leber zugegeben, einmal aufgekocht und sofort serviert.

Es handelt sich dabei dann um ein Sauté-Gericht, welches auch nicht dafür gemacht ist, in den Ausgabetheken von Kantinen über einen längeren Zeitraum warmgehalten zu werden. Es geht um schnelles Garen und direkten Verzehr, um ein optimales Ergebnis zu erzielen. Der Essig in diesem Gericht hat neben den geschmacklichen Gründen (die heute im Vordergrund stehen) auch den Grund, etwaige Geschmacksabweichungen wie Galle oder Überlagerung zu übertünchen.

Ein weiterer Klassiker der Leberküche ist die Leber Berliner Art mit Kartoffelpüree

- 4 Scheiben Kalbsleber a 150 g
- 200 ml Kalbsjus (Rezept Seite 151)
- 2 Zwiebeln
- 2 Boskoop-Äpfel
- Salz, Pfeffer, Zucker
- 1 Lorbeerblatt
- 800 g mehlig kochende Kartoffeln
- Salz
- 250 ml Milch
- 50 g Butter
- Muskatnuss

Die Kartoffeln schälen und in reichlich Salzwasser weich garen. Die Boskoop-Äpfel schälen, das Kerngehäuse ausstechen, in Scheiben schneiden und salzen und zuckern. Die Zwiebeln in gleichmäßige Scheiben schneiden, salzen, zuckern und in Rapsöl anbraten. Wenn sie kräftig Farbe angenommen haben, ein Stück Butter und ein Lorbeerblatt zugeben und weitere 10 Minuten auf kleiner Flamme schmoren lassen.

Die Kartoffeln abgießen, in den Topf zurückgeben und noch kurz auf halber Hitze ausdämpfen. Die Kartoffeln durch eine Kartoffelpresse drücken. Wer es besonders fein mag, streicht sie noch durch ein Sieb. Die Milch aufkochen, mit Salz und Muskatnuss würzen und zu den durchgepressten Kartoffeln geben. Die Butter in einem kleinen Topf bräunen und ebenso zu den Kartoffeln geben und alles kurz verrühren. Wichtig: Durch zu langes Rühren wird das Püree zäh und kleistrig.

Die Leber mit Salz und Zucker würzen. Eine Pfanne mit Rapsöl aufstellen und die Leber von beiden Seiten anbraten. Dann ein kleines Stück Butter zum Nachbraten zugeben, die Leber herausnehmen (das eigentliche Braten der Leber hat keine 5 Minuten gedauert!) und an einem warmen Ort kurz ruhen lassen. Nun die Apfelscheiben in derselben Pfanne anbraten. Wer hat, kann noch mit etwas Kalbsjus ablöschen.

Das Kartoffelpüree auf den Tellern anrichten, die Leber anlegen, mit den Zwiebeln und den Apfelscheiben garnieren und servieren.

4.3 Risiken des Fleischkonsums – Mythen und Fakten

Man muss ja nicht unbedingt auf eine Veganer-Internetseite gehen, wenn man Horrormeldungen über die Folgen des Konsums tierischer Produkte lesen will. Auf Internetseiten veganer Organisationen finden sich allerdings bemerkenswert kühne Behauptungen wie: »Vegetarische und omnivore Kost sind beide gesundheitsschädlich, weil Fleisch, Milchprodukte, Eier und Fisch laut ernährungswissenschaftlicher Studien gesundheitsschädlich sind.«[29] Als Ursachen werden angegeben, dass »in Milch und Milchprodukten […] schon von Natur aus [Anmerkung UW: also auch in Biomilch] extrem gesundheitsschädliche Stoffe enthalten sind wie zum Beispiel Tierprotein, Sexualhormone, Wachstumshormone, gesättigte Fette und Cholesterol, die für die schlimmsten chronischen Erkrankungen wie Krebs, Herzinfarkt, Bluthochdruck, Diabetes, Arteriosklerose, Demenz, Alzheimer usw. verantwortlich gemacht werden. Darüber hinaus sind Milch und Milchprodukte laut wiederholten Untersuchungen des Schweizer Bundesamts für Gesundheit (BAG) und anderer Wissenschaftler die mit Abstand am höchsten mit Umweltgiften (Dioxine, PCPs) belasteten Nahrungsmittel. (92 Prozent aller Giftstoffe in Nahrungsmitteln kommen aus Tierprodukten).«[30]

Man sollte diese Argumente für sich selbst bewerten können, sich eine eigene Meinung hierzu erarbeiten. Ich will versuchen, dazu nachvollziehbare Informationen zu liefern.

Vorab sollte man sich bewusst machen, dass der hohe Wert des Verzehrs tierischer Produkte im Verlauf der menschlichen Entwicklungsgeschichte zunächst in dem enormen Beitrag zur Energieversorgung lag. Das ist unter unseren heutigen westlichen Lebensbedingungen auch der Nachteil. Wir konsumieren zu viel Energie, verbrauchen zu wenig, und damit kehrt sich die positive Seite des Fleischkonsums in eine negative. Es gibt natürlich durch die Verarbeitung inzwischen auch energiereiche pflanzenbasierte Produkte (wie zum Beispiel Kartoffelchips), die zu dem Problem der Überernährung beitragen, aber prinzipiell ist das Argument sicher gut abzuwägen.

Die weiteren Vorteile lagen und liegen in dem Ergänzungswert von tierischen Produkten für die Vitamin- und Mineralstoffversorgung sowie für die Aufnahme wertvoller essentieller Aminosäuren, wie bereits oben besprochen.

Cholesterol – ein überschätztes Gesundheitsrisiko

Einer der Hauptrisikofaktoren des Fleischverzehrs, der auch von der klassischen Schulmedizin lange Zeit als Argument für einen reduzierten Fleischkonsum herangezogen wurde, ist das Cholesterol (frühere Trivialbezeichnung: Cholesterin). Es ist eine organische Verbindung aus 27 Kohlenstoffatomen, die zu drei Sechserringen und einem Fünferring mit Seitenkette arrangiert sind.

Cholesterol ist einer der wichtigsten körpereigenen Grundbausteine. Es ist essentieller Bestandteil aller tierischen Biomembranen (beispielsweise Zellmembranen oder Membranen der Zellorganellen), Ausgangssubstanz für die Synthese von Hormonen, D-Vitaminen und Gallensäuren.

Der Körper eines Menschen enthält circa 100 bis 150 Gramm Cholesterol, rund 0,15 Prozent des Körpergewichts. Weil diese Substanz so wichtig ist, sind nahezu alle Zellen in der Lage, es selbst zu synthetisieren, es kann aber auch aus der Nahrung aufgenommen werden. Die tägliche Syntheserate beträgt 1 bis 2 Gramm und liegt damit meist wesentlich höher als die Zufuhr über die Nahrung (zumeist zwischen 0,1 bis 0,3 Gramm, maximal 0,5 Gramm). Das Nahrungscholesterol stammt dabei zu 100 Prozent aus tierischen

Produkten. Pflanzliche Sterole und Mycosterole unterscheiden sich von den Sterolen des tierischen und menschlichen Organismus und können diese auch nicht wirklich ersetzen.

Pro Tag scheidet der Körper über den Zellverlust (Zell-Turnover) des Verdauungstrakts, die Gallenflüssigkeit und die ständige Schuppung der Haut bis zu 2 Gramm an Cholesterol aus. Die Ausscheidung von Cholesterol aus dem Körper erfolgt im Wesentlichen als Gallensäuren (täglich circa 0,5 Gramm) und unter anderem als Abbauprodukte von bioaktiven Cholesterolmetaboliten sowie in unveränderter Form in Hautschuppen (etwa 0,1 Gramm täglich). Um bei Mangel den exzessiven Verlust der wertvollen Grundsubstanz und ihrer Syntheseprodukte zu minimieren, können über ausgeklügelte Recyclingmechanismen die Gallensäuren weitgehend zurückgewonnen und wiederverwertet werden, die Recyclingquote des Cholesterol aus dem Darm beträgt etwa 50 Prozent.

Als stark lipophile (fettlösliche) Substanz muss Cholesterol für den Transport im Blut oder der Lymphe in Aggregaten (Mizellen) verpackt oder an Lipoproteine gebunden transportiert werden. Der Transport von Nahrungscholesterol oder dem in der Leber synthetisierten Cholesterol erfolgt über Lipoproteine (VLDL und LDL) zu den Zielgeweben, wo es für die Membranbildung oder zur Synthese der anderen Produkte erforderlich ist. Über eine andere Klasse von Lipoproteinen (HDL) erfolgt der reverse Transport von überschüssigem Cholesterol zurück zur Leber. Die Synthese und Aufnahme von Cholesterol durch die verschiedenen Zellen und Gewebe sind streng an den Bedarf angepasst: Um in ihre Zielzellen aufgenommen zu werden, müssen Lipoproteine an spezifische Lipoproteinrezeptoren binden. Die Expression der Rezeptoren ist abhängig vom Bedarf der Zelle, so dass eine Zelle mit hohem Bedarf auch viel aufnehmen kann. Bei hoher Zufuhr des Cholesterols »von außen« werden in der Zelle die Enzyme der zelleigenen Cholesterol-Biosynthese vermindert, bei geringer Zufuhr und hohem Bedarf in ihrer Aktivität gesteigert. Was auf zellulärer Ebene gut funktioniert, ist prinzipiell auch für den Gesamtorganismus gegeben. Bei erhöhter Zufuhr, die den Bedarf übersteigt, kann die Ausscheidung erhöht und die körpereigene Synthese reduziert werden.

Veränderungen im physiologischen Cholesterolhaushalt sind nach gängiger Lehrmeinung in bedeutendem Maße an der Entstehung von Plaques und Arteriosklerose beteiligt. Die Ursachen hierfür sind vielfältig und reichen von Enzymdefekten bis hin zu Defekten des LDL-Rezeptors. Damit erklärt sich jedoch auch, warum nur in begrenztem Umfang und bei einem geringeren Anteil der Patienten die Blutcholesterolwerte durch reduzierte Cholesterolaufnahme beeinflussbar sind.

Im Falle der familiären Hypercholesterinämie (Typ 2a) liegt ein genetisch bedingter Defekt des LDL-Rezeptors vor, über den normalerweise das Cholesterol in die Zellen geschleust werden kann. Die Zellen hungern nach Cholesterol, doch der Transport in die Zellen funktioniert nicht entsprechend. Daher läuft die intrazelluläre Synthese auf Hochtouren, obwohl große Mengen an LDL-gebundenes Cholesterol im Blut zirkulieren (Hypercholesterolämie). Die Folge ist eine verstärkte Ablagerung von Cholesterol in den Blutgefäßen. In diesen tragischen Fällen ist natürlich jede zusätzliche Cholesterolzufuhr in den Körper zu minimieren, also auch weniger mit der Nahrung aufzunehmen.

Wie viel Cholesterol steckt denn nun im Fleisch?

Führt man sich den Umfang der körpereigenen Synthese von 1 bis 2 Gramm pro Tag vor Augen, ist die Aufnahme mit der Nahrung überraschend gering und Fleisch trägt per se wenig zu dieser Bilanz bei.

Hühnereier sind in der Verbraucherwahrnehmung das Sinnbild cholesteroler Bedrohung. Ein Ei enthält dabei nur circa 250 Milligramm, das Eiklar dabei 0 Milligramm, da Cholesterol nur im Dotter vorkommt. Entsprechend sind in einer Eigelb-betonten Weincreme über 500 Milligramm pro 100 Gramm enthalten, in Eiscreme über 90 Milligramm pro 100 Gramm.

Bei anderen tierischen Produkten reicht die Spanne von 2 000 Milligramm pro 100 Gramm (bei dem in Vor-BSE-Zeiten verzehrten Hirn) bis zu 60 bis 70 Milligramm pro 100 Gramm Muskelfleisch, mit geringen Schwankungen innerhalb einer Art, aber einer klaren Tendenz zu höheren Werten bei feinfaserigem Fleisch, sowohl bei Haus- (Schaf) als auch bei Wildtieren (Reh).

Tabelle 5: Cholesterolgehalte von tierischen Produkten (mg pro 100 Gramm Produkt)[31]

Innereien	
Hirn	2000 mg
Hähnchenleber gegart	537,0 mg
Rinderniere gegart	368,0 mg
Schwein Leber gegart	331,0 mg
Fleisch	
Schaf Bratenfleisch (mf) frisch gegart	91,0 mg
Reh Fleisch (mf) frisch gegart	88,0 mg
Pute Schenkel frisch gegart	88,0 mg
Hauskaninchen Fleisch gegart	87,0 mg
Schwein Fleisch gegart	86,0 mg
Brathähnchen Schenkel frisch gegart	85,0 mg
Ente Fleisch (mf) frisch	76,0 mg
Kalb Rücken (Kotelett) (mf) frisch gegart	74,0 mg
Schwein Kotelett (mf) frisch gegart	74,0 mg
Rind Filet (Lende) (ma) frisch gegart	73,0 mg
Pferd Fleisch gegart	65,0 mg
Rind Fleisch (mf) frisch gegart	63,0 mg
ma: mager, mf: mittelfett	

Gesundes oder ungesundes Fett? Sind tierische Fette anders als Pflanzenfett?

Mit dem Fett ist es so eine Sache. Wie das Beispiel mit dem »Kaninchenhunger« zeigt, ist eine fleischbasierte Ernährung ohne Fett schädlicher als eine mit hohem Fettanteil. Trotzdem hält sich das Bild, dass mageres Fleisch gesund ist und tierische Fette schlecht für die Gesundheit sind. Neben dem allgemeinen Problem der zu hohen Energieaufnahme ist ein realistischer Grund für diese Meinung, dass fettlösliche Umweltkontaminanten wie Rückstände von Insektiziden sich im Körperfett anreichern. Fett ist ja ein Speichergewebe für Energie und fettlösliche Vitamine, so dass sich leider auch diese negativ zu bewertenden Substanzen im Laufe des Lebens anreichern können. Unter diesem Aspekt ist Fett umso gesünder, je jünger das Tier zum Zeitpunkt der Schlachtung ist. Das bedeutet, dass das Fett eines Hähnchens oder Schweins aus der Intensivmast sicherlich weniger belastet ist als das Fett einer älteren Kuh. Neben dem Alter ist auch entscheidend, ob das Tierfutter eine hohe oder niedrige Energiedichte hat, so ist die Belastung des Fetts bei Wiederkäuern eher höher als bei Schweinen und Geflügel, da sie eine größere Pflanzenmasse aufnehmen müssen, um ein Kilogramm zuzunehmen, als die beiden Arten mit einhöhligem Magen und entsprechend energiereicherer Fütterung.

Unabhängig von den Rückständen lohnt sich allerdings eine nähere Betrachtung des Themas »Gesundheitswert von Fett«. Hierzu ist es hilfreich, einen kurzen Blick auf die chemischen Grundlagen zu werfen. Man muss wissen, was Kettenlänge und die Ausdrücke »Gesättigt/Ungesättigt« bezeichnen, was trans-Fettsäuren sind und was hinter »Omega«-Fettsäuren steckt. Diese Grundlagen sind kurz dargestellt.

Fett besteht aus einem Molekül Glycerin an das in der Regel drei Fettsäuren gebunden sind. Das Glycerin macht circa 10 Prozent des Fettgewichts aus, 90 Prozent des Fettes sind Fettsäuren.

Fettsäuren (FS) haben eine Säuregruppe (-COOH-Gruppe), über die sie mit dem Glycerin verestert (= verbunden) sind. Sie werden weiter dadurch charakterisiert, aus wie vielen C-Atomen (Kohlenstoffatomen) sie aufgebaut sind. Aufgrund ihrer Biosynthese haben Fettsäuren eine geradzahlige C-Kettenlänge. Ein Fettmolekül (Triglycerid) kann dabei aus unterschiedlich langen Fettsäuren bestehen. Wenn in einer Fettsäure alle Bindungen einfach vorliegen, wie zum Beispiel bei Palmitinsäure, spricht man von einer *gesättigten* Fettsäure. Die Schreibweise ist dann 16:0, 16-C-Atome, null Doppelbindungen (die Zahl hinter dem Doppelpunkt gibt die Zahl der ungesättigten Doppelbindungen an). Hat eine Fettsäure eine Doppelbindung zwischen zwei C-Atomen, handelt es sich um eine *einfach ungesättigte Fettsäure (MUFA)*, wie zum Beispiel Ölsäure (18:1), die eine Kettenlänge von 18 C-Atomen und eine Doppelbindung hat. Wenn mehrere Doppelbindungen in der Fettsäure vorliegen nennt man sie *mehrfach ungesättigte Fettsäure (PUFA)*, wie zum Beispiel Linolsäure (18:2), die bei gleicher Kettenlänge wie die Ölsäure zwei Doppelbindungen hat.

Ungesättigte Fettsäuren sind umso chemisch instabiler, je mehr Doppelbindungen sie haben. Sie sind dann einerseits leicht verdaulich, andererseits aber auch anfälliger für oxidativen Verderb (Ranzigkeit). Die Fettsäurezusammensetzung bestimmt die Stabilität von Membranen und Lipoproteinen, in die Fettsäuren eingebaut sind, sowie den Schmelzpunkt von Fetten. Auch hier gilt, dass gesättigte Fettsäuren stabilere Eigenschaften bewirken sowie den Schmelzpunkt erhöhen.

Mehrfach ungesättigte Fettsäuren (PUFAs) sind zudem Vorstufen für regulatorisch aktive Substanzen wie zum Beispiel Gewebshormone. Neben der Zahl der Doppelbindungen wird auch die Position der letzten Doppelbindung angegeben, da sie entscheidend dafür ist, welche Gewebshormone daraus entstehen können. Da in der chemischen Nomenklatur normalerweise von der Säuregruppe her die C-Atome durchnummeriert werden würden, nutzt man für die Kennzeichnung der letzten Doppelbindung die »Omega«-Nomenklatur und nummeriert die Kohlenstoffatome vom Kettenende aus. Omega-3 heißt also bei einer Fettsäure, dass die letzte Doppelbindung am drittletzten C-Atom vorhanden ist. Die Linolsäure aus unserem Beispiel ist also eine Omega-6-Fettsäure, die Ölsäure wäre eine Omega-9-Fettsäure.

Da der menschliche Stoffwechsel keine Enzyme besitzt, hinter dem Kohlenstoffatom 9 Doppelbindungen einzufügen, müssen wir Omega-6- und Omega-3-Fettsäuren mit der Nahrung aufnehmen. Linolsäure (18:2 Omega-6) sowie die Linolensäure (18:3 Omega-3) sind daher *essentielle Fettsäuren*.

Die letzte Unterscheidung wird danach getroffen, wie eine Doppelbindung die räumliche Struktur beeinflusst, ob die Fettsäure an dieser Stelle »gerade« bleibt oder ob ein räumlicher Knick verursacht wird und hierdurch eine aufgelockerte Struktur zum Beispiel bei Membranen bedingt ist.

In Abbildung 5 sind die Elaidinsäure (Abbildung 5 oben) und die Ölsäure (Abbildung 5 unten) verglichen. Beides sind 18:1 Omega-9-Fettsäuren, die Elaidinsäure ist eine trans-Fettsäure, die Ölsäure eine cis-Fettsäure. Trans-Fettsäuren sind in ihren Eigenschaften den gesättigten Fettsäuren ähnlich, cis-Fettsäure sind instabiler, besser verdaulich und bedingen eine elastischere Membran von höherer Fluidität.

Abbildung 5: Unterschiede trans- und cis-Fettsäuren: Elaidinsäure (trans, oben) und Ölsäure (cis, unten)

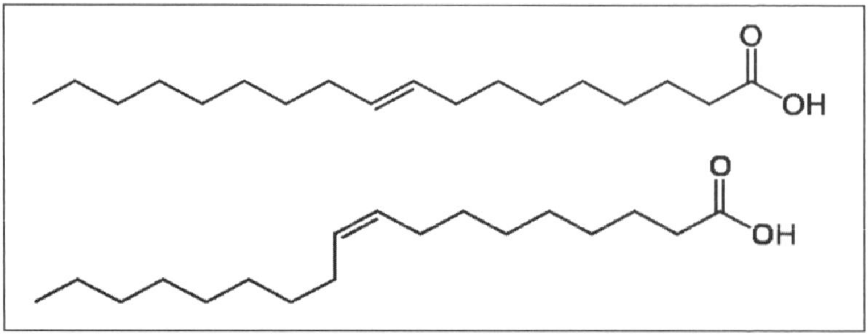

Trans-Fettsäuren kommen im Fett von Wiederkäuern natürlicherweise vor, da sie von Pansenbakterien umgebaut werden. Sie sind jedoch auch für industriell gehärtete Fette typisch. Die Kettenlänge, die Zahl der Doppelbindungen sowie die cis-/trans-Konfiguration entscheiden darüber, wie fest ein Fett ist. Je länger die Kette, desto fester das Fett, je mehr cis-Doppelbindungen, desto weicher. Trans-Doppelbindungen ändern den Schmelzpunkt hingegen im Vergleich zu den gesättigten Fettsäuren nur wenig.

Tabelle 6: Auswirkung von Kettenlänge, Zahl der Doppelbindungen sowie der cis- oder trans-Konfiguration auf den Schmelzpunkt von Fettsäuren (°C)

Zahl der C-Atome	Gesättigte Variante	mit einer cis-Doppelbindung	mit einer trans-Doppelbindung	mit zwei cis-Doppelbindungen
16	16:0 Palmitinsäure 62,5°	16:1 Palmitolein-säure 1,0°	–	–
18	18:0 Stearinsäure 69,3°	18:1 Ölsäure 16,0°	18:1 Elaidinsäure 50°	18:2 Linolsäure -5°
20	20:0 Arachinsäure 76,5°	20:1 Gadoleinsäure 23,5°	–	–

Wenn es um den Gesundheitswert geht, werden zunächst gesättigte Fettsäuren und trans-Fettsäuren kritischer bewertet als einfach oder mehrfach ungesättigte cis-Fettsäuren. Die Fettsäuren des Olivenöls, das ja als »Gesundheitsöl der mediterranen Küche« angesehen wird, bestehen zu über 75 Prozent aus der einfach ungesättigten Ölsäure, während die Anteile der mehrfach ungesättigten Omega-3- und Omega-6-Fettsäuren eher niedrig ausfallen.

Tabelle 7: Anteil ausgewählter Fettsäuren nach Kettenlänge (n) und Sättigungsgrad in Speisefetten[32]

Substanz	% Gesättigte Fettsäuren						% MUFA	% PUFA		
	Caprylsäure (8), Caprinsäure (10), Laurinsäure (12)	Myristinsäure (14)	Palmitinsäure (16)	Stearinsäure (18)	Arachinsäure (20)	Behensäure (22)	Ölsäure (18:1) Omega-9	Linolsäure (18:2) Omega-6	Linolensäure (18:3α) Omega-3	Gamma-Linolensäure (18:3γ) Omega-6
Distelöl			6,9	2,1			10,4	79		
Hanföl			6,6	2,4			10,4	57,8	17,4	2,5
Kokosfett	61	18	9	2,5			7	2,5		
Kürbiskernöl			16	5			24	54	0,5	
Leinöl			6,5	3,5			18	14	58	
Maiskeimöl			10,5	2,5	0,5		32,5	52	1	
Olivenöl			11,5	2,5	0,5		75,5	7,5	1	
Palmkernöl	57	16	8	2,5			14	2,5		
Rapsöl			4	1,5	0,5		63	20	9	
Sojaöl			10	4			23	51	7 (oder <1)	
Sonnenblumenöl – klassisch			6,2	5		1	19,9	66,8		
– mit hohem Ölsäuregehalt			4,0	5		1	87,0	10		
Walnussöl			8	2	1		16	59	12	
Schweinefett	1	1,1	22,5	13,0			39,5	12,3	1,1	0,03
Geflügelfett (Huhn)		0,4	17,0	4,3			27,8	28,3	2,3	0,2
Rinderfett		3,5	25,0	14,2			34,7	3,1	0,6	
Schaffett (konventionell)	0,9	10	5,9	40,7			9,9	12,4	4,8	
Schaffett (öko)	0,8	10	7,0	51,5			11,7	11,4	6,5	

MUFA: einfach ungesättigte Fettsäure; PUFA: mehrfach ungesättigte Fettsäure

Tabelle 7 zeigt, dass tierische Fette nicht einheitlich sind: Die festen Fette von Lamm/Schaf und erwachsenen Rindern haben einen höheren Anteil gesättigter Fettsäuren, während die weicheren Fette von Schwein und Huhn mehr ungesättigte Fettsäuren aufweisen. Bei letzteren Tierarten hat aufgrund des einhöhligen Magens die Fütterung enormen Einfluss auf die Fettzusammensetzung und kann so Genuss- und Gesundheitswert massiv beeinflussen (siehe Kapitel 8.8). Geflügelfett hat dabei sogar teilweise einen höheren Anteil an PUFAs als Raps- und Olivenöl. Andererseits haben Kokosfett und Palmkernöl über 80 Prozent gesättigte Fettsäuren, was ihre feste Konsistenz erklärt.

Bei den mehrfach ungesättigten Fettsäuren dominieren in den meisten Pflanzenölen und tierischen Fetten die Omega-6-Fettsäuren, während in Leinöl und dem Fett von Seefischen (Lachsöl) die Omega-3-Varianten überwiegen

Ob viele oder wenige gesättigte Fettsäuren eingebaut wurden, erklärt auch, warum Fettsorten unterschiedlich anfällig für Verderb (Ranzigkeit) sind. Mehrfach ungesättigte Fettsäuren sind anfälliger für Oxidation durch Radikale, die nicht nur Ranzigkeit und Aufwärmgeschmack verursachen, sondern auch zu Oxidationsprodukten führen, die gesundheitlich problematisch zu bewerten sind. Daher wird ja von der Verwendung von Pflanzenölen mit vielen PUFAs zum Braten abgeraten. Dieser Aspekt war einer der Gründe, bei Sonnenblumen eine Variante zu züchten, die nur noch geringe PUFA-Anteile im Öl aufweisen (siehe Tabelle 7), so dass sich dieses Öl zum Braten nun weitaus besser eignet.

In vielen fettreichen Pflanzen kommen neben den Fetten meist natürliche antioxidative Schutzsubstanzen wie Vitamin E (Tocopherole) vor. In tierischem Fett sind solche Schutzsubstanzen dann vorhanden, wenn sie natürlicherweise im Futter in hohen Mengen vorkommen oder zugesetzt werden (siehe Kapitel 10.4 und 11.6).

Es ist inzwischen in die Werbung eingegangen, dass ein hoher Anteil an Omega-3-Fettsäuren in der Nahrung das Risiko für einen Herzinfarkt reduzieren soll. Der Hintergrund sind die unterschiedlichen Klassen an Gewebshormonen (Prostanoide und Leukotriene), die aus den Omega-3- und den Omega-6-Fettsäuren gebildet werden können. Vereinfacht kann gesagt werden, dass die Gewebshormone aus Omega-3-Fettsäuren eher entzündungs- und gerinnungshemmend wirken, während die Omega-6-basierten eher entzündungs- und gerinnungsfördernd sind. Der Körper braucht jedoch die regulatorischen Substanzen aus beiden Gruppen. Das für die Fortpflanzung essentielle Hormon Prostaglandin F2alpha entsteht zum Beispiel aus den Omega-6-Fettsäuren.

Ein Sonderfall mit erheblicher Bedeutung für die aktuelle Diskussion über den Gesundheitswert sind die sogenannten konjugierten Linolsäuren (CLA). Diese speziellen Formen der Linolsäure, bei denen die beiden Doppelbindungen in unmittelbarer Nähe nebeneinanderliegen (dabei sind theoretisch 16 unterschiedliche Formen möglich), entstehen durch die Aktivität der Pansenbakterien. Daher kommen diese CLAs natürlicherweise nur im Fett von Wiederkäuern und dem Milchfett in relevanten Mengen vor, die Konzentrationen liegen dabei in einem Bereich von 3 bis 20 Milligramm pro Gramm Fett.

Zwei dieser CLAs sind wegen positiver Gesundheitseffekte in der Diskussion, da sie wohl Eigenschaften aufweisen, die sie höchst attraktiv für die Werbung machen: Sie sollen antioxidativ wirken, spezifisch Krebszellen zerstören (zytotoxische Wirkung), entzündungshemmend sein und Körperfett abbauen, dabei auch antidiabetisch wirken und vor Herz-Kreislauf-Erkrankungen schützen (kardioprotektiv). Auch wenn diese Wirkungen noch nicht voll untersucht und wirklich verstanden sind, werden sie bereits in der Werbung genutzt.

Die biologische Wirkung der einzelnen CLA-Varianten (Isomere) ist wohl recht unterschiedlich und für viele CLA-Isomere noch nicht wirklich untersucht. Die wirksame Dosis, die zu antikanzerogenen Wirkungen führen soll, liegt im Rattenversuch unter 1 Prozent und ist vermutlich abhängig von der Tumorart. Beim Menschen wird eine wirksame Dosis von etwa 3 Gramm pro Tag geschätzt, also etwa das Drei- bis Zehnfache der derzeit täglich mit der Nahrung aufgenommenen CLA-Menge. Butter enthält circa 1 000 Milligramm pro 100 Gramm und stellt bei durchschnittlichen Verbrauchern die größte Zufuhrquelle dar, fetter Käse enthält bis zu 350 Milligramm pro 100 Gramm, Rindfleisch maximal 200 Milligramm pro 100 Gramm. Entsprechend trägt die Kräuterbutter beim Rindersteak erheblich zur CLA-Versorgung und damit unter diesem Aspekt zum Gesundheitswert bei. Das Beispiel zeigt allerdings das Dilemma zwischen Energiegehalt und Zusatznutzen deutlich auf.

Der Gehalt an CLA in Wiederkäuerfett variiert und ist in Milchfett dann besonders hoch, wenn kräuterreiches Grünfutter aufgenommen wird. Die höheren Konzentrationen im Milchfett von Kühen auf extensiv bewirtschafteten Almen wurden rasch von den Schweizern als Werbeargument für ihre Produkte eingesetzt. Da bei Spezies mit einhöhligem Magen (Monogastern) wie dem Schwein sich ein Futterzusatz von CLA im Fett wiederfindet, gibt es auch erste Versuche, ein Gesundheitsfett beim Schwein zu produzieren. Aus produktionstechnischer Sicht und im Hinblick auf eine gute Produktqualität ist allerdings wirklich interessant, dass der Anteil gesättigter Fettsäuren im Körperfett der CLA-gefütterten Tiere durch die Wirkungen auf den Körperfettstoffwechsel signifikant steigt und damit die Produktion von festerem Fett ohne zu starke Verfettung möglich wird.[33]

Zusammenfassend kann gesagt werden, dass pflanzliche oder tierische Fette per se nicht als mehr oder weniger gesundheitsfördernd bezeichnet werden können. Zudem muss berücksichtigt werden, dass die direkten regulatorischen Wirkungen einzelner Fettsäuren über spezifische Rezeptoren erst ansatzweise erforscht sind.[34] Die Bewertung hängt von der Fettsäurezusammensetzung und der Menge der Aufnahme ab. In Tabelle 8 ist eine Übersicht über die Klassen an gesundheitsrelevanten Fettsäuren und ihr Vorkommen und wesentliche Gesundheitswirkungen zusammengestellt.

Pflanzliche wie tierische Fette haben einen hohen Energiegehalt, der unter den Bedingungen der westlichen Ernährungssünden kritisch zu sehen ist. Gesättigte Fettsäuren und trans-Fettsäuren sind unter dem Gesundheitsaspekt eher negativ zu bewerten. Es kommen jedoch sowohl bei pflanzlichen wie auch bei tierischen Fetten Extremformen vor, die sehr hohe oder sehr niedrige Anteile an gesättigten Fettsäuren aufweisen.

Ungesättigte Fettsäuren sind nach ihren chemischen Eigenschaften differenziert zu betrachten, da sie in komplexe Regulationssysteme eingreifen. Sie kommen zum Teil nur in tierischen Fetten vor (wie die positiv bewerteten CLAs), sind aber immer im Kontext des hohen Energiegehalts zu sehen. Auch wenn sicherlich einige gesundheitsfördernde Wirkungen unumstritten sind, ist damit eine

Abwägung zu treffen – ähnlich wie beim Rotwein, wo das gesundheitsfördernde Resveratrol und der gesundheitsschädliche Alkohol gegeneinander abzuwägen sind. Wer jedoch dringend ein Argument sucht, warum tierisches Fett gesundheitsfördernd sein kann, findet in den CLAs seine Kandidaten.

Tabelle 8: Fettsäureklassen, ihr Vorkommen und die Bedeutung für die Gesundheit

FS-Gruppe	Vorkommen	Produktqualität Fleisch/Verarbeitungsprodukte	Gesundheitswert
Gesättigte Fettsäure	harte Pflanzenfette, harte tierische Fette	gute Haltbarkeit, festes Fettkonsistenz	gesundheitlich eher negativ, da sie z. B. Abbau von LDL-Cholesterol verlangsamen, HDL ist unverändert
MUFA (meist Ölsäure)	Oliven- und Rapsöl, Schweinefett bis zu 50 %	mittlere Haltbarkeit	gesundheitlich eher positiv, da sie LDL-Cholesterol senken und HDL erhöhen
PUFA			
Omega-6	traditionelles Sonnenblumenöl, Distelöl, Hanföl, Kürbiskernöl, Maiskeimöl, Geflügelfett	geringe Haltbarkeit, weiche Fettkonsistenz	entzündungsfördernd, gerinnungsfördernd
Omega-3	Fischöl, Leinöl, Hanföl, Walnussöl		entzündungshemmend, gerinnungshemmend
CLAs	Fett von Wiederkäuern	erhöhen Anteil gesättigter Fettsäure	positive Zusatzwirkungen der CLAs nachgewiesen, ggf. natürliche Konzentrationen in Fleisch und Milch zu gering
trans-Fettsäure	Fett von Wiederkäuern, gehärtete Fette	Auswirkungen wie gesättigte Fettsäure	Auswirkungen wie gesättigte Fettsäure

Purine

Zu den negativen Gesundheitsfolgen des Fleischkonsums wird häufig auch das Gichtrisiko gezählt. Gicht ist eine Stoffwechselerkrankung, bei der zu hohe Harnsäurekonzentrationen im Blut (Hyperurikämie) dazu führen, dass Harnsäureablagerungen in Form von Kristallen (Urat-Kristalle) in den Gelenken entstehen. Auch in der Niere können sich diese Kristalle ablagern, so dass es auch zu Nierenschäden kommen kann.

Eine Hyperurikämie entsteht, wenn das Gleichgewicht zwischen Bildung und Ausscheidung der Harnsäure im Körper gestört ist. Die Harnsäurebildung erfolgt durch den Abbau von Purinen, die aus der Nahrung stammen, und aus dem Abbau von Körperzellen. Die Ausscheidung erfolgt vor allem über die Nieren und kann durch entsprechend hohe Wasseraufnahme unterstützt werden. Eine Erhöhung der Harnsäurewerte im Blut kann also aus einer zu geringen Ausscheidung über die Nieren, aus einer zu hohen Purinaufnahme oder aus einem starken Zellabbau resultieren. Männer sind häufiger betroffen als Frauen, und es liegt meistens eine genetische Disposition vor, die zu den erhöhten Harnsäurewerten beiträgt.

Die wichtigsten Purine sind Bausteine der Ribonukleinsäure (RNA) und der DNA, die beiden Purinbasen Adenin und Guanin. Zudem sind sie Bestandteil physiologisch wichtiger Moleküle des Energiestoffwechsels wie zum Beispiel des Adenosintriphosphats (ATP). Alle Gewebe, die sehr syntheseaktiv sind oder ein enges Verhältnis zwischen Kern und Zellgröße besitzen, haben als Nahrungsmittel hohe Purinkonzentrationen.

Wenn man das weiß, kann man schnell abschätzen, in welchen Lebensmitteln viele Purinbasen vorkommen und wo nicht und welche Lebensmittel zu erhöhten Harnsäurewerten führen können. In Tabelle 9 sind die Puringehalte verschiedener Teilstücke und Innereien vom Schwein und resultierenden Harnsäuremengen dargestellt.

Die geringsten Purinwerte hat der tendenziell fettere Schweinebauch (ohne Schwarte), da Fettzellen als Speicherzellen ein relativ weites Kern-Zellvolumen-Verhältnis haben und die Syntheseleistung auch relativ niedrig ist. Im Muskel mit weniger Fett ist der Pu-

Tabelle 9: Puringehalte (Milligramm/100 Gramm) und resultierende Harnsäuremenge (Milligramm/100 Gramm) verschiedener Produkte vom Schwein[35]

Produkt	Puringehalt (mg/100g)	resultierende Harnsäure (mg/100g)
Schweinebauch	42	100
Schweinebraten	48	115
Schweinehals	59	140
Schweinefilet	63	150
Schweineschulter, mit Haut, gebraten	116	280
Schweineleber	216	515
Schweineniere	139	334

ringehalt relativ höher (zum Beispiel Vergleich fetter Bauch versus mageres Filet). Den höchsten Puringehalt haben die Produkte, bei denen die syntheseaktive Haut mitgegessen wird, da sie aufgrund ihrer enormen Erneuerungsrate hohe Purinwerte aufweist. Das ist beim Krustenbraten aus der Schulter (Schweineschulter mit Haut) der Fall oder beim Brathähnchen mit Haut, das ein Drittel mehr an Purinen enthält als reines Hähnchenfleisch.

Tierische Produkte mit wenig Zellanteil – wie Milch und Milcherzeugnisse – sind nahezu purinfrei oder zumindest sehr purinarm. Hefe mit relativ hohem Anteil an Zellkernen ist extrem purinreich (mehr als 600 Milligramm pro 100 Gramm). Auch Hülsenfrüchte wie Erbsen, Linsen und Sojabohnen haben relativ hohe Puringehalte, die in der Größenordnung von Fleisch liegen können. Fisch hat tendenziell höhere Puringehalte als Fleisch, insbesondere wenn der Fisch mit Haut verzehrt wird (zum Beispiel Forelle). Garnelen, Hummer und vor allem Miesmuscheln haben hohe Puringehalte, dabei übertreffen sie den Puringehalt von magerem und natürlich auch fettem Muskelfleisch. Die höchsten Purinwerte finden sich jedoch in den Innereien: Leber, Niere und Herz liegen um ein Vielfaches höher als Fleisch. Den Höchstwert hat das Kalbsbries, die Thymusdrüse des Kalbs (535 Milligramm pro 100 Gramm), die jedoch nur selten die kulinarische Wertschätzung erfährt, die ihm gebührt.

Damit ergeben sich für den gesunden Verbraucher wenig Restriktionen hinsichtlich der Lebensmittelauswahl aufgrund der Puringehalte. Bei Menschen mit Disposition zur Gicht ist fettes Fleisch weitaus weniger riskant als Hähnchen mit knuspriger Haut oder Fisch und Meeresfrüchte.

Da Purine auch aus abgebauten körpereigenen Zellen stammen können, sind radikale Diäten natürlich auch ein Risikofaktor, wenn es zu verstärktem Zellabbau durch die Diät kommt. Aber wie gesagt: bei gesunden Verbrauchern alles kein Problem.

Fleischkonsum und Krebsrisiko

Ende Oktober 2015 sorgte die Internationale Agentur für Krebsforschung (International Agency for Research on Cancer / IARC) der WHO mit der Meldung für Aufregung, dass sie rotes Muskelfleisch als wahrscheinlich und verarbeitetes rotes Muskelfleisch als sicher kanzerogen einstuft.[36] Diese Einstufung bezieht sich allerdings nur auf die Frage, ob, nicht aber, mit welcher Häufigkeit Wurstwaren Krebs erzeugen. Auch wenn andere Experten diese plakativen Warnungen recht zeitnah wieder relativierten, setzen diese Meldungen den Trend zur Verbraucherverunsicherung massiv fort.[37]

Als »rotes Fleisch« bezeichnet man Fleisch von Rind, Schaf, Ziege und Schwein sowie Wildarten und grenzt sie vom Geflügelfleisch ab. Ein Zusammenhang zwischen Fleischverzehr und einem erhöhten Risiko für Darmkrebs wird in den letzten Jahren zunehmend diskutiert. Bei Auswertung aktueller epidemiologischer Studien ist der Zusammenhang jedoch nicht eindeutig und nicht in allen Studien nachweisbar.[38] So war in der IARC-Auswertung – wie in früheren Studien – die Beziehung zwischen dem Konsum von Verarbeitungsprodukten wie Wurst oder Pökelwaren und dem Krebsrisiko tendenziell deutlicher als für den Konsum von unverarbeitetem Fleisch.

Allerdings ist nach wie vor unklar, welche Kausalbeziehungen hierzu führen. Der am meisten favorisierte Mechanismus wird darin gesehen, dass bei der Zubereitung mutagene Substanzen entstehen können wie heterozyklische Amine (HCAs) und polyzyklische aromatische Kohlenwasserstoffe (PAHs). HCAs entstehen durch die Reaktion von Aminosäuren, Zuckern und Kreatin beim Garen von Fleisch (allen Fleischarten) und Fisch bei hohen Temperaturen. PAHs werden vorwiegend beim Räuchern oder beim Grillen gebildet. Das Ausmaß der Bildung von HCAs und PAHs schwankt je nach Fleischart, Zubereitungsmethode und dem Grad des Durchgarens. Unabhängig von der Fleischart gilt: Wenn Fleisch über 150 Grad Celsius erhitzt oder lange Zeit gegart wird, bilden sich mehr HCAs. Durchgegartes Hähnchen oder Rindersteak haben beide hohe HCA-Werte. Wenn das Fleisch Rauch ausgesetzt ist wie beim Grillen, steigen die PAH-Werte.[39] HCAs und PAHs können mutagen wirken und damit Krebs auslösen. Dazu müssen sie aber erst enzymatisch umgebaut werden, ein Prozess, der Bioaktivierung genannt wird. Die Enzymaktivität unterscheidet sich zwischen Individuen und kann so zu einem unterschiedlichen Risiko für Krebserkrankungen bei Verbrauchern beitragen. Bei Versuchstieren löst der Zusatz von HCAs oder PAHs im Futter eine verstärkte Tumorbildung in verschiedenen Organen aus. Allerdings sind die hier eingesetzten Konzentrationen oft tausendfach höher, als sie in der Nahrung von Menschen vorkommen.[40]

In epidemiologischen Studien werden die Zubereitungsmethoden meist nicht berücksichtigt und können daher nicht vom Fleischverzehr per se getrennt werden. Es ist dabei immer schwierig, die exakte Aufnahme dieser Substanzen auch nur annähernd abzuschätzen. Die Studien, die die Zubereitungsart mit berücksichtigten, fanden dann allerdings, dass eine hohe Aufnahme von durchgegartem, gebratenem oder gegrilltem Fleisch zu einem erhöhten Risiko für Krebserkrankungen von Dickdarm, Bauchspeicheldrüse und Prostata führt. Das National Cancer Institute (NIH) der USA empfiehlt daher, durch Zubereitungsmethoden die Aufnahme zu minimieren: Vom direkten Kontakt mit offenen Flammen oder einer heißen Metallfläche sowie vom längeren Braten wird abgeraten. Stattdessen empfehlen sie, mit der Mikrowelle vorzugaren und danach kurz anzubraten, um die HCA-Bildung zu reduzieren. Die Niedrigtemperaturmethode, das Sous-vide-Garen mit kurzem Finish in der Pfanne, wäre da sicher eine Alternative. Auch häufiges Wenden bei hoher Hitze kann die HCA-Bildung reduzieren.[41]

Ein anderer Erklärungsansatz sieht einen Zusammenhang zwischen der vermehrten Bildung von Gallensäuren bei fettreicher Ernährung und dem Vitamin-D-Rezeptor.[42] Der Vitamin-D-Rezeptor wird auch durch Lithocholsäure aktiviert, einer sekundären Gallensäure, die im Colon durch mikrobielle Aktivität aus primären Gallensäuren gebildet wird. Im Tierversuch war die Lithocholsäure tumorfördernd. Bei normaler ausgewogener Ernährung ist die Bildung gering, erst mit stark fettreicher Ernährung steigt die Syntheserate und kann toxische Level erreichen, die das Colonepithel zerstören und Krebsentstehung begünstigen. Zudem reagiert sie mit den Vitamin-D-Rezeptoren, die im Verdauungstrakt hoch exprimiert werden und die Integrität der Schleimhautbarriere durch antiapoptotische Eigenschaften schützen. Eine Apoptosehemmung begünstigt aber Krebsentstehung.[43]

Ungefähr 80 Prozent der Dickdarmkrebserkrankungen werden der Ernährung und dem Lebensstil zugeschrieben. Es ist jedoch unwahrscheinlich, dass der Faktor Fleisch allein eine solche Bedeutung als Risikofaktor hat und unabhängig von Faktoren wie Rauchen oder körperlicher Bewegung ist. Daher ist es kaum denkbar, dass allein durch die Reduktion des Fleischverzehrs eine protektive Wirkung erreicht wird, solange nicht weitere Ernährungs- und Lebensstilfaktoren geändert werden. Solange aber kein Beweis gegeben ist, dass rotes Fleisch keinen Beitrag zur Krebsentstehung hat, wird vom World Cancer Research Fund International (WCRF) empfohlen, den Konsum von rotem Fleisch auf 500 Gramm pro Woche zu limitieren, Verarbeitungsware zu reduzieren und Fleisch nicht bei sehr hohen Temperaturen durchzugaren.[44]

Eine völlig andere Hypothese wird von Nobelpreisträger Harald zur Hausen und seiner Mitarbeiterin Ethel-Michele de Villiers vertreten, die die Beteiligung von virusartigen Bestandteilen des Rindfleischs postulieren. In einer aktuellen Arbeit im *International Journal of Cancer* (2015) stellen sie diese Hypothese vor und belegen sie mit epidemiologischen Daten aus Ländern mit hoher und niedriger Häufigkeit von Colon- und Brustkrebs. Eines der Länder mit hohem Fleischkonsum, aber niedrigsten Colonkrebsraten ist die Mongolei. Zur Hausen und Villiers schließen daraus, dass der Übertragungsmechanismus an die Tiere des Genotyps Bos taurus (also unsere klassischen Rinder) gebunden sei, während zum Beispiel bei Yaks diese infektiösen Agenzien nicht vorkämen und so die niedrige Krebsrate erklären.[45] Man muss abwarten, was von dieser Hypothese belegt werden kann. Interessant ist allerdings, dass hier gute Beispiele gebracht werden, die belegen, dass ein hoher Fleischkonsum per se nicht unbedingt mit einem gesteigerten Krebsrisiko einhergeht. Andererseits ist in epidemiologischen Studien anderer Arbeitsgruppen kein Unterschied zwischen Rind- und Schweinefleisch zu finden, was der Hypothese zunächst einmal widerspricht.

Insgesamt kann man den Wissensstand so zusammenfassen, dass zwar in einigen Metastudien Beziehungen zwischen Krebs- und anderen Erkrankungen und dem Konsum von rotem Fleisch festgestellt wurden. Die Identifikation möglicher Mechanismen steht jedoch aus. Andere Begleitfaktoren, die ein Erkrankungsrisiko begünstigen, sind meist nicht von dem Aspekt des Fleischkonsums zu trennen. Eine kritische aktuelle Übersichtsarbeit von David M. Klurfeld zum Thema, welche Forschungslücken noch zu schließen sind, führt ein plakatives Beispiel aus einer amerikanischen Großstudie an: In dieser Studie wurden fast 500 000 Amerikaner mittleren Alters zur Befragung eingeladen. In der folgenden Zehnjahresperiode wurden 71 000 Todesfälle bei Teilnehmern analysiert.[46]

Die Ergebnisse wurden nach dem Kriterium Verzehr von rotem und weißem Fleisch ausgewertet und die Sterberisiken für jedes Quintil (1. Quinitil: die 20 Prozent mit dem niedrigsten Verzehr, 5. Quinitil: die 20 Prozent mit dem höchsten Verzehr) berechnet. Danach stieg mit zunehmendem Verzehr von rotem Fleisch das Sterberisiko. Der Anstieg des Risikos für eine tödliche Krebserkrankung stieg jedoch schwächer als das Risiko, bei einem Unfall zu sterben. Einen Kausalzusammenhang zwischen Fleischverzehr und Unfallrisiko gibt es jedoch nicht, was verdeutlicht, dass andere Faktoren hier das Bild verzerren, die mit dem Lebensstil korrelieren. David M. Klurfeld fasst das zentrale Problem der Metastudien plakativ mit dem Ausdruck »garbage in – garbage out« zusammen. Eine noch so korrekte Metastudie ist nie besser als die Qualität der Einzelstudien, auf der sie basiert. Wenn also auf der Ebene der Einzelstudien bestimmte Einflussfaktoren nicht korrigiert wurden, wirkt sich dies bis zur Metastudie aus.[47]

5 Fleischerzeugung und Nachhaltigkeit – ein Widerspruch?

Nachhaltigkeit umschreibt ein Zielbündel aus ökologischen, ökonomischen und sozialen Zielen, die nicht gegeneinander ausgespielt werden sollen, sondern gleichrangig angestrebt werden. Dieses Begriffsverständnis von Nachhaltigkeit enthält den Anspruch, dass diese Ziele für alle Länder der Welt (globale Gerechtigkeit) und für künftige Generationen (Generationengerechtigkeit) gelten.[1]

Fleischerzeugung hat in der Diskussion über nachhaltige Entwicklungskonzepte schnell den Stempel des Umweltschädlings. Die Fleischerzeugung soll für 15 bis 24 Prozent der Treibhausgase verantwortlich sein, sie sei einer der Motoren des Klimawandels. Die Lösung: Fleischverzicht, oder – wie kürzlich in der Nestlé Zukunftsstudie für 2030 beschrieben – es stellen sich mehr als 50 Prozent der Studienteilnehmer eine Zukunft vor, in der eine gesunde Ernährungsweise und schonender Umgang mit Ressourcen kombiniert sind: »Aus Rücksicht auf Tier und Natur sind 2030 zum Beispiel Produkte aus In-vitro-Fleisch oder Eiweißquellen wie Algen und Insekten denkbar. Insgesamt wird unsere Ernährung im Einklang mit unseren Werten stehen sowohl aus dem Wunsch heraus, Produkte entsprechend unseren Werten einzukaufen als auch aus der Überzeugung, dass Ernährung ein Statussymbol und Ausdruck unseres persönlichen Lebensstils ist. Essen wird zur Weltanschauung. Die Menschen in Deutschland werden sich festlegen auf verschiedene Ernährungsstile, wie Vegetarismus oder sogar einer veganen Ernährung, und sich damit identifizieren. So die Expertenmeinung. Was vorher dem Autofan der PS-starke Sportwagen oder dem Bildungsbürger die Bücherwand war, wird morgen die detaillierte Kenntnis der Vita des Rindersteaks sein.«[2]

Wie sieht es nun konkret aus mit der Umweltbelastung durch die Tierhaltung? Und ist Fleischverzicht die Lösung?

In Deutschland wird der Beitrag der Landwirtschaft zum Aufkommen an klimarelevanten Gasen 2014 nach Umrechnung in CO_2-Äquivalente auf circa 7 Prozent geschätzt.[3] In dem Bericht des Umweltbundesamtes heißt es weiter: »Wiederkäuende Rinder, Mist- und Güllelagerung sowie stark gedüngte Felder setzen die Gase Methan und Lachgas, aber auch Ammoniak frei.« Ein paar Zeilen weiter: »Die Landwirtschaft ist neben dem Energiebereich und der Industrie ebenfalls eine wichtige Quelle von Treibhausgasen in Deutschland. Vor allem die Methan- und Lachgasemissionen spielen wegen ihrer hohen Klimawirksamkeit (GWP = global warming potential) eine entscheidende Rolle: Methan ist danach 25-fach, Lachgas 298-fach klimaschädlicher als Kohlendioxid.«

Nun, aber um den Beitrag zu vergleichen, rechnet man doch in CO_2-Äquivalente um, oder? Und 7 Prozent sind eben nur mal 7 Prozent?

Tabelle 10: Emissionen in Millionen Tonnen CO_2-Äquivalenten in Deutschland 2014[4]

	Mio. Tonnen	Prozent
Energiewirtschaft	340,3	37,3
Verarbeitendes Gewerbe	125,0	13,7
Verkehr	164,3	18,0
Kleinfeuerungsanlagen*	142,5	15,6
Industrieprozesse	62,2	6,8
Landwirtschaft	64,6	7,1
LULUCF**	1,8	0,2
Abfall	11,0	1,2
Summe	911,8	100

*inklusive sonstiger kleiner Quellen
**Landnutzung, Landnutzungsänderungen und Forstwirtschaft (englische Abkürzung: »LULUCF«)

Weltweit sieht es allerdings anders aus. Hier ist die Landwirtschaft in höherem Maße beteiligt, 10 bis 12 Prozent werden je nach Studie angenommen. Dabei ist innerhalb der Landwirtschaft die Fleischerzeugung neben dem Reisanbau eine der wichtigsten Quellen. Andere Berechnungen machen die Fleischerzeugung allein für 15 bis 24 Prozent der Treibhausgase verantwortlich.[5] Die unterschiedlichen Zahlen erklären sich dadurch, dass verschiedene Faktoren wie zum Beispiel Änderung der Landnutzung – also Rodung von Urwald zur landwirtschaftlichen Nutzung – oder die nachgelagerte Verarbeitung oder anteiliger Transport dazugerechnet werden. Eine gute Übersicht über die Ergebnisse der divergierenden Berechnungen ist in einer Veröffentlichung des Thünen-Instituts zusammengefasst.[6] So kommt man zu den durchschnittlichen 3,3 Kilogramm CO_2-Äquivalenten bei Schweinefleisch, wenn man Produktion inklusive der Vorleistungen berücksichtigt, die reine agrarische Produktion schlägt nur mit 1,7 Kilogramm zu Buche, während die Kombination des Lebenszyklusansatzes mit einer »Top-down«-Methode – das heißt gesamte Kette bis Endverbraucher (inklusive Abfallentsorgung) – bei 11,2 Kilogramm landet.

Die vollständigsten Berechnungen sind sogenannte Lebenszyklusanalysen, die die gesamte Produktionskette in die Kalkulation einbeziehen. Zur Verwirrung trägt zudem bei, dass häufig die Berechnungen, die mit dem Transport vom Hof enden, auf der Basis Lebendgewicht angestellt werden, während weitergehende Kalkulationen sich auf das Endprodukt beziehen. In einer belgischen Studie wurden so für ein Kilogramm reines Rindfleisch ohne Knochen 22,2 Kilogramm CO_2-Äquivalent berechnet; bezogen auf ein Kilogramm Schlachtkörpergewicht sind es etwa 18 Kilogramm, bezogen auf ein Kilogramm Lebendgewicht nur 12,7 Kilogramm.[7]

Für eine differenzierte Analyse sollte jedoch zunächst geklärt sein, welche Art der Fleischerzeugung welche direkte Belastung mit sich bringt. Es ist inzwischen fast schon Allgemeinwissen: Rinder sind die Klimakiller. Ursache ist die Methanproduktion der Wiederkäuer, die durch die Vergärungsprozesse im Pansen entstehen. Entsprechend steht die Erzeugung von Rindfleisch und Milchprodukten für sehr hohe CO_2-Äquivalente pro Kilogramm Produkt (siehe Tabelle 11). Fleisch von Schweinen und Geflügel ist weitaus günstiger zu bewerten, da beide Tierarten keine Wiederkäuer sind. Die CO_2-Belastung durch die Erzeugung von Rindfleisch beträgt etwa das Vierfache des Werts von Schweinefleisch. Pflanzliche Lebensmittel, die in dieser Tabelle 11 um Reis ergänzt wurden, stehen besser da, mit Ausnahme des hinzugefügten Produkts, des Reises. Nassreisanbau ist eine wichtige Quelle der Methanemission, sein Beitrag wird weltweit auf etwa zwei Drittel der Methanproduktion durch Wiederkäuer geschätzt.[8]

Tabelle 11: Treibhausgasemission bei der Produktion tierischer und pflanzlicher Lebensmittel in Deutschland (konventionelle Produktion)[9]

Tierische Lebensmittel	CO_2-Äquivalente g pro kg Lebensmittel
Hartkäse	8 340
Rohwurst	8 000
Rindfleisch**	6 430
Eier	1 930
Schweinefleisch**	1 870
Geflügelfleisch**	1 330
Milch	940

**(nur Tierhaltung, ohne Verarbeitung und Handel)

Pflanzliche Lebensmittel	CO_2-Äquivalente g pro kg Lebensmittel
Reis***	2 000
Tofu	1 100
Mischbrot	770
Tomaten	330
Kartoffeln	200

*** https://pagewizz.com/reisanbau-und-seine-auswirkungen-auf-den-klimawandel/

All diese Werte sind grobe Richtwerte und hängen neben der Berechnungsart stark von der Art der Produktionsweise und des Produktionsniveaus ab. So steigert sich der CO_2-Wert für Tomaten zum Beispiel von etwa 300 Gramm pro Kilogramm Produkt auf 1 860 Gramm pro Kilogramm, wenn statt Freilandanbau die Erzeugung in Gewächshäusern mit Heizung erfolgt.[9]

Auch beim Fleisch sind Produktionsweise und Produktionsniveau entscheidend. Der Wechsel in der Fleischerzeugung weg vom Rind hin zu Schwein und Geflügel würde die CO_2-Bilanz verbessern.[10] Dabei ist bei allen Spezies die Belastung mit CO_2-Äquivalenten je Kilogramm erzeugtem Protein umso geringer, je höher das Leistungsniveau ist. In der oben genannten belgischen Studie zur Rindfleischerzeugung trug die Fermentation im Pansen mit 48,8 Prozent den Löwenanteil zur Belastung bei.[11] Die CO_2-Äquivalente bezogen auf ein Kilogramm Fleisch werden daher stark durch die Verdaulichkeit des Futters und die Futteraufnahme beeinflusst, aber natürlich auch durch das Leistungsniveau der Tiere. Durch den Einsatz von Hochleistungsrassen, am besten auch noch unterstützt mit leistungsfördernden Hormonen, bei Einsatz moderner Haltungstechnik und Verfahren der Güllebehandlung und -ausbringung kann die CO_2-Bilanz drastisch verbessert werden. Weiter spielt eine Rolle, ob auch anderen Produkten vom Rind, wie Milch, Leder, Innereien und Fett, Anteile der CO_2-Bilanz zugeordnet werden können. Dann ist die Belastung des Fleischs natürlich geringer. So gibt eine schwedische Arbeit die CO_2-Belastung von Rindfleisch aus Mutterkuhhaltung mit über 25 Kilogramm pro Kilogramm Produkt an, die Fleischerzeugung mit Kälbern aus der Milchviehhaltung hingegen nur mit circa 16 Kilogramm.[12] Ursache für das schlechte Abschneiden der Mutterkuhhaltung: Hier wird die CO_2-Bilanz der Mutterkuh voll auf die Fleischmenge der Kälber umgelegt, während in der Milcherzeugung erhebliche CO_2-Anteile der Milch zugeschrieben werden. Auch die hochgeschätzten Kobe-Rinder haben mit über 36 Kilogramm eine weitaus schlechtere Bilanz.[13]

Daher schneidet das Fleisch von Altkühen in dieser Art der Umweltbilanz am besten ab. Auch steigt die CO_2-Belastung mit dem Transport; zum Beispiel erhöht sich bei südamerikanischem Fleisch der Wert von 28 Kilogramm CO_2/Kilogramm Produkt (am Hoftor) auf 41 Kilogramm/Kilogramm durch den Transport nach Europa.[14]

Generell wird gerne ein Fleischverzicht oder zumindest eine starke Reduzierung tierischer Produkte aus Umweltgründen diskutiert. Allerdings ist, wie bei Julia Grünberg und Koautoren dargestellt, je nach pflanzlichem Lebensmittel, das stattdessen verzehrt wird, sogar ein Anstieg der verursachten klimarelevanten Treibhausgasemissionen möglich.[15] Wird beispielsweise der Schweinefleischkonsum reduziert und dafür der Verbrauch von Reis und Gemüseprodukten aus dem Gewächshaus erhöht, kann sich die Klimabilanz durch diese Ernährungsänderung verschlechtern. Ein vegetarisches Essen ist nicht zwangsläufig mit niedrigeren Treibhausgasemissionen verbunden als ein fleischhaltiges Mahl.

Sowohl für die Erzeugung von Schweinefleisch als auch bei der Haltung von Rindern besteht jedoch ein klarer Zielkonflikt zwischen tiergerechter Haltung und Umweltbelastung, wie in Tabelle 12 dargestellt. Die CO_2-Äquivalente steigen in dem beim Verbraucher hochgeschätzten Haltungssystem mit viel Stroh (Tiefstreu) enorm an.

Tabelle 12: Emissionen aus Mastschweineställen in CO_2-Äquivalenten pro Tierplatz und Jahr[16]

Haltungssystem	kg CO_2-Äquivalente aufgrund der Methanfreisetzung (CH_4)	kg CO_2-Äquivalente aufgrund der Lachgasfreisetzung (N_2O)
Flüssigmist		
Vollspaltenboden	92	29,6
Teilspaltenboden	92	14,8
Mit Einstreu		
Tiefstreu inkl. Kompoststall	80,5	740,0
2-Flächenstall, Dänische Aufstellung	57,5	29,6

Auch die Ammoniakemission, hier nicht dargestellt, ist deutlich (circa 30 Prozent) höher bei einer Haltung auf Stroh (Tiefstreu) als bei Teil- und Vollspaltenställen.[17]

Ebenso ist in der Haltung von Milchkühen die Anbindehaltung, die aus Tierwohlgründen abzulehnen ist, unter dem engen Aspekt der Umweltbelastung den tiergerechteren Verfahren deutlich überlegen. Diese bewegungsarme Form der Haltung ist heute fast nur noch in Kleinbetrieben zu finden, die eine Übergangsregelung nutzen, in modernen (Groß-)Betrieben gibt es sie nicht mehr. Nach einer Modellrechnung der Arbeitsgruppe von Reiner Brunsch stiege die Ammoniakemission um den Faktor 2,5 bis über 5, wenn die bisher noch in Anbindehaltung aufgestallten Tiere dann in einem Laufstall gehalten würden.[18] Da man davon ausgeht, dass noch etwa ein Viertel der Kühe in Deutschland so gehalten werden, würde dies zu einer zusätzlichen Ammoniakemission von rund 8 000 Tonnen führen, sofern man nur den Teil der Emissionen betrachtet, der im Stallbereich entsteht.

Wie zu Beginn gesagt, Nachhaltigkeit stellt ein Zielbündel dar, und die isolierte Betrachtung dieses Faktors allein greift zu kurz. Weniger tiergerechte Haltungssysteme, eine weitere Leistungssteigerung, der Einsatz von Hormonen zur Steigerung des Proteinansatzes, all das ist sicherlich nicht im Sinne der Mehrheit der deutschen Verbraucher. Aspekte der Erhaltung der Kulturlandschaft oder auch der Nahrungskonkurrenz mit dem Menschen müssen in diese Diskussion mit einbezogen und gegen die anderen Ziele abgewogen werden.

Gerade der Punkt der Nahrungskonkurrenz zum Menschen ist für mich ein wichtiges Kriterium, das in dieser Diskussion zu wenig Berücksichtigung findet. Eine Bewertung der Produktionsverfahren muss nach meiner Meinung auch beinhalten, welche Produktionsverfahren Futtermittel erfordern, die auch in der menschlichen Ernährung Verwendung finden könnten. Unter diesem Aspekt schneiden die Produktionsverfahren, die unter dem CO_2-Aspekt positiv zu bewerten waren, ganz schlecht ab. Rinder und andere Wiederkäuer sind in der Lage, pflanzliche Futtermittel zu verwerten und in hochwertiges Protein zu verwandeln, die für uns Menschen per se nicht nutzbar sind. Ein erheblicher Anteil der landwirtschaftlich genutzten Flächen ist Dauergrünland, also Wiesen- oder Weidefläche, das längerfristig keiner anderen Nutzung zugeführt werden kann. Weltweit hat Dauergrünland mit etwa 3 Milliarden Hektar einen Anteil von circa zwei Dritteln an der landwirtschaftlich nutzbaren Fläche. Auf diesen Flächen werden über 60 Prozent der als Futtermittel verfügbaren Pflanzenmasse erzeugt. Diese Futtermittel können von Wiederkäuern gut, von Monogastern wie Schwein und Geflügel nur sehr schlecht genutzt werden. Eine argumentative Gleichsetzung der verschiedenen Fleischarten ist daher sachlich nicht gerechtfertigt. Wenn Umweltorganisationen argumentieren, dass Fleisch genau das Gegenteil von sparsamer Rohstoffnutzung sei, da man, um 1 Kilogramm Fleisch zu erzeugen, 7 bis 16 Kilogramm Getreide oder Sojabohnen benötigen würde, werden diese Argumente ausgeblendet.

Damit ist die Rindfleischerzeugung unter diesem Aspekt sicherlich positiv zu werten. Es darf dabei aber auf keinen Fall schöngeredet werden, dass unverantwortlicher Raubbau an der Natur durch Urwaldrodung stattfindet, um kurzfristig auf diesen Flächen Rindfleisch zu erzeugen oder Futterpflanzen für die Fleischerzeugung anzubauen.

Die Monogaster als Nahrungskonkurrenten zum Menschen können aber höchst effektiv zur Verwertung von Nebenprodukten der Lebensmittelerzeugung eingesetzt werden. In einer niederländischen Studie wurde berechnet, welche Mengen an Schweinefleisch zum Beispiel aus Nebenprodukten der Lebensmittelerzeugung produziert werden können.[19] Einbezogen wurden Rübenschnitzel aus der Zuckerproduktion, Melasse aus der Zuckerproduktion, Kartoffelschalen aus der Herstellung von Kartoffelprodukten und Sojaschrot aus der Ölerzeugung. Mit den zum Untersuchungszeitpunkt aktuellen Zahlen konnten rechnerisch 29,6 Kilogramm Schweinefleisch und damit mehr als zwei Drittel der in den Niederlanden verbrauchten Menge produziert werden. Erst über diese Menge hinaus waren zusätzliche Futtermittel mit entsprechenden Umweltkonsequenzen erforderlich.

Allerdings muss man zum Einsatz von Soja noch ein paar Anmerkungen machen: In der erwähnten niederländischen Studie wird das Sojaextraktionsschrot, das nach der Ölgewinnung übrig bleibt, als reines Abfallprodukt deklariert und in dieser Bilanz ebenso verwendet wie die Abfallprodukte aus der Herstellung von Kartoffelprodukten. Das klingt gut und macht ein gutes Gewissen, aber ganz richtig ist das nicht. Sojabohnen werden zur Ölerzeugung, zur Gewinnung des wichtigen Emulgators Lecithin ebenso angebaut wie zur Erzeugung hochwertigen Proteins für die Tier- (98 Prozent) und die Humanernährung (2 Prozent). Je nach argumentativem Schwerpunkt wird in Diskussionen das eine oder das andere Produkt in den Vordergrund gestellt. Es ist nicht richtig, Sojaanbau auf die Erzeugung proteinreicher Futtermittel zu reduzieren, wie oft und gerne in Diskussionen über die Umweltschädlichkeit der tierischen Produktion gemacht wird. Es ist genauso falsch, Soja nur als Ölsaat zu deklarieren, weil der lukrative Handel mit dem Extraktionsschrot die Erträge aus der Ölerzeugung übersteigt.

Die Sojabohne wird heute auf 6 Prozent der globalen landwirtschaftlichen Nutzfläche angebaut und als die weltweit wichtigste Ölsaat bezeichnet. Weltweit wurden 2013 nach der aktuellsten FAO-Statistik schätzungsweise 276 406 003 Tonnen erzeugt. Etwa 85 Prozent der Sojaernte wird für die Herstellung von Öl und Sojaschrot verwendet. Sojabohnen enthalten etwa 20 Prozent Öl und 37 Prozent Eiweiß. Das Öl geht überwiegend in die Humanernährung (95 Prozent), der Rest wird für industrielle Zwecke oder für die Biodieselerzeugung verwendet. Der verbleibende Sojakuchen (rund 80 Prozent der Masse) wird aufgrund des hohen Eiweißgehalts zu 98 Prozent in der Tierproduktion verfüttert. Die Eiweißqualität, die biologische Wertigkeit, ist mit der von tierischem Eiweiß vergleichbar, was die Sojabohne von anderen Pflanzen abhebt. Direkt von Menschen konsumiert werden etwa 2 Prozent der geernteten Sojabohnen. Der relative Beitrag von Öl und dem eiweißreichen Rest lässt sich anhand der Weltmarktpreise für beides, Sojaöl und Sojamehl, abschätzen. Das Verhältnis lag bei etwa 2,5 zu 1 im ersten Jahrzehnt des Jahrtausends und ist aktuell auf 1,8 zu 1 gesunken. Damit ist der Marktwert des eiweißreichen Rests absolut wichtiger als der des Öls.[20]

Die Verwendung anderer Nebenprodukte der Ölherstellung, zum Beispiel aus der Rapsölerzeugung als Eiweißfuttermittel, bietet sich an, seitdem zum Beispiel im Falle von Raps antinutritive Inhaltsstoffe mit negativen Konsequenzen für das Tier züchterisch minimiert wurden. In Bayern wurde so von 2001 bis 2014 zum Beispiel der Sojaanteil innerhalb der Eiweißfutter um 7 Prozentpunkte vermindert, die Rapsprodukte, vor allem Rapsextraktionsschrot, steigerten ihren Anteil von 1,5 auf 10 Prozent. Neben Rapsextraktionsschrot kam auch vermehrt Bierhefe zum Einsatz. Solche Ansätze werden in der Praxis zunehmend genutzt, aber vom Verbraucher und in der öffentlichen Diskussion werden diese Entwicklungen leider zu wenig wahrgenommen. Sie werden ebenso von der grünen Seite, der Landwirtschaft, zu wenig argumentativ verwendet, um aufzuzeigen, dass die Erzeugung von tierischem Protein umweltschonend realisiert werden kann.

Unter diesen Aspekten ist jedoch gerade die Biofleischerzeugung im Nachteil. Hier werden heimische Eiweißpflanzen eingesetzt, die allerdings ein unbalanciertes Aminosäuremuster und damit eine zu geringe biologische Wertigkeit aufweisen. Daher muss mehr Eiweiß gefüttert werden, um den Bedarf an bestimmten limitierenden Aminosäuren zu decken. Durch den Einsatz freier (fälschlicherweise immer »synthetisch« genannter) Aminosäuren, die das Aminosäuremuster ergänzen, könnte der Einsatz von Eiweißfuttermitteln in der ökologischen Landwirtschaft noch stärker vermindert werden als in der konventionellen Landwirtschaft, allerdings stehen diesem Ansatz die aktuellen Vorgaben der Verbände im Wege.

Andere Faktoren, die bei der Bewertung von Produktionsverfahren einfließen sollten, sind der Verbrauch von Fläche und Wasser. In beiden Kriterien ist die Schweinefleischerzeugung als Intensivverfahren der Rindfleischerzeugung überlegen.

Für die Diskussion und die Bewertung von Produktionsverfahren ist immer wichtig zu bedenken, dass Nachhaltigkeit ein Zielbündel ist und es klare Widersprüche zwischen den Zielen gibt und damit Zielkonflikte. Die Entscheidung, in welche Richtung sich die Produktion bewegen soll, kann der Verbraucher so lange nicht wirklich treffen, solange er hierüber nicht klar informiert wird. In einer Umfrage der Verbraucherzentrale 2013 sprachen sich zwei Drittel der Befragten für verschärfte gesetzliche Regelungen aus, um die Umweltprobleme durch die Herstellung von Fleisch zu verringern.[21] Für mich eher ein Ausdruck der Hilflosigkeit und Ahnungslosigkeit als eine klare Forderung an den Staat oder die landwirtschaftliche Produktion.

6 Tierschutz – ein (Ver-)Kaufs-argument?

Wir sind gefühlt ein Land der Tierfreunde, auch wenn weniger als 10 Prozent Mitglied in einer Tier- oder Umweltschutzorganisation sind. 2104 wurden knapp 5 Milliarden Euro von 33 Prozent der deutschen Bevölkerung für die unterschiedlichen Zwecke gespendet, davon gingen knapp 6 Prozent (282 Millionen) an den Tierschutz.[1] Allerdings wird aufgrund von Umfragen geschätzt, dass etwa 37 Millionen deutsche Verbraucher sehr viel Wert darauf legen, dass Produkte, die sie kaufen, von Tieren aus artgerechter Haltung stammen – was immer artgerechte Haltung denn sein möge.

Abbildung 6: Was Verbraucher besonders wichtig bei Lebensmitteln finden und wofür sie bereit wären, wesentlich mehr auszugeben[2]

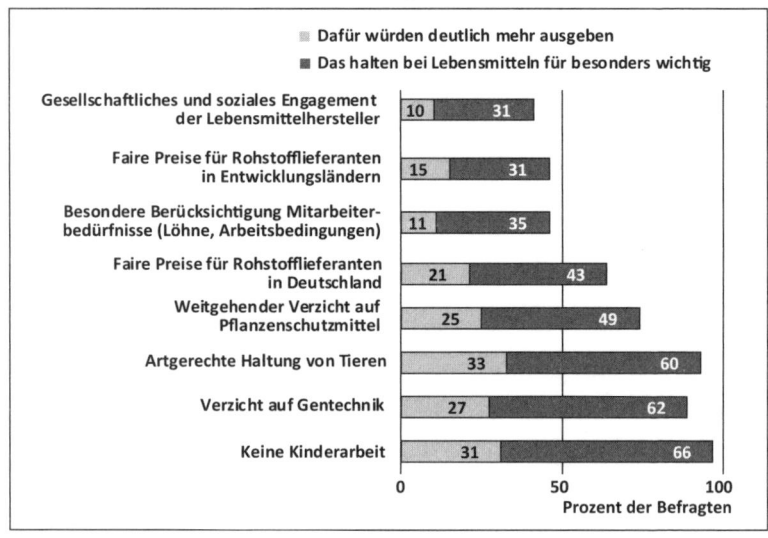

In der Nestlé-Studie 2011 wurden Verbraucher befragt, welche Aspekte einer nachhaltigen Lebensmittelproduktion ihnen wichtig sei und ob sie bereit seien, dafür auch mehr zu zahlen. Auch hier lag der Aspekt der artgerechten Tierhaltung unter den Top-3-Aspekten, die genannt wurden, die Zahlungsbereitschaft war hier sogar höher als bei der Vermeidung von Kinderarbeit.

Nach Umfragen der Verbraucherzentralen 2013 (siehe Abbildung 7) machen sich über zwei Drittel der Verbraucher große oder sehr große Sorgen bezüglich der nicht artgerechten Tierhaltung. Fast genauso hoch wie der Anteil der Menschen, die sich Sorgen wegen der Schadstoffbelastung machen.

Abbildung 7: Ergebnisse einer Umfrage der Verbraucherzentralen 2013 zu den Verbrauchersorgen im Zusammenhang mit Lebensmitteln (Anteile der Befragten (%), die sehr große bis geringe Sorgen benennen)[3]

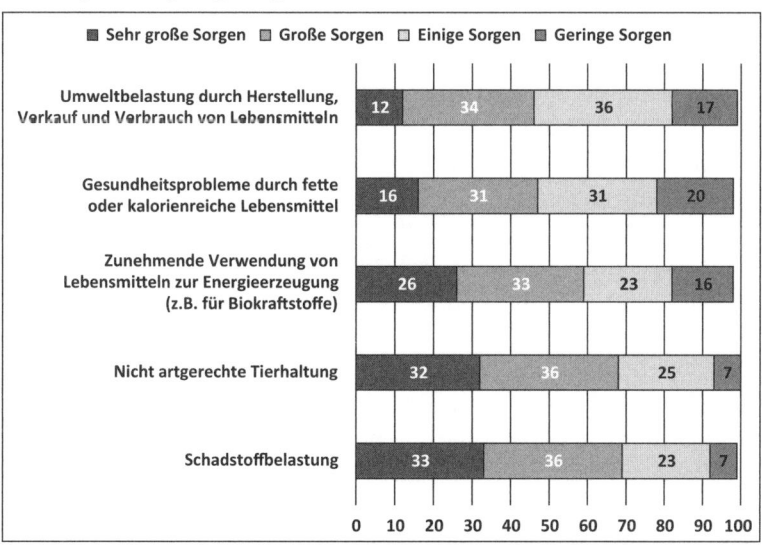

Allerdings ist sehr diffus, was Verbraucher unter artgerechter Haltung verstehen. Der scheinbare Gegensatz ist die Massentierhaltung, obwohl ja Tierzahl und Haltungsbedingungen nur sehr begrenzt etwas miteinander zu tun haben. Die Antworten auf die Frage, ab wann ein Bestand unter den Begriff der Massentierhaltung fällt, sind in den unterschiedlichen Studien recht ähnlich. In

Emnid-Studien aus den Jahren 1992 und 1997 gaben über 80 Prozent der Befragten gleichlautend für Rinder- wie Schweinehaltung eine Bestandsgröße von über 500 als zu groß an, für etwa 40 Prozent war jedoch der Bestand schon ab 100 Tieren zu groß. Die Ergebnisse einer neueren Umfrage der Göttinger Gruppe um Achim Spiller von 2011 bestätigen diese Grenze von 500 für Rinder und belegen eine höhere von 1 000 für Schweine. Mit Massentierhaltung werden von den Verbrauchern überwiegend negative Haltungsbedingungen assoziiert, insbesondere, dass die Tiere zu wenig Platz haben und zu wenig betreut werden.[4]

Es gibt äußerst unterschiedliche Konzepte, um zu bewerten, welche Haltungsverfahren den Tieren gerecht werden. Ein altes und häufig angewendetes Konzept ist das der Five Freedoms, das 1979 vom Farm Animal Welfare Council (FAWC) erstmals definiert wurde.[5] Diese sind die Freiheit von Hunger und Durst (leichter Zugang zu Wasser und Futter), die Freiheit vor Unannehmlichkeiten (angemessene Umwelt anbieten inklusive eines angenehmen Ruhebereichs), die Freiheit von Schmerz, Verletzung und Krankheit (Prävention, schnelle Diagnose und Behandlung), die Freiheit, Normalverhalten auszuführen (genügend Platzangebot, angemessene Haltungseinrichtungen), sowie die Freiheit von Angst und Gefahr. Prinzipiell sind diese »Freiheiten« alle auch in großen Beständen genauso gut oder so schlecht zu erfüllen wie in kleinen Beständen, und sie sind in kleinen Beständen auch nicht zwingend gegeben.

Für Verbraucher ist Tierhaltung fast nicht zu durchschauen. Neben der Entfremdung von der Produktion und dem oft romantisierenden Bild von der Bauernhofidylle wird hier das Wahlverhalten der Konsumenten weiter dadurch erschwert, dass es inzwischen eine Vielzahl unterschiedlichster Label gibt, die ihnen auch anbieten, mit ihrer Kaufentscheidung etwas für den Tierschutz zu tun. Durch die unterschiedlichen Konzepte und Versprechungen ist die Situation am Markt aber für Verbraucher eher verwirrend als erhellend. Zudem sind die Kriterien der verschiedenen Programme aus wissenschaftlicher Sicht nicht immer nachvollziehbar.

Eines der ältesten Konzepte, das in Zusammenarbeit mit dem Tierschutzbund entstand, ist das *Neuland-Konzept*.[6] Hier wird Fleisch aus konventionellen bäuerlichen Betrieben vermarktet, die höhere Auflagen hinsichtlich der Tiergerechtheit erfüllen, als gesetzlich vorgegeben. Zudem sind zum Erhalt der bäuerlichen Strukturen klare Bestandobergrenzen vorgegeben (zum Beispiel bei Schweinen: 950 Mastplätze, 150 Sauen). In der Schweinehaltung haben die Tiere ständigen Zugang zu einem befestigten Auslauf am Stall und etwas mehr Platz – doch dazu später. Die Haltung schließt Spaltenböden aus, Einstreu muss vorhanden sein. Weitere Auflagen sind die Kastration unter Betäubung und Schmerzausschaltung sowie maximal vier Stunden Transportzeit und maximal 200 Kilometer Transportstecke auf dem Weg zur Schlachtung.

Zusätzlich wird auch noch in der aktualisierten Version vom Oktober 2015 ein Sammelsurium von Auflagen angegeben, die bereits längst gesetzlicher Standard sind, wie ein Verbot der Anbindehaltung von Sauen (Paragraph 30 (5) Tierschutznutztierhaltungsverordnung), die EU-weit seit 2006 verboten ist. Ebenso der Verzicht auf Tiermehl, Knochenmehl und die Verfütterung von Exkrementen – für den Fachmenschen erstaunlich, da die Verwendung von Tiermehl und Knochenmehl als Futtermittel für Nutztiere seit 2001 EU-weit verboten ist und eine Verfütterung von Fäkalien in konventionellen Betrieben nun wirklich nicht praktiziert wird. Auch die teilweise Aufhebung dieses Tiermehlverbots, aus Kadavern nicht wiederkäuender Tiere gewonnenes Tiermehl (etwa von Schweinen oder Hühnern) zu füttern, erlaubt zwar seit Juni 2013 die Verfütterung an Speisefische und andere auf Aquafarmen gezüchtete Tiere, nicht aber an Schweine.

Eine Einzelhaltung ohne Sicht- und Geruchskontakt zu anderen Tieren ist gesetzlich verboten. Es klingt geradezu absurd, wenn solche Argumente für ein Programm sprechen sollen, da eine Einzelhaltung im Aufzucht- und Mastbereich wirtschaftlich wie technisch Nonsens wären. Im Zuchtbereich kann eine solche Haltung vielleicht noch hin und wieder auf pseudoromantisch-altertümlichen Kleinstbetrieben oder in der Hobbyhaltung gefunden werden, niemals aber im normalen Schweinezuchtbetrieb.

Für Neuland ist es sicherlich schwierig, sich gegenüber den Ökobetrieben abzugrenzen, die hinsichtlich Auslauf und Platzangebot höhere Auflagen haben als die Neulandbetriebe und zudem hinsichtlich der Fütterung stärkere Restriktionen aufweisen, da das Futter nach Ökorichtlinien erzeugt werden muss.

Im Platzangebot bestehen zwischen verschiedenen Programmen mit höherem Tierschutzanspruch erhebliche Unterschiede. Während konventionell im Mastbereich für Tiere von 50 bis 110 Kilogramm 0,75 Quadratmeter gesetzlich vorgegeben sind, beträgt die Vorgabe bei Neuland 1 Quadratmeter plus 0,5 Quadratmeter Auslauf. Die EU-Ökoverordnung gibt für diesen Gewichtsbereich zwischen 1,1 und 1,3 Quadratmeter vor (unterteilt für Tiere bis 85 Kilogramm und bis 110 Kilogramm) sowie zusätzlich 1 beziehungsweise 1,2 Quadratmeter Auslauf.

Platz ist eben ein schlagendes Argument beim Verbraucher; die Befürchtung, dass den Tieren in der Massentierhaltung zu wenig Platz zur Verfügung steht, gehört zu den Hauptbedenken gegenüber der Massentierhaltung. Fast 65 Prozent der von Maike Kayser und Achim Spiller zu diesem Thema befragten Personen äußerten diese Befürchtung.[7] Daher wird diesem Kriterium auch von der Initiative Tierwohl, einer Initiative des Handels zur Verbesserung der Standardtierhaltung (man muss ja mal irgendwie aus der Schusslinie raus), besondere Bedeutung beigemessen und ein zusätzliches Platzangebot von 10 Prozent über die gesetzlichen Vorgaben hinaus mit 2,80 Euro pro Tier, bei plus 20 Prozent von 4 Euro und bei plus 40 Prozent von 8 Euro honoriert.

Eine solche Initiative ist sicherlich lobenswert und soll zu einem besseren Image führen, so dass der Druck auf die Politik und von der Politik nicht zu noch weitergehenden Auflagen für alle Produzenten führt. Unabhängig von dieser Bewertung hat man jedoch den Eindruck, dass die honorierten Kriterien nicht auf einer wirklich wissenschaftlichen Basis erstellt wurden. Sonst wäre nicht zu erklären, dass die schiere Durchführung der Ebermast unkritisch mit einem Bonus von 1,50 Euro honoriert wird – unabhängig davon, ob nun der Landwirt die problematischen Verhaltensweisen der Eber im Griff hat oder nicht, die zu erheblichem Tierleiden führen können (siehe Kapitel 10.6). Ebermast ist nun mal ein Produktionsverfahren, das sowohl unter dem Aspekt des Tierschutzes als auch des Verbraucherschutzes äußerst kritisch zu sehen ist.

Der Deutsche Tierschutzbund kennzeichnet mit dem Tierschutzlabel »*Für Mehr Tierschutz*« seit 2013 Produkte tierischen Ursprungs, denen Tierschutzstandards zugrunde liegen, die »für die Tiere einen wirklichen Mehrwert an Tierschutz gewährleisten«: Die

Standards sollen es den Tieren in der Landwirtschaft ermöglichen, ihren artspezifischen Verhaltensweisen und den damit verbundenen Bedürfnissen in ihrer Haltungsumgebung nachzukommen. Gestartet wurde mit einem Label für Produkte von Masthühnern und Mastschweinen. Das System ist zweistufig angelegt, es gibt eine Einstiegsstufe und die Premiumstufe. Alleine das macht es aus meiner Sicht für die Verbraucher extrem schwierig, eine Meinung zu dem Label zu entwickeln. Zu den Basisanforderungen gehört die Umstellung auf Ställe mit Strukturierung, mehr Platz und Beschäftigungsmöglichkeiten sowie beispielsweise auch der Ausstieg aus dem Kupieren der Schwänze beim Schwein. Außerdem dürfen keine Schweine in die Mast eingestallt werden, die als Ferkel betäubungslos kastriert wurden. Darüber hinaus gibt es für Transport und Schlachtung ebenfalls strenge Anforderungen. Schon die Einstiegsstufe geht weit über die gesetzlichen Mindeststandards hinaus. Zudem soll für die Einstiegsstufe ein Verbot des Einsatzes gentechnisch veränderter Futtermittel nach Ablauf einer dreijährigen Übergangsfrist eingeführt werden, was immer das auch mit Tierschutz zu tun hat. In der zweiten Labelstufe kommen unter anderem zusätzlich Außenklimabereiche, Zugang zu Auslauf oder Freilandhaltung hinzu. Der Einsatz gentechnisch veränderter Futtermittel ist in der Premiumstufe bereits jetzt verboten. Nach einem Jahr wurde anlässlich der Grünen Woche 2014 eine erste Bilanz gezogen: Es waren 14 Schweinemastbetriebe mit 20 Ställen zwischenzeitlich in der Einstiegsstufe zertifiziert, zwei Betriebe in der Premiumstufe.

Ein großes Problem ist dabei, dass Biobetriebe – je nach Verband – in vielen Kriterien bereits diese Anforderungen erfüllen beziehungsweise auch über das hinausgehen, was im Programm »Für Mehr Tierschutz« gefordert wird. Biobetriebe haben aber auch ohne dieses Label bereits das Vertrauen der Verbraucher und benötigen daher diese zusätzliche Zertifizierung nicht, um beim Verbraucher ein gutes Image hinsichtlich einer tiergerechten Produktion zu haben.

Ein akutes Problem ist der anstehende Verzicht auf das Schwanzkupieren beim Schwein. Nach der Richtlinie 2008/120/EG des Rats, Anhang I, Kapitel I über Mindestanforderungen für den Schutz von Schweinen darf ein Kupieren der Schwänze nicht routinemäßig durchgeführt werden. Bevor solche Eingriffe vorgenommen werden, sind andere Maßnahmen zu treffen, um Schwanzbeißen und andere Verhaltensstörungen zu vermeiden. Im Gutachten der Europäischen Behörde für Lebensmittelsicherheit von 2007 werden so Zahlen für die Häufigkeit von Schwanzbeißen in Europa zwischen 0,2 und 4 Prozent (Dänemark, kupiert) und bis zu 34,5 Prozent (Finnland, unkupiert) angegeben. In Deutschland wird in der konventionellen Schweinehaltung bei Ferkeln der Schwanz gekürzt, kupiert, um die Häufigkeit von Kannibalismus, dem Schwanzbeißen, zu vermindern. Dieses routinemäßige Kupieren steht in der heftigen Kritik von Tierschutzorganisationen und zum Teil auch von der Politik. Der Ringelschwanz ist damit zum Symbol der Unversehrtheit geworden.

Was in den Diskussionen gerne unter den Tisch fällt: Auch in Biobetrieben mit guten Haltungsbedingungen kann es zum Schwanzbeißen kommen, das Phänomen beginnt bereits oft bei jungen Ferkeln nach dem Absetzen von der Mutter. Mycotoxine im Futter, natürlich auch belastende Haltungsbedingungen, Nährstoffungleichgewichte, starke Temperaturschwankungen und so weiter tragen zur Disposition bei. Es ist kein Problem, das sich mit ein bisschen mehr Platz und einer anregenden Umwelt so einfach beheben lässt. Die Schwierigkeit liegt darin, dass bisher keine eindeutige Kausalkette für das Schwanzbeißen identifiziert werden konnte. Aktuell forschen viele Arbeitsgruppen in Deutschland zu den vielfältigen Faktoren, die zum Schwanzbeißen beitragen, und zu Maßnahmen gegen dieses Problem. Ein überstürztes Verbot des Kupierens nimmt zusätzliches Tierleid in Kauf, denn Entzündungen und Nekrosen können die Folge des Schwanzbeißens sein, sicherlich dann auch sehr belastend für das Tier und Ursache wirtschaftlicher Verluste. Leider werden diese berechtigten Argumente in der Öffentlichkeit nicht wirklich kritisch gewürdigt sondern meist als Ausreden der Landwirtschaft gesehen, um den Status quo zu erhalten.

Insgesamt ist ein Mehr an artgerechter Haltung etwas, was gesamtgesellschaftlich gefordert wird. Auch der wissenschaftliche Beirat der Bundesregierung hat dies explizit in seinem Gutachten dargestellt. Dass es hier Probleme in der Umsetzung gibt, liegt jedoch neben der Vielschichtigkeit der Probleme weniger an der grundsätzlichen Bereitschaft der Landwirte als am unglaublich niedrigen Preis, der für die Mehrzahl der tierischen Produkte erzielt werden kann. Der Preisverfall, der 2015 zu beobachten war, ist tödlich für viele Betriebe – bereits ohne zusätzliche Investitionen und ohne Aufwendungen für mehr Tierwohl. In den letzten Wochen des Jahres 2015, in denen dieses Buch entstanden ist, fiel der Preis für ein Kilogramm Schwein (Basis Schlachtkörper) auf 1,25 Euro, kurz vor der Drucklegung des Buches im Frühjahr 2016 betrug er 1,24 Euro. Das halten die Betriebe nicht lange durch. Das Sterben der Betriebe, zynisch als Strukturwandel bezeichnet, nimmt weiter Fahrt auf. Man muss sich bewusst machen, seit der Jahrtausendwende haben 80 Prozent der deutschen Schweinehalter aufgegeben. Diese Preise lassen den verbleibenden 20 Prozent auch keine echte Überlebenschance, auch ohne weitere gesetzliche Auflagen. Im Biosektor wurden im selben Jahr zwischen 3,30 und 3,50 Euro erzielt. Einzelne Unternehmen erhöhten sogar auf 3,75 bis 4,00 Euro. Allerdings ist das keine Alternative für die Masse der Produzenten. Der Marktanteil der Bioschweine an der Gesamtproduktion liegt stabil seit Jahren bei weniger als 1 Prozent der Produktion.

Markus Eberhardinger
Wichtig für Sternegäste: Tierschutz ist ein Muss

Unsere Gäste sind heute besser Informiert als je zuvor und haben genaue Vorstellungen von Gut und Böse. Es gibt einige Produkte, die früher in der Sterne-Gastronomie gang und gäbe waren, die jedoch heute Gäste eher abschrecken, als dass sie mit Genuss verbunden werden. Heutiger Genuss beginnt in einer nachhaltigen, ethisch korrekten Erzeugung, die Abstand von leidvoll produzierten Luxusprodukten wie Gänsestopfleber und Froschschenkel nimmt. Diese Produkte lösen heute eher einen Shitstorm aus, als dass sie ein genussfreudiges Publikum anziehen. Deshalb achten wir in der Speisemeisterei sehr stark darauf, Fleisch aus Betrieben zu kaufen, deren Produktionsbedingungen wir kennen, so dass wir für unsere Gäste das größtmögliche Maß an Tierschutz garantieren können. Nicht zuletzt ist die Verwendung von vernünftigem Fleisch das, was die Gäste bei uns erwarten und auch bekommen. Schließlich ist dies ein wichtiges Marketinginstrument.

Markus Eberhardinger
Uria-Rind

Für mich sind wohl die glücklichsten Rinder Deutschlands die Uria-Rinder der Familie Maier in Balingen-Ostdorf. Die Herde wird im natürlichen Herdenverbund ganzjährig auf der Weide gehalten. Im Winter wird lediglich ein Unterstand geboten und noch mit etwas Heu zugefüttert. Die Schlachtung erfolgt nach Kriterien, die aus dem Herdenverband entstehen, das heißt, es werden keine Kälber und Jungtiere geschlachtet, solange die Mutter keinen neuen Nachwuchs hat. Auf der Weide werden die Rinder mit einem Kopfschuss aus einem schallgedämpften Gewehr betäubt, ausschließlich wenn sie liegen. Das spätere Ausbluten erfolgt in einer extra dafür angefertigten Schlachtbox. Die Überzeugung und die Tatkraft, die Ernst Hermann Maier für seine Tiere aufbringt, finde ich äußerst beachtlich. Auch dass er immer wieder Themen findet, zuletzt die Ohrmarken, die er durch Chips (die auch fälschungssicherer sind, aber nicht EU-konform) ersetzte, und so immer wieder eine öffentliche Diskussion über artgerechte Haltung anstößt. Wöchentlich schlachtet Familie Maier zwei Tiere. Da muss man sich schon gut überlegen, was für ein Gericht man auf die Karte setzt. Ein Filetsteak vom Uria-Rind wäre höchstens als Hauptgang im täglich wechselnden Mittagsmenü umsetzbar. Für größere Mengen reicht es nicht. Deshalb verwenden wir vom Uria-Rind oft eher nicht die sogenannten Edelstücke, sondern die Oberschale aus der Keule für ein Tartar, wo die Frische und der Geschmack zählen, aber auch die Menge für ein Restaurant wie unseres bei zwei Schlachtkörpern pro Woche ausreicht.

7 Und wo bleibt der Genuss? Was darüber entscheidet, ob Fleisch schmeckt

Wenn wir Fleisch positiv bewerten, liegt es daran, dass es gemäß unseren Wünschen zart, saftig und aromatisch war. Objektiv zu fassen sind die sensorischen Kriterien jedoch nur schwer. In wissenschaftlichen Studien werden diese drei Schlüsselkriterien meist durch Tests mit Verkostungen ermittelt, nur für die Zartheit gibt es ein messbares Hilfskriterium. Allerdings haben wir inzwischen profundes Wissen darüber, welche Fleischmerkmale und Inhaltsstoffe diese Kriterien beeinflussen.

Die Zartheit lässt sich durch einen objektiven Parameter charakterisieren, das ist der sogenannte Scherwert. Dieser Wert beschreibt die Kraft, die man braucht, um eine definierte Fleischfläche mit einem stumpfen Scherblatt zu durchtrennen, also die Kraft bei einem simulierten Beißvorgang mit einer Art Normgebiss aus Metall. Der Scherwert korreliert recht gut mit der subjektiv empfundenen Zähigkeit. Ist also der Scherwert niedrig, dann ist das Fleisch zart.

Im Gegensatz dazu gibt es keine wirklich objektiven Methoden, um die Saftigkeit zu bewerten. Man muss sie mit Testpersonen im Panel bestimmen. Der kritischste Punkt ist das Aroma. Es kann in seiner Gesamtheit nur im Verbrauchertest bewertet werden, allerdings können bestimmte Substanzen analytisch erfasst werden, die zu Geruchs- und Geschmacksabweichungen führen. Ob Fleisch gut oder weniger gut schmeckt, ist dabei zunächst weniger eine Frage der Zubereitung als vielmehr der Rohware. Alle drei sensorischen Kriterien können durch die Produktion stark beeinflusst werden. Tierart, Rasse, Geschlecht, Alter und Mastintensität wirken sich hier aus.

So hat der Gehalt an Bindegewebe großen Einfluss auf die Zartheit, zudem ist wichtig, ob es sich um lösliches Bindegewebe oder um ein durch viele Quervernetzungen chemisch und mechanisch hoch stabiles Bindegewebe handelt. Die Ausbildung dieser Querverbindungen nimmt mit dem Alter zu, wie im nachfolgenden Kapitel näher beschrieben wird. Daher ist bei jungen Tieren der Anteil an löslichem Bindegewebe in der Muskulatur höher als bei älteren, weshalb ihr Fleisch zarter ist. Ein weiterer Faktor, der die Zartheit beeinflusst, ist der Fettgehalt. Ist das Fleischstück marmoriert, von feinen Fettäderungen durchzogen, so wird das Fleisch als zarter bewertet, denn Fett setzt dem Gebiss mechanisch einen geringeren Widerstand als fettarmes Fleisch entgegen.

Auch die Saftigkeit wird durch das eingelagerte Fett, also die Marmorierung, positiv beeinflusst wie durch die Fähigkeit, den Fleischsaft zu binden. Auch für das Aroma ist der Fettgehalt ein Schlüsselkriterium: Schieres Muskelfleisch hat ein wenig typisches Aroma, viele geschmacksaktive Substanzen sind fettlöslich. Dies gilt für positiv wie für negativ zu bewertende Substanzen. Ein erhöhter intramuskulärer Fettanteil bedingt daher ein intensiveres Aroma, das durch die Fettsäurenzusammensetzung und eingelagerte geschmacksaktive Substanzen modifiziert wird. Viele mehrfach ungesättigte Fettsäuren im Fett führen zu einem früheren Auftreten unerwünschter ranziger Aromen, sofern die Fütterung nicht reich an antioxidativen Substanzen ist. Insbesondere die tierartspezifischen Unterschiede in der Zusammensetzung des Fetts erklären das arttypische Fleischaroma. So sind spezielle Fettsäuren für den typischen Schaf- und Ziegengeschmack verantwortlich (siehe Kapitel 8.8). Die Verbraucherakzeptanz sinkt jedoch, wenn die Konzentrationen dieser spezifischen Substanzen zu hoch sind.

Die meisten qualitätsbestimmenden Merkmale erschließen sich nur, wenn man sich mit den Grundlagen der Muskelphysiologie befasst. Hier erklären sich die Zusammenhänge, die für die Fleischreifung wichtig sind, wo Züchtung und Biotechnik ansetzen und welche Konsequenzen einzelne Maßnahmen für die Qualität und besonders den Genusswert haben. Sie sind daher im nachfolgenden Kapitel ausführlich besprochen.

Auch die Vorgänge nach der Schlachtung haben großen Einfluss auf den Genusswert. Für die Zartheit ist entscheidend, ob zum Zeitpunkt der Zubereitung die Muskelproteine noch dicht gepackt und unversehrt sind wie kurz nach der Schlachtung oder ob die

Strukturen durch Reifungsprozesse beim »Abhängen« aufgelockert wurden, so dass das Fleisch zarter werden konnte. Wie schnell diese Reifung abläuft, hängt von der Aktivität und der Menge bestimmter eiweißspaltender Enzyme ab. Hier gibt es Rassenunterschiede, aber auch die vorausgegangene Mastintensität beeinflusst die Enzymaktivität. Wird sie durch Mastverfahren und Rasse erhöht, so ist das Fleisch nach kürzerer Reifungsdauer bereits zart. Zudem spielt die Art der Reifung eine große Rolle für die Zartheit und das Aroma. Diese Aspekte sind zusätzlich in Kapitel 9.7 weiter ausgeführt.

Um jedoch die Möglichkeiten und Grenzen zu verstehen, die die landwirtschaftliche Produktion hat, ist eine Auseinandersetzung mit diesen eher theoretischen Grundlagen zwingend.

8 Vom Muskel zum Fleisch

8.1 Was ein Muskel zum Funktionieren braucht

Wenn wir Fleisch essen, so essen wir Skelettmuskulatur, die wesentlicher Bestandteil des Bewegungsapparats darstellt und auch *willkürliche, quergestreifte Muskulatur* genannt wird. Die Skelettmuskulatur weist spezifische funktionelle Eigenschaften auf, die die Qualität des Lebensmittels Fleisch entscheidend bestimmen.

Die funktionellen Eigenschaften eines Muskels sind primär durch die evolutionär bedingten Verhaltensweisen einer Spezies bestimmt (zum Beispiel Fluchttier), durch die Körperregion, aus der die Muskulatur stammt (zum Beispiel schwach beanspruchtes Filet oder stark beanspruchte Schultermuskulatur), durch die akute Belastung des Tiers und die Stabilisierung durch Bindegewebe und vieles mehr. Nur wenn wir diese biologischen Determinanten verstehen und die Konsequenzen für Produktqualität und Genusswert kennen, kann Fleischqualität gezielt optimiert werden, können biologische Grenzen erkannt und Folgen geänderter Haltung und Fütterung vorhergesagt werden.

Muskeln des Bewegungsapparats sind ein hochspezialisiertes Gewebe, das Energie in Bewegung verwandelt. Die Grundlage bilden dabei die kontraktilen Aktin-/Myosinfilamente, die in ein komplexes System von Membranen und Organellen eingebunden sind. Skelettmuskulatur ist dabei hierarchisch aufgebaut. Ein Muskel besteht aus vielen Faserbündeln, die man als Verbraucher als »Fleischfasern« kennt. Sie sind ihrerseits aus mehreren Muskelfasern aufgebaut. Muskelfasern sind die zelluläre Grundeinheit der Muskulatur und weisen verschiedene Besonderheiten auf. Während die meisten anderen Zellen des Körpers nur einen Zellkern besitzen, haben Muskelfasern 500 bis 10 000 Kerne. Nur diese Eigenschaft ermöglicht es, dass die Muskelfasern eine enorme Länge von mehreren Zentimetern erreichen können. Der Durchmesser liegt zwischen 10 und 100 Mikrometern, also 0,01 und 0,1 Millimetern. Die Zellkerne liegen am äußeren Rand nahe der Zellmembran, dem Sarkolemm. Im Zentrum befinden sich die kontraktilen Elemente aus Aktin/Myosin, die Myofibrillen. Eine Faser hat mehrere hundert dieser Myofibrillen. Myofibrillen bestehen aus einer regelmäßigen Sequenz kontraktiler Einheiten, sogenannter Sarkomere. Sie sind prinzipiell aus zwei Verankerungsscheiben (Z-Scheiben) aufgebaut, an die circa 2000 sogenannte dünne Filamente, Aktinfilamente pro Sarkomer, gebunden sind. Aktinfilamente bestehen aus globulärem Protein, das zu einer umeinander gewundenen »Doppelperlenkette« polymerisiert. Diesen Doppelperlenketten aufgelagert sind weitere regulatorische Proteine, die insbesondere für die Wechselwirkung mit den dicken Filamenten, den Myosinfilamenten, bei der Kontraktion wichtig sind. Myosinfilamente gibt es circa 1000 pro Sarkomer. Sie sind Faserproteine mit sechs Untereinheiten, die die spezifischen Stoffwechseleigenschaften der Muskelfaser bestimmen. Diese funktionell wichtigsten Proteine werden durch weitere Strukturproteine (zum Beispiel Titin, Nebulin) so zwischen den Z-Scheiben fixiert, dass sie sich bei der Kontraktion geordnet ineinanderschieben können.[1]

Die Myofibrillen, die sich auf einen Nervenreiz hin zusammenziehen sollen, sind von einem Membransystem, dem sarkoplasmatischen Retikulum, umhüllt, das Calciumionen für die Kontraktion speichert. Sie werden beim Eintreffen eines Nervenreizes über spezifische Ca-Kanäle (Ryanodinrezeptoren) in das Zytoplasma der Muskelzellen ausgeschüttet und diffundieren zwischen die Aktin- und Myosinfilamente der Muskelfibrillen. Hier lösen sie ein teleskopartiges Ineinandergleiten der Filamente und damit die Kontraktion der Muskelfaser aus. Die Filamente selbst verkürzen sich dabei nicht. Die Myosinköpfe heften sich dabei an Aktinfilamente und ziehen sie durch energieabhängige »Kippbewegungen« in Richtung Sarkomermitte. Insgesamt kann sich ein Muskel auf rund die Hälfte seiner Ruhelänge verkürzen. Er kann dabei fünf Einzelzuckungen pro Sekunde ausführen.

Danach werden die Calciumionen wieder aktiv über eine energieabhängige Calciumpumpe in das sarkoplasmatische Retikulum zurückgepumpt und dort von speziellen Speicherproteinen gebunden, die Muskelfaser kann entspannen. Für die Kontraktionen braucht die Muskulatur letztendlich immer eine bestimmte energiereiche Phosphatverbindung, das ATP, das Energie durch die Abspaltung der Phosphatgruppen abgibt. ATP stellt die Energie für den Calciumtransport in das sarkoplasmatische Retikulum sowie das Lösen der Verbindung zwischen Aktin und den Myosinköpfchen. Das Lösen dieser Verbindung ist ebenso Voraussetzung für das Fortschreiten der Kontraktion, des weiteren Ineinanderschiebens von Aktin- und Myosinfilamenten wie für die Muskelentspannung.

Daher besitzt die Muskulatur ausgeklügelte Nachschubsysteme für ATP. Wenn kein ATP mehr vorhanden ist, kommt es zur Totenstarre. Man spricht daher auch von der Weichmacherwirkung des ATP. Die ATP-Konzentrationen in der Muskelfaser sind zwar gering, werden aber durch verschiedene Mechanismen relativ konstant gehalten (circa 5 Mikromol pro Gramm Muskel). Das ATP in der Faser reicht dabei nur für etwa ein Dutzend Kontraktionen, da eine rasche Resynthese und effiziente Nachschubkontrolle über Notfallenzyme sichergestellt werden. In die Resynthese von ATP können unterschiedliche Energieformen eingespeist werde. Kurzfristig wirkt als »Hintergrundspeicher« eine andere energiereiche Phosphatform (Kreatinphosphat). Diese Reserve reicht unter Belastung nur für circa für 50 bis 100 Kontraktionen (beziehungsweise 10 bis 20 Sekunden). Dann erst wird das Muskelglykogen verstoffwechselt, wie weiter unten ausführlich dargestellt.

Wichtige Vorgänge der Muskelbildung mit Konsequenzen für das Endprodukt Fleisch laufen bereits vor der Geburt ab. Es ist ein faszinierendes Phänomen, dass Muskelfasern bei den meisten Spezies zum Zeitpunkt der Geburt bereits in der endgültigen Zahl fest angelegt sind. Die Vermehrung der Muskelfasern erfolgt also vor der Geburt und endet spätestens kurz nach der Geburt. Die enorme Größenzunahme der Muskeln im Laufe des jugendlichen Wachstums ist dann nur noch durch eine Vergrößerung der angelegten Muskelfasern bedingt.

In der Fetalentwicklung entstehen zunächst Myoblasten, also einkernige Vorläuferzellen, die dann fusionieren und zu mehrkernigen Fasern werden. Ein Teil der Myoblasten fusioniert jedoch nicht vollständig, sondern bleibt als »gefangene« Stammzellen unter der Basalmembran der Skelettmuskelfasern erhalten. Diese Zellen werden Satellitenzellen genannt und sind die wichtigsten Ziele für Wachstumsfaktoren und Hormone, da sie den vielkernigen Muskelfasern Zellkerne liefern.

Nach der Geburt wachsen Muskeln sowohl durch Verlängerung der Fasern als auch durch Zunahme der Faserdicke. Für diese Wachstumsvorgänge müssen neue Zellkerne gebildet werden. Zur Teilung sind die randständigen Kerne der Muskelfaser nicht mehr fähig, daher übernehmen diese Aufgabe die Satellitenzellen. Satellitenzellen durchlaufen als Stammzellen eine asymmetrische Teilung und produzieren dadurch jeweils Kerne für die Muskelfasern und weitere Satellitenzellen als Nachkommen. Satellitenzellen sind auch wesentlich an der Regeneration nach Verletzungen beteiligt, wandern durch Chemotaxis an den Ort der Verletzung und beginnen, sich zu teilen. Sie reihen sich kettenförmig aneinander, verschmelzen und bilden dadurch mehrkernige Myotuben. Diese differenzieren sich zu voll funktionsfähigen Muskelfasern.[2]

Geregelt wird die Zahl der pränatal angelegten Fasern unter anderem durch einen Faktor namens Myostatin, der die Anlage von Muskelfasern begrenzt. Myostatin wurde 1997 bei einer Mausmutante identifiziert.[3] Ein Ausfall des Gens, das Myostatin codiert, führt zu einer gesteigerten Muskelmasse aufgrund einer erhöhten Faserzahl. Dieses Phänomen, die sogenannte Doppellendereigenschaft, ist von extrem bemuskelten Rinderrassen bekannt, zum Beispiel von Blau-Weißen Belgiern und Piemontesern (siehe Kapitel 11). 2004 wurde diese Mutation homozygot bei einem Jungen mit extremer Bemuskelung in Deutschland nachgewiesen. Seine Mutter (Hochleistungssprinterin) wies die Mutation heterozygot auf.[4]

Dass die Faserzahl pränatal feststeht und eine echte Faservermehrung nur unter massiven Trainingsbedingungen erfolgen kann, wie sie bei landwirtschaftlichen Nutztieren nicht vorkommen, hat erhebliche Konsequenzen für die Fleischerzeugung.

Eine Konsequenz ist, dass zum Beispiel Ferkel, die mit niedrigem Geburtsgewicht zur Welt kommen, nie das Muskelbildungsvermögen erreichen wie die normalgewichtigen Geschwister und entsprechend mehr Fett aufbauen, wie in Kapitel 10.1 ausgeführt wird. Es hat auch zur Konsequenz, dass superfruchtbare Schweinerassen, die extrem viele, dafür aber kleine Ferkel zur Welt bringen, nie das Muskelbildungsvermögen realisieren können wie Rassen mit geringerer Wurfgröße und schweren Ferkeln. Ein Erklärungsansatz für das, was in der Züchtung mit Antagonismus, also Unvereinbarkeit zwischen Fruchtbarkeit und Muskelbildung, beschrieben ist.

Züchtung auf Muskelmasse kann zwar auch darauf basieren, dass mehr Muskelfasern angelegt werden, wie dies bei bestimmten Rinderrassen der Fall ist. Meistens resultiert die Zunahme an Muskelmasse aber darauf, dass zum Schlachtzeitpunkt die Fasern länger und der Faserquerschnitt vergrößert sind. Dies bedeutet dann aber auch automatisch eine Verschiebung in der Muskelfaserzusammensetzung weg von den roten Muskelfasern hin zu den größeren weißen Fasern. Dies hat aber erhebliche Konsequenzen für die Produktqualität und den Genusswert von Fleisch.

8.2 Muskelfasern sind nicht alle gleich

Muskelfasern können unterschiedliche Stoffwechseleigenschaften aufweisen. Die Extremformen sind rote und weiße Muskelfasern, intermediäre Fasertypen liegen in den Eigenschaften zwischen diesen Extremen. Rote Fasern sind die Ausdauerfasern, sie sind prinzipiell kleiner als weiße, haben eine hocheffiziente Energieverwertung, da sie Glykogen – die Speicherform für Kohlenhydrate im Muskel – unter Sauerstoffverbrauch vollständig zu Wasser und CO_2 abbauen. Zudem lagern sie viele Lipide ein. Sie sind entsprechend auf eine gute Blutversorgung zum Sauerstofftransport angewiesen und weisen auch vermehrt den Muskelfarbstoff Myoglobin auf. Allerdings haben sie eine stark eingeschränkte Fähigkeit, an Durchmesser zuzunehmen.

Im Gegensatz dazu sind weiße Fasern eher für Sprinttypen geeignet, sie sind in der Lage, einen großen Faserdurchmesser zu realisieren, da ihre Energiegewinnung ohne Sauerstoff abläuft. Sie können dabei Glykogen jedoch nur bis zur Stufe der Milchsäure abbauen. Dieser Weg bringt pro Glukosemolekül jedoch nur ein Zwölftel der Energie, die rote Fasern durch den vollständigen Abbau zu CO_2 und H_2O gewinnen können. Entsprechend der geringeren Effizienz haben weiße Fasern auch große Glykogenvorräte eingelagert, brauchen auch nur eine geringe Kapillarisierung und weniger Myoglobin. Sie sind damit für schnelle Reaktionen prädestiniert, die roten Fasern für Ausdauerleistung. Für die Fleischqualität hat die Faserzusammensetzung ganz erhebliche Bedeutung, wie unten weiter ausgeführt werden wird.[5]

Tabelle 13: Stoffwechselunterschiede zwischen roten und weißen Muskelfasern

	rote Fasern	weiße Fasern
Kontraktionen	langsam	schnell
Stoffwechsel	oxidativ	glykolytisch
Myoglobingehalt	viel	wenig
Mitochondrien	viele	wenige
Milchsäurebildung	niedrig	hoch
Glykogengehalt	niedrig	hoch
Kapillarisierung	hoch	niedrig
Lipidgehalt	hoch	niedrig
Faserstärke	dünn	dick

8.3 Was Fasertypen mit dem Genusswert zu tun haben

Das Verhältnis von weißen zu roten Fasern in einem Muskel ist ganz entscheidend für die Anfälligkeit eines Muskels für sogenannte Fehlreifungen nach der Schlachtung (siehe Kapitel 8.7), die den Genusswert des Fleisches ganz entscheidend mitbestimmen. Zudem hat die Muskelfaserzusammensetzung auch ohne Fehlreifungen Bedeutung für die Zartheit und den Genusswert, da rote Fasern eben kleinere Durchmesser aufweisen und gleichzeitig mehr Lipide einlagern. Allerdings haben sie einen höheren Bindegewebsanteil, da die Faseroberfläche relativ zum Volumen größer ist als bei weißen Fasern. Das erklärt, dass rein rote Muskeln meist nicht zum Kurzbraten, das heißt, als Steak geeignet sind. Fast ausschließlich aus roten Muskelfasern besteht zum Beispiel der Kaumuskel. Die Köstlichkeit von Rinder- oder Schweinebäckchen nach längerem Schmoren ist bekannt.

Bei landwirtschaftlichen Nutztieren wurde – wie unten näher erläutert – die Faserzusammensetzung unbewusst durch die Züchtung auf Muskelmasse in Richtung der größeren weißen Fasern verschoben. Dies geschah vor allem in den wertvollen, züchterisch geförderten Fleischteilen wie zum Beispiel dem Kotelett und der Keule, da mit einer Verschiebung zu den weißen Fasern am schnellsten eine hohe Muskelmasse realisierbar war. Dies erklärt dann aber auch zum Teil, warum gerade diese stark geförderten Teilstücke am häufigsten Fehlreifungen aufweisen, während andere Muskelgruppen weniger betroffen sind.

8.4 Das harmonische Ganze: Wie Knochen und Fett mit dem Muskel zusammenspielen

Die Entwicklung des Körpers erfolgt nach einem strengen, züchterisch wenig beeinflussbaren Muster, dem allometrischen Wachstum. Allometerisches Wachstum bedeutet, dass der Körper sich nie gleichmäßig, das heißt isometrisch, entwickelt, sondern beim Wachstum zeitweise Schwerpunkte setzt, so dass altersspezifisch typische Proportionsveränderungen resultieren. Hierdurch kommt es aber auch zu spezifischen altersabhängigen Veränderungen der Schlachtkörperzusammensetzung.

Am weitesten ist bei Säugetieren zum Zeitpunkt der Geburt das Zentralnervensystem in der Entwicklung fortgeschritten, also das Gehirn und damit der Schädel. Hier wird auch in der frühen Entwicklung der Schwerpunkt gesetzt. Dann folgt der Wachstumsschub bei der Skelettentwicklung, die Knochenmasse wird relativ stark gefördert, parallel wachsen auch wichtige innere Organe wie zum Beispiel die Leber. Dann folgt die Schwerpunktsetzung bei der Ausbildung der Muskelmasse und zuletzt beim Fettgewebe. Die typischen Proportionsveränderungen sind schematisch in Abbildung 8 dargestellt.

Wachstum führt also dazu, dass altersabhängig unterschiedliche Anteile an Knochen, Muskeln und Fett in einem Schlachtkörper vorliegen. Je jünger, desto mehr Knochen, je älter, desto mehr Fett. Das an unseren Märkten erwünschte und am besten bezahlte Muskelgewebe kann also nur dann maximal genutzt werden, wenn die Phase der Schwerpunktsetzung beim Fett noch nicht erfolgt ist. Das ist der Grund, warum wir zum Beispiel Schweine sehr jung, etwa mit etwa 40 Prozent des Erwachsenengewichts, schlachten.[6]

Abbildung 8: Proportionsänderungen vom Jungtier zum erwachsenen Tier

Innerhalb eines Gewebetyps gibt es ebenso Phasen der Schwerpunktsetzung. Das ist besonders ärgerlich bei Fettgeweben, da das unerwünschte Organfett (Nierenfett, Flomen) und das subkutane Fett unter der Haut zuerst gebildet werden, die erwünschte Marmorierung jedoch erst dann, wenn die anderen Fettdepots bereits ausreichend aufgefüllt sind. So zeigt das Beispiel in Abbildung 9 aus einer amerikanischen Untersuchung, dass mit steigendem Alter bei beiden Rassen der intramuskuläre Fettgehalt steigt. Bei der Milchrasse Holstein setzen die Ochsen das Fett langsamer an als die Tiere der Mastrasse Angus.

Über Fütterungsmaßnahmen kann diese Gesetzmäßigkeit nicht prinzipiell umgangen werden, eine hochintensive Fütterung führt nur dazu, dass die Phasen der Schwerpunktsetzung zwischen Muskel- und Fettbildung sich mehr überlappen, während eine restriktiv-verhaltene Fütterung dazu führt, dass die Phasen unterschiedlicher Schwerpunktsetzung deutlicher getrennt sind. Daher kann man mit verhaltender Fütterung in der Praxis mehr Muskelmasse bei einem Masttier aufbauen, ohne starke Verfettung in Kauf nehmen zu müssen. Nachteil ist dann, dass die Mast länger dauert und die Tiere älter werden.

Abbildung 9: Intramuskulärer Fettgehalt (Prozent) im Roastbeef von Angus- und Holstein-Ochsen bei Grassilagefütterung mit steigendem Mastalter[7]

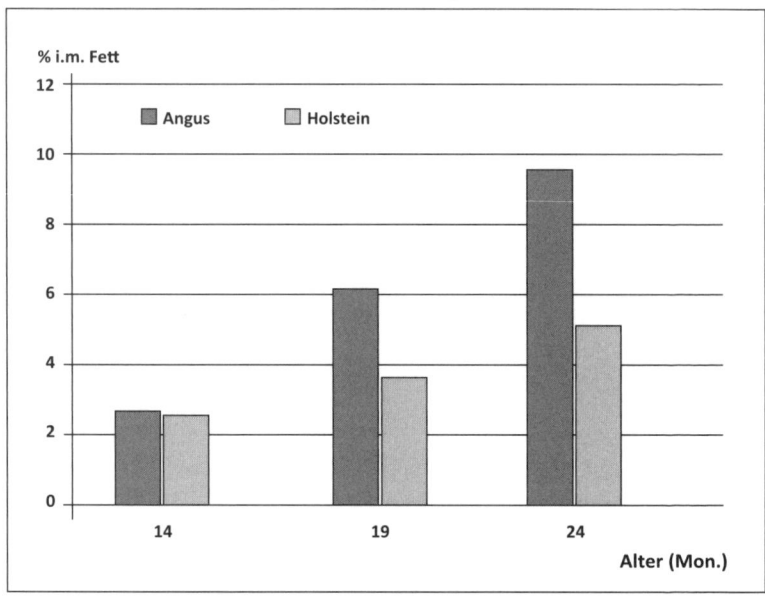

Im Laufe des Wachstums und mit zunehmendem Alter verändert sich auch das Bindegewebe, das Muskelfasern, Faserbündel und Muskeln umgibt. Bindegewebe ist zum erheblichen Anteil aus Kollagenfasern und Elastin aufgebaut, die mit zunehmender Belastung und steigendem Alter mechanisch wie chemisch stabilere Verbindungen ausbilden. Während bei jungen Tieren daher das Bindegewebe nach kurzer Garzeit bereits in eine gallertartig lösliche Form übergeht, steigt bei alten Tieren der Anteil unlöslichen Kollagens, das zu permanenter Zähigkeit führt.[8]

8.5 Veränderungen des Muskels durch das Schlachten

Wenn ein Tier geschlachtet wird, wird es zunächst betäubt, und die großen Blutgefäße werden geöffnet (siehe Kapitel 9). Der Tod tritt dann durch das Entbluten ein.[9] Mit dem Entbluten stoppt die Zufuhr von Sauerstoff für den Muskel, so dass nur noch anaerobe

Stoffwechselvorgänge möglich sind. Gleichzeitig wird auch der Abtransport von Stoffwechselprodukten wie Milchsäure gestoppt, so dass die Produkte nun akkumulieren und der pH-Wert kontinuierlich abnimmt (siehe Kapitel 8.7). Die Aktin- und Myosinverbindungen sind so lange nicht endgültig verklebt und werden nicht zu Aktomyosin, solange der Muskel Energie in Form von ATP zur Verfügung hat. Bei genügend Glykogen- und Kreatinphosphatreserven in der Muskulatur findet die ATP-Bildung noch über einen längeren Zeitraum nach dem Tod statt.

Ist dieses aufgebraucht und wird auch nicht mehr durch die anaerobe Umsetzung des Muskelglykogens nachgeliefert, so kommt es zur Totenstarre. Das Calcium aus dem sarkoplasmatischen Retikulum bleibt dann im Plasma der Muskelzelle, da für den Rücktransport ebenfalls ATP erforderlich wäre. Der Eintritt der Totenstarre, Rigor Mortis, hängt daher von den Energievorräten, der Temperatur und der Behandlung der Tiere vor dem Schlachten ab und ist zudem speziesabhängig. Beim Rind tritt der Rigor Mortis etwa nach 13 bis18 Stunden (Spanne 8 bis 24) ein, beim Schwein bereits nach 4 bis 5 Stunden. Dabei kommt es nicht in allen Muskeln gleichzeitig zum Rigor Mortis. Die Starre tritt zuerst an den Muskeln ein, die bis zuletzt gearbeitet haben (zuerst Herz, Zwerchfell, dann Nacken-, Hals-, Kopf-, Gliedmaßen- und zuletzt Rumpfmuskulatur).[10]

Mit der Totenstarre erreicht ein Muskel seine höchste Zähigkeit. Die Zähigkeit ist umso höher, je mehr sich die Aktin- und Myosinfilamente überlappen, also beim Eintritt der Totenstarre ineinandergeschoben haben. Das Fleisch ist umso zarter, je mehr die Aktomyosineinheiten gestreckt sind. Hier setzen neue Reifetechniken an (tender cut, pelvic suspension) die in Kapitel 9.7 beschrieben werden und darauf abzielen, die Sarkomere, also die Aktomyosineinheiten, möglichst in einem langgestreckten Zustand erstarren zu lassen, um die Zartheit zu erhöhen. Wenn die Temperaturbedingungen bis zur Totenstarre nicht optimal sind, kann es zu massiven Verkürzungen kommen, die das Fleisch zäher machen. Sie sind in Kapitel 9.7 ausführlich besprochen.

Das Lösen der Totenstarre beginnt mit Erreichen des End-pH-Werts durch die Wirkung eiweißspaltender Enzyme, der Proteasen. Dies sind primär Kathepsine, Enzyme, die im sauren pH-Bereich aktiviert werden, sowie Calpaine, die ihr Wirkungsoptimum im neutralen Bereich haben. Sie sind nachfolgend in ihrer Bedeutung beim lebenden Tier und nach der Schlachtung vorgestellt

8.6 Natürliche Fleischreifung: Die Zartmacher und warum sie auch beim lebenden Tier wichtig sind

Proteasen sind die Schlüsselenzyme der Fleischreifung nach der Schlachtung. Die wichtigsten sind die Calpaine. Sie kommen im Cytosol der Muskelfasern vor und benötigen Calciumionen, um ihre Aktivität zu entfalten. Man unterscheidet μ-und m-Calpain nach den Calciumkonzentrationen, die für die Aktivierung erforderlich sind, μ-Calpain benötigt geringere, m-Calpain höhere Konzentrationen. In der Skelettmuskulatur kommt zudem ein weiteres spezifisches Calpain, Calpain 3, vor, dem aber nicht bei allen Spezies Bedeutung für die Fleischreifung zugesprochen wird. Die Calpaine bauen in der Fleischreifung insbesondere die strukturbildenden Proteine ab, an denen Aktin- und Myosinfilamente ansetzen. Ihr optimaler pH-Bereich liegt bei 7,0. Bei Schaf und Rind ist insbesondere das μ-Calpain, beim Schwein auch das m-Calpain bedeutsam für die Fleischreifung. Beim lebenden Tier sind diese Proteasen für den natürlichen Proteinabbau zuständig, insbesondere dann, wenn aufgrund von Wachstum und Belastung Umbauprozesse erforderlich sind. Damit die Aktivität der eiweißspaltenden Protease kontrolliert wenden kann, gibt es in der Zelle auch einen natürlichen Gegenspieler, das Calpastatin, das μ-und m-Calpain hemmt. Wird von einem Tier vermehrt Calpastatin gebildet, so steigt die Bemuskelung an, die Fleischreifung nach der Schlachtung ist jedoch stark eingeschränkt, so dass das Fleisch extrem zäh bleibt. So kann bei bestimmten Schafrassen, aber auch bei Zebu-Rindern die verminderte Zartheit des Fleisches auf höhere Calpastatinwerte zurückgeführt werden (siehe Kapitel 11.2).

Bei jungen, rasch wachsenden Tieren ist das Calpainsystem aktiver als bei älteren Tieren, da ja mehr Umbau beim Wachstum erfolgen muss. Entsprechend schneller laufen dann auch Reifungsprozesse ab.[11]

Bei Mastschweinen führt daher eine intensive Fütterung in der Endmast zu schnellerem Wachstum und einer höheren Aktivität der Proteasen, da ja wesentlich dynamischer umgebaut werden muss als bei den langsam wachsenden Tieren. Das erklärt, warum auch die Zartheit nach kurzer Fleischreifung bei diesen Tieren höher ist, unabhängig davon, wie intensiv sie am Anfang der Mast gefüttert wurden.

In den USA werden legal Beta-Agonisten in der Schweinemast verwendet, um den Proteinansatz bei den Tieren zu steigern. Diese Substanzen führen zu einem verminderten Proteinabbau durch erhöhte Calpastatinaktivität und dadurch zum vermehrten Muskelansatz. In Europa ist dies verboten, durch das geplante Freihandelsabkommen mit den USA wird dann auch bei uns solches Fleisch auf den Markt kommen. Dieses sehr magere Fleisch weist schon aufgrund der gehemmten Proteaseaktivität eine erhöhte Zähigkeit auf.

Wie in einer Studie an Mastschweinen gezeigt werden konnte, ist der Scherwert, das Maß für Zähigkeit, nach Behandlung mit Beta-Agonisten um bis zu 20 Prozent höher, so dass die beim Schwein unübliche Reifungsdauer von mindestens einer Woche erforderlich ist, um diesen Nachteil für den Genusswert aufzuheben. Bei weniger als einer Woche Reifedauer ist das Fleisch der behandelten Tiere zäher.[12] Mehr zu dieser Hormongruppe in Kapitel 8.10.

Eine weitere Gruppe eiweißspaltender Enzyme mit Bedeutung für die Fleischreifung sind die Kathepsine, sie bauen unter anderem Myosin und Aktin ab. Ihr pH-Optimum liegt im sauren Bereich. Auch sie haben intrazelluläre Gegenspieler, die zur Regulierung der proteolytischen Aktivität wichtig sind, die cytosolischen Cystatine.

Die Konsequenz der beiden unterschiedlichen Protease-Systeme wird deutlich, wenn man den Reifungsverlauf von Rinderschlachtkörpern betrachtet, die nach der Schlachtung unterschiedliche End-pH-Werte erreicht haben. Bei niedrigem pH-Wert sind es deutlich mehr Kathepsine als in Schlachtkörpern mit hohem pH-Wert. Hier dominiert die Calpainwirkung und führt zu zartem Fleisch.[13]

Neben diesen beiden Gruppen eiweißspaltender Enzyme spielen auch sogenannte multikatalytische Proteasen für die Fleischreifung eine Rolle, die jedoch in ihrer Bedeutung weniger untersucht sind.

Die dargestellten Gruppen an Proteasen sind für das Verständnis unterschiedlicher Qualitätskonzepte wichtig: So ist die Bedeutung der Fleischreifung, aber auch das Auftreten von Qualitätsmängeln bei bestimmten Rinder- und Schafrassen nur hierdurch verständlich.

8.7 Natürliche Fleischreifung und Fehlreifungen nach dem Schlachten

Durch die Unterbrechung der Blutversorgung wird die Sauerstoffversorgung der Muskulatur gestoppt, der Muskelstoffwechsel stellt sich damit nahezu komplett auf Glykolyse um, deren Endprodukt Milchsäure ist. Da der Abtransport von Stoffwechselprodukten nicht mehr gegeben ist, sinkt der pH-Wert des Muskels von 7,0 kontinuierlich auf Endwerte von 5,5 bis 5,8 ab. Wie schnell der pH-Wert sinkt, ist einerseits tierartspezifisch (Rind langsamer als Schwein), andererseits spielen die Zusammensetzung der Muskelfasern und ihre unterschiedlichen Glykogenreserven ebenso eine Rolle wie die Belastung des Tiers vor der Schlachtung und die Kühlung des Schlachtkörpers (siehe zu beiden Punkten Kapitel 9). Meist wird bis zu einem pH-Wert von 5,8 bis 6,0 noch genügend ATP gebildet, so dass noch Kontraktionen ablaufen, die Aktin- und Myosinfilamente noch frei ineinander verschiebbar sind. Bei ATP-Konzentrationen von weniger als 1 Millimol pro Gramm Muskelgewebe kommt es zur Totenstarre, das heißt zur oben beschriebenen irreversiblen Bildung von Aktomyosinkomplexen. Die nachfolgende Fleischreifung, die für die Zartheit essentiell ist, erfolgt durch die oben beschriebenen Zartmacher, die Proteasen. Diese komplexen Abläufe der Fleischreifung können aber aufgrund von endogenen, also im Tier begründeten oder exogenen, also von außen einwirkenden Einflüssen entgleisen und zu Fleischmängeln führen.[14]

Endogen bedingte Störungen der Fleischreifung nach dem Schlachten können dadurch entstehen, dass im Muskel zu wenige Energiereserven in Form von Glykogen vorhanden sind, so dass die Milchsäurebildung und damit die natürliche Säuerung des Fleisches nicht ablaufen können. Es hat dann eine veränderte Konsistenz (fest im rohen Zustand), ist dunkler und hat eine trockene Oberfläche. Dieses Fleisch ist stärker gefährdet, mikrobiologisch zu verderben, da das Fleisch durch die Milchsäure einen natürlichen Schutz vor der Besiedlung mit Mikroorganismen hat. Diese Störung spielt als Fehlreifung beim Rind eine größere Rolle als beim Schwein und ist bei den Produktionsverfahren näher besprochen. Beim Rind wird diese Fehlreifung DCB (Dark Cutting Beef) genannt, beim Schwein (und manchmal auch Rind) wird für dieses Phänomen der Begriff DFD (dark, firm, dry) verwendet.

Eine zweite Fehlreifung, die beim Schwein größere Bedeutung hat, ist die Bildung von PSE-Fleisch. PSE steht für blass (pale), weich im rohen Zustand (soft) und mit geringem Wasserbindungsvermögen (exudative). PSE-Fleisch entsteht dadurch, dass nach der Schlachtung, wenn die Temperatur des Schlachtkörpers noch hoch ist, die Energievorräte des Muskels überstürzt in Milchsäure umgewandelt werden und dadurch der pH-Wert zu schnell abfällt. Das Fleisch hat nachher eine schlechtere Verarbeitungseignung für viele Produkte und ist beim Braten als Steak schwierig, da es in der Pfanne weiter massiv Flüssigkeit verliert, was die Aromabildung beeinträchtigt. Das Fleisch ist nach dem Braten weniger zart und weniger saftig (siehe Kapitel 10.5).

Muskeln mit vielen weißen Fasern, wie der Kotelettmuskel, haben – wie dargestellt – größere Glykogenvorräte als rote Muskeln. Der Kotelettmuskel ist entsprechend anfällig für diese Entgleisung des Muskelstoffwechsels. Die PSE-Bildung wird begünstigt, wenn die Tiere vorher Stress ausgesetzt waren und sie den in Kapitel 10.5 näher angesprochenen Ryanodinrezeptordefekt aufweisen, der unbewusst mit der Züchtung auf Fleischfülle in einigen Rassen geradezu angereichert wurde.

Eine weitere Fehlreifung bei Schweinefleisch wird als »acid meat condition« bezeichnet, da hier die Säurebildung zwar in den ersten drei Stunden normal verläuft, dann aber nach 24 Stunden ein zu niedriger End-pH-Wert von oft weniger als 5,4 erreicht wird. Ursache ist ein genetisch bedingter höherer Glykogenvorrat im Muskel als bei normalen Tieren. Diese Fehlreifung führt dazu, dass beim Erhitzen mehr Fleischsaft verloren geht, so dass zum Beispiel bei der Kochschinkenherstellung das Endprodukt unangenehm trocken ist und die Ausbeute gering.

Die Neigung zu diesen Fehlreifungen hat genetische Komponenten wie bei PSE sowie Acid meat und wird auch durch das Geschlecht beeinflusst, da zum Beispiel DFD gehäuft bei männlichen Tieren aufgrund der höheren Aktivität auftritt. Zudem kann durch Transport und Schlachtung die Häufigkeit der Fehlreifungen beeinflusst werden. In den Kapiteln 9.1 und 9.4 finden sich weitere Erläuterungen und Konsequenzen.

Beim Wild kommt es häufiger auch zu einem anderen Fleischfehler, der sogenannten stickigen Reifung, in der Jagdsprache auch das Verhitzen des Wildbrets genannt. Die Muskulatur hat einen sehr niedrigen pH-Wert, der Geruch und Geschmack sind »sauer«, gegebenenfalls »faulig/muffig«, und es liegt Schwefelwasserstoff vor, aber fast kein Ammoniak (hierdurch Abgrenzung zur Fäulnis!). Die Ursache sind nicht Mikroorganismen, sondern der Temperaturverlauf. Bei unzureichender Kühlung durch eine ungenügende Wärmeabfuhr kommt es im Wildkörper zum Wärmestau und damit zur stickigen Reifung, bei der Buttersäure, Schwefelwasserstoff und als Abbauprodukt des Blutfarbstoffs Hämoglobin sogenannte Porphyrine entstehen: Dadurch nimmt das Fleisch eine bräunliche bis kupferrote Farbe an, schillert an der Oberfläche, riecht unangenehm scharf und stickig, und seine Struktur wird brüchig. Ein Vorgang, der bei einem unausgeweideten Stück Wild zeitlich schnell abläuft und nicht rückgängig zu machen ist. Diese Fehlreifung wird begünstigt durch dicke Fettschichten und verspätetes Aufbrechen, hohe Außentemperaturen, Transport körperwarmer Stücke im Kofferraum beziehungsweise übereinandergestapelt oder in der luftdichten Einlage des Rucksacks, die allesamt ein rasches Abkühlen des Tierkörpers verhindern. Bei schweren Stücken, die am Boden liegen, entwickeln häufig die bodennahen Muskelpartien diese Fehlreifung. Stickig gereiftes Wildbret gilt als verdorben und damit für den menschlichen Genuss als nicht mehr geeignet. In großen Zerlegebetrieben sind mit saisonalen Schwankungen bis über 20 Prozent der angelieferten Rehe stickig gereift oder mikrobiell verdorben und damit nicht mehr zum Verzehr geeignet.

Diese Probleme treten bei den großen Nutztieren unter professionellen Schlachtbedingungen fast nie auf, bei Geflügel häufiger, wenn die Schlachtung und das Ausnehmen stocken; sie sind hauptsächlich ein Wildproblem.

8.8 Wie Geschmack im Fleisch entsteht

Der Fettgehalt von Fleisch entscheidet über Zartheit, Saftigkeit und das Aroma, das habe ich bereits weiter oben dargestellt. Wenn wir etwas essen, ist das Aroma nur eine Komponente des gustatorischen Gesamteindrucks. Hier kommen Geschmack, Aroma und Tastempfindungen zusammen. Man nennt den sensorischen Gesamteindruck beim Verzehr eines Lebensmittels Flavour, also die Summe aus Geschmack und Aroma. Flavour umfasst aber auch haptische Eindrücke (größtenteils Textur), die zur Beurteilung der Zartheit und Saftigkeit beitragen. Der Geschmack umfasst die Wahrnehmungen, die über spezifische Geschmacksrezeptoren aufgenommen werden. Man geht heute davon aus, dass es mindestens sechs Grundgeschmacksrichtungen gibt, die auf Zunge und Gaumen wahrgenommen werden: süß, salzig, bitter und sauer sind lange bekannt, dann kam der Nachweis der Geschmacksrichtung umami (bouillonartig) hinzu. In den letzten Jahren gelang der Nachweis, dass auch »fettig« als eigene Geschmacksrichtung wahrgenommen wird. Das Aroma beschreibt den Geruch, den wir im Rachenraum und über die Nase wahrnehmen.

Rohes Fleisch hat relativ wenig eigenes Aroma und einen wenig speziesspezifischen Geschmack. Fleisch enthält einige wasserlösliche Komponenten, die zum Geschmack beitragen. Durch Metabolisierung des ATP, des wichtigsten Energielieferanten des Muskels, entstehen IMP und AMP (Inosin-und Adeninmonophosphat), die synergistisch zu bestimmten freien Aminosäuren (Glutaminsäure, Asperaginsäure) den Umami-Geschmack ausmachen. Sie haben eine klare geschmacksverstärkende Wirkung.

Freie Aminosäuren tragen neben der Geschmacksrichtung umami auch zu süßer Geschmacksempfindung bei. Alanin ist die hier mengenmäßig bedeutendste, gefolgt von Prolin. In gegrilltem Fleisch von Wagyu-Rindern ist der Gehalt an umami und süßen freien Aminosäuren höher als bei Angus-Rindern. Organische Säuren und ihre Salze bedingen den leicht säuerlichen Geschmack und tragen auch zum Umami-Geschmack bei. Das Dipeptid Carnosin (aus Alanin und Histidin) trägt zum süßlichen und zudem zum angenehm säuerlichen Fleischgeschmack bei. Andere freie Aminosäuren haben eine eher bittere Geschmacksrichtung (Tryptophan, Phenylalanin und andere).

Die Ausbildung des typischen Aromas erfolgt erst bei der Zubereitung, insbesondere beim Erhitzen und der chemischen Reaktion verschiedener Inhaltsstoffe. Tierartspezifische Aromastoffe sind meist an das Fett gekoppelt, wie die bereits oben erwähnten verzweigtkettigen Fettsäuren bei kleinen Wiederkäuern, die den typischen Schaf- und Ziegengeruch auslösen. Ebenso das 12-Methyltridecanal, eine fettartig riechende Komponente, die charakteristisch ist für Wiederkäuer, nicht aber in Schweine- oder Geflügelfleisch vorkommt. Die Konzentration steigt mit dem Alter des Tiers. Die Substanz entsteht durch die Pansenflora, wird absorbiert und in die Phospholipide der Zellmembrane eingebaut, daher kommt die Substanz auch in magerem Fleisch vor. Methyltridecanal wird erst bei längerem Erhitzen freigesetzt und wird dann als typisches Rindfleischaroma wahrgenommen.

Andere Aromastoffe entstehen aus dem Abbau von Einzelsubstanzen. Dabei sind die Temperaturen entscheidend. Pyrolyse und Karamellisierung erfordern in der Regel höhere Temperaturen, während die Peroxidation bei niedrigeren Temperaturen bei Reifung und Verderb abläuft.

Unter Pyrolyse versteht man die thermo-chemische Spaltung organischer Verbindungen bei hohen Temperaturen (über 200 Grad Celsius). Es kommt hierbei zu einem Bindungsbruch innerhalb großer Moleküle, so dass kleinere Moleküle entstehen.

Bei etwas niedrigeren Temperaturen (ab 130 Grad Celsius bis 200 Grad) läuft das Karamellisieren ab. Aus Zuckern entstehen durch fortschreitende Dehydratation, Kondensation und Polymerisation typische gelb-braune Pigmente mit charakteristischem Geruch.

An den Reaktionen der Pyrolyse und Peroxidation sind Proteine nicht beteiligt. Die Aminosäuren der Proteine reagieren bei höheren Temperaturen mit reduzierenden Zuckern (zum Beispiel Glukose oder Laktose), wobei durch die Maillard-Reaktion die typischen Farbstoffe und Aromen von erhitzten Lebensmitteln entstehen. In der Maillard-Reaktion zwischen Cystein und Glukose bildet sich bei langer Erwärmung das Aroma von Bratzwiebeln, bei kurzer Erwärmungsdauer das Aroma von Braten.

Das Aroma von zubereitetem Fleisch (zum Beispiel Rindfleisch) hängt in erster Linie von den Temperaturen ab, die bei der Zubereitung angewandt worden sind. Jeder kennt den typischen Kochfleisch-Suppengeruch und kann ihn vom Bratenaroma unterscheiden. Das Kochfleischaroma entsteht bei maximal 100 Grad Celsius und ist durch sehr unterschiedliche Einzelsubstanzen bedingt, die höchst unterschiedliche Geruchsqualitäten haben wie fleischartig, wie gekochte Kartoffel, fettig oder pilzartig. Beim Braten und damit bei weit höheren Temperaturen dominieren bei der Maillard-Reaktion röstig-herbe und karamellartige Aromen.

Durch Peroxidation entstehen aus ungesättigten Fettsäuren ebenfalls aromaaktive Stoffe. Das Ausmaß und die Geschwindigkeit der Oxidation sind – wie in Kapitel 4.3 dargestellt – abhängig von der Anzahl der Doppelbindungen in der Fettsäure. Die dreifach ungesättigte Linolensäure reagiert 2 500-fach schneller als die gesättigte Stearinsäure (18:0/Stearinsäure vs. 18:1/Ölsäure vs. 18:2/Linolsäure vs. 18:3 Linolensäure reagieren im Verhältnis 1:100:1200:2500). In Maßen können diese Oxidationsprodukte zum guten Fleischaroma beitragen, bei starker Peroxidation und einer zu hohen Akkumulation entsteht ein ranziges Aroma. Die Substanzen werden mit einem Test auf Basis von Thiobarbitursäure gemessen, so dass man diese Ranzigkeitsaromastoffe mit dem Kürzel TBARS für thiobarbitursäurereaktive Substanzen bezeichnet. Die Konzentration an TBARS korreliert bei Rindfleisch eng mit ranzig/unangenehm fettigen Aromaabweichungen.

Flüchtige Schwefelverbindungen entstehen aus dem Abbau von Vitamin B_1 sowie in der Maillard-Reaktion, wenn die Aminosäure Cystein beteiligt war. Schwefelhaltige Aromastoffe sind von unterschiedlicher Geruchsqualität und können verbrannt/schwefelig riechen oder fleischartig.

Alle diese theoretischen Aspekte lassen sich in drei wesentlichen Empfehlungen für die Genusspraxis zusammenfassen: Um einen guten Geschmack zu erzeugen, brauchen wir die passende Reaktionstemperatur (Koch- oder Brataromen), wir brauchen Fett für die artspezifischen Aromastoffe, aber möglichst nicht zu viele mehrfach ungesättigte Fettsäuren, und wir brauchen Zucker. Daher wird von manchen Köchen beim Salzen vor dem Braten auch Zucker zugesetzt, um die Ausbildung karamellartiger Aromen zu erhöhen.[15]

8.9 Wenn es komisch schmeckt

Zu Fehlaromen ist einiges bekannt und muss tierartspezifisch betrachtet werden. Die bekanntesten Beispiele sind die Substanzen, die zu Geruchsabweichungen bei Schweinefleisch führen können, etwa das Androstenon, ein Pheromon, das im Eberhoden gebildet wird, und Skatol, ein Abbauprodukt der Aminosäure Tryptophan, das im Darm mikrobiell entsteht und dem Fleisch eine fäkalartige Geruchsnote verleihen kann. Die Abweichung wird als schweineartig, stallartig beschrieben. Diese Stoffe sind gut untersucht und in Kapitel 10.6 ausführlich beschrieben. Diese Substanzen kommen auch bei Wildschweinen vor und können auch dort zu massiven Geruchsabweichungen des Fleischs führen, ein Phänomen, das dann fälschlicherweise als Wildgeschmack abgetan wird.

Die verzweigtkettigen Fettsäuren, die den unangenehmen Ziegen(bock)geschmack und typische Schafaromen bedingen, sind in Tabelle 14 zusammengefasst. Die streng riechende 4-Ethyloctansäure ist im Fett von älteren Schafen und Hammeln (männliche Kastraten jünger als zwei Jahre) gegenüber der im Fett von Tieren, die jünger als ein Jahr sind (und damit als Lammfleisch vermarktet werden können) um über 50 Prozent erhöht und erklärt die zunehmende Ablehnung des Geruchs durch Verbraucher.

Tabelle 14: Vorkommen von verzweigtkettigen Fettsäuren bei Rind, Schaf und Ziege sowie ihre Wahrnehmungsschwelle[16]

Verzweigte Fettsäure	Geruchsschwelle	Konzentrationen der Fettsäure in µg/g im Fett		
		Rind	Ziege	Schaf
4-Methyloctansäure	0,020 ppm	-	0,3–1,2	3,2
4-Ethyloctansäure	0,002 ppm	-	0,6–1,0	0,2
4-Methylnonansäure	0,650 ppm	0,1	-	0,74

Die am empfindlichsten wahrgenommene 4-Ethyloctansäure ist ein Oxidationsprodukt des Bockpheromons, 4-Ethyloctanal, mit dem Ziegenböcke den Zyklus weiblicher Ziegen steuern. Diese Substanz wurde 2014 von Yukari Takeuchi von der Universität Tokio und Kollegen als Ziegenpheromon identifiziert. 4-Ethyloctanal hat einen angenehmen, floralen, orangenartigen Duft.[17]

8.10 Wie das Wachstum gesteuert wird, wo wachstumssteigernde Hormone ansetzen und was das für die Qualität bedeutet

Wachstum ist, wie dargestellt, ein Überwiegen der Vorgänge, die Körpersubstanz aufbauen, gegenüber den gleichzeitig immer ablaufenden Abbauprozessen. Es erfordert eine fein abgestimmte Sequenz unterschiedlicher Stoffwechsellagen, damit das dargestellte allometrische Gewebewachstum ablaufen kann. Diese Stoffwechsellage und die Balance zwischen Geweben werden insbesondere durch das körpereigene Hormonsystem gewährleistet. Diese Prinzipien zu kennen ermöglicht es auch, die pharmakologischen Maßnahmen, mit denen von außen in die Wachstumsprozesse eingegriffen wird, hinsichtlich der Wirkung und der Verbrauchergefährdung besser einschätzen zu können.

Solche Zusammenhänge zu erläutern erscheint auf den ersten Blick sehr speziell, zumal doch bei uns wachstumsfördernde Hormone verboten sind.

Es gibt jedoch zwei Gründe, die es sinnvoll machen, mehr darüber zu wissen: Einerseits setzen Züchtung und Fütterung beim Hormonsystem an und beeinflussen indirekt die Hormonsekretion, so dass die Konsequenzen dann konkret auf die Produktqualität wirken. Der zweite Punkt sind die Horrormärchen, die – aus welchen Gründen auch immer – dem Verbraucher erzählt werden.

Ein krasses Beispiel einer solchen Horrorgeschichte findet sich etwa im *Fleischatlas* von 2014, der als Kooperationsprojekt von der Heinrich-Böll-Stiftung, dem Bund für Umwelt- und Naturschutz Deutschland (BUND) und *Le Monde diplomatique* herausgegeben wird. Da schreibt eine endokrinologisch wohl unbefangene Autorin vom BUND das Kapitel »Hormone – Der Kampf um das Nein«. Ich teile dieses Anliegen ja prinzipiell, aber was dort dem interessierten Verbraucher erzählt wird, hat mich zutiefst erschüttert, da dieser Unsinn nur geeignet ist, das an und für sich positive Anliegen zu diskreditieren.

Gleich zu Beginn heißt es »Wachstumshormone wie Ractopamin sind global umstritten. Sie erlangten traurige Berühmtheit, als in China 2010 Mädchen im Säuglingsalter, die alle das gleiche Milchpulver erhalten hatten, Brustwachstum aufwiesen. Ärzte brachten Milchpulver von hormonbehandelten Kühen damit in Verbindung.«[18]

Wachstumshormon und Ractopamin, ein sogenannter Beta-Agonist, sind chemisch und von der physiologischen Wirkung sowie von der Rückstandsbewertung für den Verbraucher völlig gegensätzlich, wie weiter unten erläutert wird. Gut, das mag vielleicht wirklich den Spezialisten interessieren, aber abstrus wird es dann, wenn Beta-Agonisten mit Östrogenen gleichgesetzt werden, die für die Brustentwicklung erforderlich wären.

»Nicht nur über das Fleisch können die Hormone Menschen erreichen. Tiere scheiden 85 Prozent der Wirkstoffe wieder aus. Sie gelangen mit der Gülle in die Umwelt, vor allem in die Gewässer. Mediziner führen das Wachstum einiger Krebsarten, zunehmende Unfruchtbarkeitsprobleme bei Männern sowie eine immer früher einsetzende Pubertät auf die allgemein steigende Belastung der Natur mit hormonwirksamen Substanzen zurück. Welcher Anteil davon auf die Tierzucht entfällt, ist bislang nicht untersucht. Doch insbesondere im Kindesalter können bereits sehr geringe Hormondosen zu Fehlbildungen der Geschlechtsorgane und Geschlechtsumwandlungen beitragen, zeigen Tierversuche im Labor und bei Wildtieren in der Natur. Die Technik bietet keine Hilfe: Kläranlagen halten die meisten Stoffe nicht auf.«[19] Dieses Horrorszenario gipfelt in einer Tabelle, in der »Hormone im Wasser aus vielfältigen Quellen« aufgelistet werden. Darunter der Membranbestandteil »Cholesterol, das als tierisches und pflanzliches Hormon«[20] bezeichnet wird, absurde Inkompetenz, wie in Kapitel 4.3 deutlich wird. Es stellt sich wirklich die Frage, warum solche offensichtlich falschen Informationen in dieser Publikation gegeben werden. Ob sie es wirklich nicht besser wissen oder ob hier Stimmung gemacht werden soll, ist nicht zu klären. Was ich schlimmer finden würde, weiß ich nicht.

Doch nun zu den Hintergründen des Wachstums und den beteiligten Hormonen. Das Schlüsselhormon des jugendlichen Wachstums stellt das Wachstumshormon (Singular!) dar, das in der Hirnanhangsdrüse, der Hypophyse, gebildet wird und natürlicherweise pulsatil, also mit starken Konzentrationsschwankungen, freigesetzt wird. Es hat eine stimulierende Wirkung auf die Knorpelbildung und das Knochen(längen)wachstum, es hemmt die Fettbildung und fördert indirekt über einen Wachstumsfaktor, den IGF-1, das Muskelwachstum und den Proteinaufbau. Wachstumshormon ist ein reines Eiweißhormon aus über 190 Aminosäuren und hat vielerlei Namen und Abkürzungen wie »growth hormon« (GH), »Somatotropes Hormon« (STH) oder »Somatotropin« (ST). Zudem ist es artspezifisch, das heißt, jede Spezies hat eine eigene typische Aminosäuresequenz, so dass das Wachstumshormon vom Schwein nicht beim Menschen wirkt, selbst wenn es injiziert würde.

Die Speziesspezifität ist einer der Gründe, warum dieses Hormon vielerlei Namen hat, denn zusätzlich zu einer der schönen Bezeichnungen für das Hormon kommt noch die Spezieskennzeichnung: bovin oder b für Rind, porcin oder p für Schwein, equin oder e für Pferd oder human beziehungsweise h für Mensch. Das Schweinewachstumshormon heißt daher pST oder pGH, das Rinderwachstumshormon bST oder bGH, und das menschliche Wachstumshormon findet man im Internet als zweifelhafte Quelle der Jugend für ältere Menschen unter der Bezeichnung hGH.

Da es ein Eiweißhormon ist, das bei der oralen Aufnahme verdaut und unwirksam wird, muss es prinzipiell per Injektion verabreicht werden. Erstmalig wurde pST im November 1994 in Australien zur Förderung der Mastleistung beim Schwein zugelassen, inzwischen wird es in über zehn Ländern eingesetzt, nicht aber in der EU. In den USA wird bST legal zur Steigerung der Milchleistung eingesetzt, da bei Milchkühen die Fettmobilisierung und die Förderung der Proteinsynthese (hier für die Milch) die Leistungssteigerung bewirken.

Durch die Hemmung der Fettbildung und Förderung der Proteinsynthese können insbesondere bei Genotypen, die züchterisch noch nicht auf Höchstleistung gebracht wurden, enorme Leistungssteigerungen erzielt werden, die den Zuchtfortschritt eines Jahrzehnts übertreffen können. Das erklärt die Attraktivität dieses Hormoneinsatzes in Ländern mit einem noch niedrigeren genetischen Leistungsniveau in der Schweineproduktion. Die täglichen Zunahmen steigen um circa 15 Prozent, der Futterverbrauch pro Kilogramm Zuwachs sinkt um 20 Prozent, die Rückenspeckdicke vermindert sich um ein Viertel, und die Fläche des Kotelettmuskels steigt um fast 20 Prozent. Bei Genotypen mit züchterisch bereits optimierter Muskelbildung in der Schweinemast wird es insbesondere gegen Ende eingesetzt, wenn die natürliche Fettbildung zunimmt. Hier sind dann die Wirkungen auch besonders deutlich. So verbesserten sich durch pST in einer Untersuchung die täglichen Zunahmen im Gewichtsabschnitt 60 bis 100 Kilogramm um nur circa 5 Prozent, während bei schwereren Tieren die pST-Behandlung die Zunahmen um mehr als 20 Prozent steigerte. Damit kann man klar ableiten, dass dort der Hormoneinsatz besonders lohnend ist, wo aus unterschiedlichsten Gründen das Muskelbildungsvermögen zugunsten der Fettbildung vermindert ist, egal ob aufgrund von Alter, Geschlecht oder Genotyp. In der Rindermast wird Wachstumshormon nicht eingesetzt, da Alternativen bestehen.

Die hormonbedingten Leistungssteigerungen haben natürlich Auswirkungen auf die Qualität: Da Wachstumshormon die Fettbildung reduziert, ist auch das intramuskuläre Fett vermindert (zum Beispiel von 1,6 Prozent auf 1,1 Prozent).[21] Gleichzeitig verändert sich die Fettzusammensetzung wie bei jeder anderen fettvermindernden Maßnahme in Richtung des weichen Fetts mit mehr ungesättigten Fettsäuren. In Studien, die den Genusswert erfassten, wurden so auch eine reduzierte Zartheit kurz nach der Schlachtung, weniger Saftigkeit und ein verringertes Aroma nach pST-Behandlung nachgewiesen. Die Expression von Calpastatin, dem Gegenspieler der Proteasen, die für die Fleischreifung wichtig sind, war jedoch signifikant verringert und erklärt, warum der negative Effekt auf die Zartheit nach einwöchiger Lagerung nicht mehr nachweisbar war. Dies kompensiert jedoch nicht die Auswirkungen des niedrigen Fettgehalts für Aroma und Saftigkeit.[22]

Das pST-behandelte Fleisch ist damit hinsichtlich des Genusswerts vermindert, eine Gesundheitsgefährdung durch die pST-Behandlung kann jedoch nicht abgeleitet werden, da die Speziesspezifität und die fehlende orale Wirksamkeit eine Wirkung beim Verbraucher ausschließen.

Mit steigendem Alter der Masttiere spielen die Geschlechtshormone eine zunehmende Rolle in der Wachstumsregulation. Männliche unkastrierte Tiere wie Bullen und Eber verfügen über die natürliche Testosteronbildung des Hodens, beim Eber kommen hohe Estrogenmengen noch hinzu, die seine besonderen Wachstumsvorteile erklären. Während Androgene, zu denen Testosteron gehört, die Muskelbildung direkt über Rezeptoren in den Muskelzellen fördern, sind die wachstumsfördernden Wirkungen der Estrogene eher indirekt, wie weiter unten ausgeführt.

Auch wenn die verschiedenen landwirtschaftlichen Nutztiere zum Teil besondere Steroidhormonvarianten bilden, zum Beispiel haben Eber hohe Nortestosteronwerte, so sind doch die wesentlichen Gonadenhormone bei allen dieser Spezies gleich. Testosteron, das Leithormon der männlichen Reproduktion, oder Estradiol, das Leithormon der weiblichen Reproduktion, sind bei allen Spezies chemisch identisch und damit bei allen wirksam. Das ist ein Unterschied zum Wachstumshormon. Werden natürliche Steroide mit dem Fleisch der Tiere aufgenommen, so sind die niedrigen natürlichen Konzentrationen kein Problem, da sie nach der Verdauung des Fleischs von der Leber sofort metabolisiert werden, so dass sie keine hormonelle Wirkung beim Verbraucher entfalten.[23] Das ist bei Rind und Schwein so.

Vor kurzem wurde in der Presse thematisiert, dass mit dem Eberfleisch Nortestosteron aufgenommen würde, das dann zu einem positiven Dopingbefund führen könne. Diese Meldung sollte wohl den Eindruck erwecken, dass durch die Zufuhr von natürlichen Steroiden mit dem Fleisch wirksame Anabolika aufgenommen werden können. Eine wachstumsfördernde Wirkung haben diese Steroide nicht, da sie umgehend in der Leber metabolisiert werden, allerdings finden sich dann sehr wohl die Abbauprodukte im Urin wieder, wo sie fälschlicherweise als Dopinghinweis zu finden wären. Auch wenn die zu verzehrenden Mengen für einen positiven Befund sehr hoch wären, ist das theoretisch möglich. Ein wirksames Doping per Eberfleisch funktioniert jedoch nicht, ebenso wenig wie es möglich ist, durch den Verzehr von Bullenhoden das Testosteronniveau relevant zu steigern. Anderslautende Erfahrungsberichte nach teilnehmender Beobachtung sind eher als Placebo-Effekte zu werten.

Männliche Hormone bewirken allgemein einen verstärkten Proteinansatz, sie haben dabei zusätzlich eine proportionsverändernde Wirkung auf den Körperbau durch Anreicherung von Muskelmasse im Bereich der Schulter und Halsregion. In Muskeln dieses Bereichs finden sich besonders viele Rezeptoren für die männlichen Hormone, so dass hier die Androgeneffekte besonders stark sind. Die wichtigste Wirkung der Androgene besteht in einer Verminderung des Proteinabbaus in der Muskulatur. Bei einem Vergleich des Stoffwechsels wachsender Ochsen und Bullen zeigt sich, dass der höhere Proteinansatz von Bullen daraus resultiert, dass sie eine wesentlich geringere Proteinabbaurate haben als Ochsen (1,30 versus 2,14 Prozent pro Tag). Für den höheren täglichen Proteinansatz müssen sie daher sogar weniger synthetisieren als die Ochsen. Im Rückenmuskel der Bullen ist entsprechend die Aktivität der Proteasehemmer Calpastatin und Cystatin signifikant höher.[24]

Das bedeutet, dass Fleisch von stark bemuskelten männlichen Tieren bereits aus diesem Grund weniger zart sein kann als das der kastrierten Artgenossen. Details zur unterschiedlichen Fleischqualität der drei »Geschlechter« beim Rind finden sich in Kapitel 11.4.

Der produktionstechnische Nachteil der Androgene besteht darin, dass sie mit aggressivem Verhalten und Sexualverhalten einhergehen. Leichteres Handling und die Vermeidung unerwünschter Paarungsaktivität sind seit Jahrhunderten die Hauptgründe, warum männliche Tiere traditionell kastriert werden. Männliche Tiere sind programmiert, ein eigenes Revier zu erobern, mit anderen männlichen Tieren eine Rangordnung aufzubauen und je nach Spezies einen Harem zu etablieren. Unter extensiven Haltungsbedingungen, zum Beispiel der Mutterkuhhaltung in den USA, führen diese Verhaltensweisen zu massiven Problemen, weshalb dort junge Bullen zwingend kastriert werden. Um die fehlenden Androgene für das Wachstum auszugleichen, werden in den USA seit vielen Jahrzehnten Sexualhormone und synthetische Varianten per Implantat an die Ochsen verabreicht.

Bei weiblichen Masttieren wie zum Beispiel bei Jungsauen wirken vor der Pubertät niedrige Estrogenmengen bereits anabol. Bei Färsen, die während der Mast bereits die Geschlechtsreife erreichen, wechseln sich höhere zyklische Konzentrationen an Estrogenen mit dem Gestagen Progesteron im Zyklusverlauf ab. Estrogene fördern einen anabolen Stoffwechsel, jedoch erklärt sich ein wesentlicher Teil dieser Wirkung dadurch, dass durch die Estrogene die Freisetzung von Wachstumshormon und IGF-1 gefördert werden. Deshalb sind Jungsauen auch besser in der Futterverwertung als Kastraten und haben magerere Schlachtkörper. Gleichzeitig vermindern Estrogene jedoch auch die Futteraufnahme. Werden weibliche Tiere kastriert, wie es zum Beispiel in der Iberico-Produktion häufig der Fall ist, lagern die Tiere entsprechend mehr Fett ein. Besonders wirksam sind Estrogene für den Muskelaufbau, wenn sie in Kombination mit Androgenen vorkommen wie natürlicherweise beim Eber.

Die in den USA häufig verabreichten Implantate beinhalten daher zumeist Kombinationen von künstlichen Androgenen (zum Beispiel Trenbolon) und Estrogenen. Trenbolon hat den Vorteil, dass die wachstumsfördernde Wirkung dem Testosteron vergleichbar ist, die Verhaltenseffekte (Libido, Aggressionen) aber weitaus geringer ausgeprägt sind. Wenn Färsen implantiert werden, ist es meist eine Kombination der verhaltenswirksamen Gestagene und Androgene. Zugelassen sind solche Implantate seit 1954.

Implantiert werden dürfen kastrierte männliche und weibliche Tiere. Implantationsstelle ist meist das Ohr, da es später nicht zum Schlachtkörper gehört. Für die einzelnen Produktionsphasen und Geschlechter sind unterschiedliche Substanzen zugelassen. Während der Säugezeit sind Implantate relativ wenig effektiv, die Zunahmen verbessern sich nur um circa 5 Prozent. Zugelassen sind für diesen Altersabschnitt verschiedene estrogenaktive Substanzen: das natürliche Estradiol, Zeranol, welches aus dem Mycotoxin Zearalenon hergestellt wird, und Estradiolbenzoat, ein pharmakologisch modifiziertes Estradiolderivat, das zusammen mit Progesteron verabreicht wird.

Wesentlich effektiver für ein Implantat ist die nachfolgende »Stocker«-Phase, die den Altersabschnitt 6 bis 9 Monate umfasst und einen Gewichtsbereich von 180 bis 320 Kilogramm. Diese Jungtiere werden gegebenenfalls alle 90 bis 100 Tage implantiert, abhängig von dem verwendeten Präparat. Wenn diese Phase mehr als 130 bis 140 Tage beträgt, rechnet sich wohl eine zweite Applikation, sofern die Nahrungsgrundlage gut ist. Die Leistungssteigerung liegt im Bereich von 12 bis 16 Prozent höheren täglichen Zunahmen.

In den Feedlots, der intensiven Endmast, werden fast alle Masttiere zumindest einmal mit Implantat versehen. Der Effekt ist in dieser Phase am stärksten und bringt etwa 15 bis 20 Prozent höhere Zunahmen; er fällt am größten aus bei Kombinationen von Androgenen und Estrogenen, am geringsten, wenn nur Estrogene verwendet werden. Bei Ochsen werden daher zumeist Kombinationen aus Estradiol (oder Estradiolbenzoat) und Trenbolonacetat eingesetzt. Der Futteraufwand für den Zuwachs verbessert sich bei Androgen-Estrogen-Kombinationen um 6 bis 14 Prozent. Das effizientere Wachstum erklärt sich durch eine Verschiebung im Zuwachs vom energiereichen Fett hin zu mehr Proteinansatz. Daher ist bei Verwendung von Implantaten die Marmorierung signifikant schlechter (um circa 4 Prozent), während die Fläche des Roastbeefs um 3 bis 4 Prozent erhöht ist. Vor dem Schlachten gibt es keine Absetzfristen, da die im Fleisch nachweisbaren Konzentrationen niedriger sind als im Jungbullen- oder Eberfleisch.

Die Bewertung aus Sicht der Verbraucher: Die Hormone können theoretisch beim Menschen wirken, sie sind jedoch zumeist nicht oral wirksam, daher werden sie ja implantiert. Die aufgenommenen Mengen liegen weit unter der Schwelle, ab der Wirkungen beim Menschen erwartet werden können. Ausführliche Berechnungen und vergleichende Messungen in unterschiedlichen tierischen Lebensmitteln wurden bereits 1998 publiziert.[25]

Dies sollte jedoch nicht bagatellisieren, dass die Verbraucher in Europa Hormonimplantate in der Fleischerzeugung ablehnen. Und wenn sie sie nicht wollen, darf man sie ihnen auch nicht unterjubeln.

Ob eine höhere Akzeptanz gegeben wäre, wenn die Vorteile hinsichtlich der Umweltaspekte vom Verbraucher wahrgenommen würden, ist unklar. Leider wird es hierüber keine sachliche Diskussion geben, denn einerseits sind die, die sich den Umweltschutz auf die Fahnen geschrieben haben, nicht gerade Befürworter solcher biotechnischer Möglichkeiten, während auf der anderen Seite die pharmazeutische Industrie nicht das Verbrauchervertrauen hat, um solche Möglichkeiten wirkungsvoll zu kommunizieren.

Ein völlig anderes Bild ergibt sich für die in Kapitel 8.6 bereits erwähnten Beta-Agonisten. Das sind pharmakologische Substanzen, die die Wirkung der Katecholamine Adrenalin und Noradrenalin im Sympathikus über eine Aktivierung von Beta-2-Adrenozeptoren imitieren. Als Medikamente finden sie in Tier- und Humanmedizin Verwendung, da sie unter anderem erweiternd auf das Bronchialsystem wirken. Die Applikation in der Humanmedizin erfolgt über Inhalation, aber auch eine orale Verabreichung ist wirksam. Auf den Stoffwechsel haben Beta-Agonisten eine fettabbauende und proteinabbauhemmende Wirkung, so dass unter ihrer Applikation die Muskelmasse zunimmt (da bei normal weiterlaufender Synthese – wie in Kapitel 8.6 bereits erwähnt – weniger abgebaut wird) und Fett eingeschmolzen wird. Sie werden daher auch als »repartitioning agents« bezeichnet, also Umverteilungssubstanzen. In den USA wurde Ende 1999 ein oral wirksamer Beta-Agonist (Paylean [Ractopamin]) zum Einsatz beim Schwein zugelassen. Er darf dort eingesetzt werden, um den Fettansatz im Gewichtsabschnitt 70 bis 110 Kilogramm zu vermindern. Er wird auch verwendet, um Ausstellungstiere zu »tunen«, also um Fett abzubauen und mehr Muskelmasse zu erhalten. Es müssen nach US-Vorschriften keine Absetzzeiten eingehalten werden; an Kosten rechnet man mit 4,5 bis 6 Dollar pro Tier. Damit es voll wirkt, muss eine entsprechende Versorgung mit Protein gegeben sein, so dass mindestens 16 Prozent Rohprotein in der Ration gefordert werden.

Wenn diese Vorgaben eingehalten werden, sind die Wirkungen beeindruckend (bei 18,8 Milligramm pro Kilogramm Futter im Gewichtsabschnitt 70 bis 110 Kilogramm):[26] Der Proteinansatz steigt im Vergleich zu unbehandelten Tieren um 24 Prozent, der Futteraufwand pro Kilogramm Zuwachs sinkt um 14,2 Prozent, die Rückenspeckdicke ist um fast 14 Prozent geringer, während der Magerfleischanteil des Schlachtkörpers um mehr als 11 Prozent höher ist.

Die Wirkung von Beta-Agonisten nimmt jedoch mit der Anwendungsdauer ab, bereits nach zehn Tagen Applikation wird der Effekt auf den Proteinansatz schon wieder geringer. Daher wird die Anwendung von Paylean in den USA nur für einen begrenzten Zeitraum (20 Tage) in der Endmast empfohlen mit einer Dosissteigerung von 4,5 Milligramm pro Kilogramm Futter auf 9 Milligramm in den letzten beiden Mastwochen. Bei illegaler Anwendung wird oft mit drastischer Dosissteigerung der abnehmenden Wirkung begegnet, oder es wird zusätzlich Glucocorticoide verabreicht.

Ein wesentliches Argument gegen die Leistungssteigerung mit Ractopamin ist einerseits der Tierschutz, da die Substanz zu vermehrten Kreislaufproblemen und Nervosität bei den Tieren führt. Für die Produktqualität ist es ebenfalls negativ – wie in Kapitel 8.6 beschrieben – , da nicht nur intramuskuläres Fett vermindert eingelagert wird, sondern auch mehr Calpastatin und weniger Calpaine gebildet werden. Damit erklärt sich die größere Zähigkeit des

Fleischs nach der Schlachtung.[27] Auch werden die weißen Fasern überproportional gefördert, so dass das Risiko für die PSE-Fehlreifung steigt.[28]

8.11 Was die Züchtung kann

Züchtung hat unsere landwirtschaftlichen Nutztiere verändert, von den Wildformen sind Haustiere augenscheinlich weit entfernt. Auf Basis des Verhaltens wurden Tiere selektiert und gezüchtet, die auf Menschen weniger panisch und abwehrend reagierten als Wildtiere. Grundsätzliche Verhaltensweisen und Bedürfnisse werden durch Züchtung jedoch nicht eliminiert. So sind Rinder wie Schweine soziale Tiere, die für ihre artgerechte Haltung prinzipiell den Kontakt zu Artgenossen brauchen. Bei Rinderarten – etwa heute noch beim entfernten Verwandten, dem Bison, zu beobachten – können sich Gruppen außerhalb der Paarungszeit zu großen Wanderherden zusammenschließen, die aus tausenden von Tieren bestehen. Die Wanderungen führten diese Großherden über mehrere hundert Kilometer, ehe sie sich wieder auflösten, um in den ursprünglichen kleineren Herden weiterzuziehen. Diese Verhaltensweisen relativieren die Sichtweise, Massentierhaltung nur an der Anzahl der Tiere festzumachen und eine große Ansammlung von Tieren per se als nicht artgerecht zu geißeln.

Hinsichtlich der verschiedenen wirtschaftlich relevanten Leistungen wurde durch Selektion und gezielte Anpaarung das Ausmaß erheblich gesteigert, ob es nun um Milch, Fleisch oder Fettbildung geht. Durch Selektion wurden zudem extrem unterschiedliche Rassen geschaffen. Diese Rassen sind außerdem weitaus effizienter als die Wildformen und verwerten das eingesetzte Futter besser. Vergleichende Untersuchungen an Haus- und Wildschweinen zeigen, dass die Wildform etwa doppelt so viel Futter für ein Kilogramm Zunahme benötigt wie Hausschweine unter gleichen Stallhaltungsbedingungen. Diese verbesserte Futterverwertung ist einerseits dadurch bedingt, dass durch Züchtung auf Effizienz unbewusst das Niveau der Hormone, der Glucocorticoide, gesenkt wurde, die für die natürlichen Abbauprozesse und die Stressbewältigung zuständig sind. Dies erklärt aber auch, dass die Haustiere oft schlechter mit Stress umgehen können als Wildtiere. Andererseits trägt zur höheren Effizienz bei, dass der Ansatz des energiereichen Fetts vermindert wurde und stattdessen mehr Muskelmasse angesetzt wird. Die größere Muskelmasse geht jedoch fast immer mit einer Vergrößerung der Muskelfasern einher und damit der Zunahme des glykolytischen Stoffwechsels mit allen Konsequenzen für die Fleischqualität.

Auch wenn die Tiere züchterisch damit erheblich in ihrem Leistungsniveau verändert wurden, konnten bestimmte Grundprinzipien nicht außer Kraft gesetzt werden. Maximale Leistung in einem Bereich – ob Fruchtbarkeit, Milchleistung oder Muskelwachstum – kann nie mit Höchstleistung in einem anderen Bereich einhergehen. Um Konkurrenzsituationen zu vermeiden, werden von Natur aus Schwerpunkte gesetzt und die anderen Leistungen reduziert. Ebenso sind allometrische Wachstumsprinzipien durch Züchtung nicht aufzuheben. Die sequenzielle Bildung von Gewebe, Knochen, Muskeln und Fett ist züchterisch ebenso nicht zu verändern wie die Reihenfolge im Aufbau der Fettdepots.

Extreme Varianten können jedoch auch auf Mutationen oder Gendefekten basieren, etwa dem Defekt des Regulationsfaktors Myostatin bei bestimmten Rinderrassen, oder der verstärkten Bildung von abbauhemmenden Faktoren wie Calpastatin oder einem Defekt im Calciumstoffwechsel wie bei den stark bemuskelten stressempfindlichen Varianten der Schweinerasse Pietrain. In jedem dieser Fälle sind andere Imbalancen vorprogrammiert, so dass eine züchterische Anreicherung solcher Defekte meist aus Gründen mangelhafter Fitness oder wegen anderer Probleme kritisch zu bewerten ist. Inzwischen ist auch bei den Züchtern diesbezüglich eine zunehmend kritische Einstellung vorhanden.[29] Deformierte Qualzüchtungen, wie sie aus gestörtem Schönheitsempfinden in der Rassehundezucht immer noch weiter vermehrt werden, sind jedoch in der Landwirtschaft schon lange undenkbar.

Sinnvolle züchterische Ansätze zu mehr Tierwohl ergeben sich zum Beispiel beim Rind durch die Züchtung auf Hornlosigkeit, da diese natürliche Variante das Verletzungsrisiko für Mensch und Tier vermindert und die aus Tierschutzgründen kritisch zu bewertende Praxis des Enthornens überflüssig macht. Eine Bedeutung der Hörner für den Stoffwechsel und die erzeugte Qualität, wie in der biodynamischen Wirtschaftsweise angenommen, ist für mich Agrartheologie und wissenschaftlich absurd, auch wenn dies in der biodynamischen Szene bis heute diskutiert wird. Die Hypothese besagt, dass die bei der Pansenverdauung entstehenden Gase bis in die Hornhohlräume gelangen und dadurch die Verdauung und letztendlich die Milchqualität beeinflussen.[30] Verbraucher, die über ihre Computer besser Bescheid wissen als über eine Kuh, kann man sicherlich mit solchen Thesen beeindrucken.

9 Vom Schlachten

Die meisten Verbraucher haben wenig Lust, sich mit dem Schlachten zu beschäftigen. Man verdrängt gerne, dass für das Fleisch, das wir essen, ein Tier getötet wird. Die Konfrontation mit der Art, wie ein Tier getötet wird, ist daher unbequem, obwohl ein hoher Standard im Tierschutz und bei der Produktqualität nur erreicht werden kann, wenn man sich auch mit diesem letzten Schritt auseinandersetzt. Schlachten ist das Töten von Tieren nach Betäubung. Der Tod tritt durch das Ausbluten ein. In den meisten Fällen erfolgt das Schlachten in den spezialisierten Schlachthöfen, auch wenn in den vergangenen Jahren wieder zunehmend Alternativen zu den zentralisierten Großschlachthöfen mit den unvermeidlichen Transportstrecken diskutiert werden. Der Konzentrationsprozess bei den Schlachthöfen wurde nicht zuletzt auch aus Gründen der Hygiene eingeleitet, da viele kleine und mittlere Schlachthöfe in den 1970er und 1980er Jahren nicht den europäischen Standards entsprachen und zum Teil erhebliche Hygieneprobleme hatten.

Heute geht das Schlachthofsterben weiter, aber auch das Sterben der Handwerksbetriebe in diesem Sektor – eben auch hier Strukturwandel, wie es immer beschönigend heißt. Nach Angaben des Deutschen Fleischer-Verbands hat die Anzahl der Betriebe im Fleischerhandwerk in den Jahren 1999 bis 2010 pro Jahr um etwa 3 Prozent abgenommen. Das heißt, dass etwa ein Fünftel aller Betriebe in den letzten zehn Jahren aufgehört haben zu existieren. Vor allem in den Ballungsräumen war der Rückgang besonders hoch mit der Folge, dass damit auch die Kunden für die städtischen Schlachthöfe wegfielen, so dass immer mehr Schlachthöfe unrentabel wurden und verschwanden. Für die verbleibenden Fleischereien bedeutet die Schließung des lokalen Schlachthofs in der Regel einen deutlich erhöhten Aufwand durch längere Anfahrtswege zum nächsten überregionalen Schlachthof sowie ein damit einhergehender Anstieg der Kosten für die Beschaffung und Lagerhaltung. Wenn die Schlachthöfe geschlossen werden, verlieren auch die Händler am Schlachthof ihre Betriebsstätten, und nicht selten führt das zur Betriebsaufgabe, was wiederum für die Fleischereien ein weiteres Beschaffungsproblem aufwirft.

Der stetige Rückgang der unabhängigen Handwerksfleischereien entfaltet eine Eigendynamik, die sich in den nächsten Jahren vermutlich noch beschleunigen wird. Selbst wenn der Rückgang mit jährlich etwa 3 Prozent stabil bleiben sollte, werden wir in zwanzig Jahren nur noch halb so viele Fleischereien haben wie heute. Damit wird auch vielen Schlachthöfen die Existenzgrundlage entzogen sein, und auch sie werden in den nächsten Jahren verschwinden. Was bleibt, ist eine weitere Konzentration im Markt. Für die Tiere bedeutet der Konzentrationsprozess bei den Schlachthöfen erheblich längere Transportwege, negativ aus Sicht des Tierschutzes, aber auch im Hinblick auf die Produktqualität. Der gesamte Vorgang ist kritisch für die Qualität, denn alles, was vorher auf der landwirtschaftlichen Ebene an hoher Qualität erzeugt wurde, kann hier wieder verloren gehen.

9.1 Transport und Behandlung vor dem Schlachten

Der Transport zum Schlachthof ist immer Stress für die Tiere, da sie die gewohnte Umgebung verlassen müssen, mit anderen Tieren, die sie nicht kennen, zusammentreffen und durch den Transport auf einem Fahrzeug unbekannten Geräuschen und anderen Eindrücken ausgesetzt sind. Um die Kreislaufbelastung insbesondere bei Schweinen auf dem Transport zu minimieren, werden die Tiere vor dem Transport genüchtert, sie bekommen also kein Futter, werden aber immer mit Wasser versorgt. Wenn die Tiere nicht genüchtert werden, steigt der Anteil der Transportverluste. Eine moderate Nüchterungsdauer von 9 bis 18 Stunden ist noch ohne negative Konsequenz für die Schlachtkörpermasse, erst bei längerem Futterentzug verlieren sie zwischen 0,06 und 0,1 Prozent pro Stunde.

Der Tiertransport steht aus der Sicht des Tierschutzes häufig in der Kritik. Nach den Skandalberichterstattungen insbesondere über lange internationale Rindertransporte wurden zwar die Kontrollen verschärft, aus Sicht des Tierschutzes sind jedoch nach wie vor die Kontrolle der Transportfähigkeit von Schlachttieren sowie die Kontrolle der Einhaltung der rechtlichen Vorgaben (Transportpläne, Versorgung der Tiere, Ladedichten) verbesserungsbedürftig. Aber auch bei Einhaltung der Vorschriften und schonenden Transportbedingungen ist der Transport per se als Stressfaktor anzusehen.

Wie stark dieser Transport, der Kontakt mit fremden Tieren und die unbekannten Bedingungen die Tiere belasten, zeigt eine Vielzahl von Untersuchungen. So wurden zum Beispiel in einer französischen Studie mit zwei Schweinerassen, Duroc und Large White, die konventionellen Bedingungen vor dem Schlachten mit einer extrem schonenden individuellen Behandlung verglichen.

Die konventionellen Bedingungen umfassten eine Nüchterungsdauer von 37 Stunden im Vergleich zu knapp 16 bis 19 Stunden in der Vergleichsgruppe, Transport in einer neu zusammengestellten Tiergruppe über zwei Stunden im Vergleich zu sechs Minuten Transport jedes einzelnen Tiers, begleitet von einem bekannten Pfleger zur Betäubungsbox, während die Tiere unter konventionellen Bedingungen über Nacht noch 13 Stunden in der Wartebucht verbrachten. Die Betäubung der konventionellen Tiere erfolgte elektrisch automatisiert, für die experimentelle Schlachtung kam eine manuelle Betäubungszange zum Einsatz.

Das Experiment führte zu eindrucksvollen Unterschieden in der Fleischqualität. Die Tiere der Rasse Large White hatten sehr hohe End-pH-Werte im Muskel, wie sie nach Erschöpfung der Energievorräte typisch sind und zur Fehlreifung DFD führen können (charakterisiert durch einen End-pH-Wert von über 6,2). Bei den individuell und schonend geschlachteten Tieren war das bei keinem Tier der Fall, die Duroc-Schweine konnten jedoch auch mit den stressigeren Bedingungen der industriellen Schlachtung besser umgehen und zeigten hier weniger Probleme als die Large-White-Schweine.[1]

Diese schonende Behandlung (kurzer Transport und bekannte Betreuer) führte zu einer besseren Fleischqualität, insbesondere die Häufigkeit von DFD-Fleisch war in dieser Studie vermindert. Es wurde aber auch deutlich, dass es Rassenunterschiede gibt: Large-White-Tiere waren stressempfindlicher als die Tiere der Rasse Duroc, die mit der Situation besser umgehen konnten.

Ähnliche Unterschiede, wie sie hier für Rassen dargestellt sind, fand die Arbeitsgruppe auch beim Vergleich von Schweinen, die in Freilandhaltung gemästet wurden, zu Schweinen in konventioneller Stallhaltung. Die wesentlich abwechslungsreichere und von vielfältigen Umweltreizen geprägte Freilandhaltung bewirkte auch hier, dass die Tiere mit Transport und den Bedingungen vor dem Schlachten besser umgehen konnten als die reizarm in Ställen aufgezogenen Tiere der konventionellen Haltung.

Diese Erkenntnisse werden heute in der Praxis genutzt: In Deutschland, das relativ kleine Betriebsstrukturen und zentrale Schlachthöfe aufweist, führten sie dazu, dass die unterschiedlichen Fleischproduzenten und Schlachthöfe ihre eigene Lösung suchen, um die Bedingungen am Schlachthof für die Tiere weniger belastend zu gestalten. Auf Großschlachthöfen werden zum Teil beruhigende Musik und spezielle Ausleuchtung der Treibgänge eingesetzt. Zudem werden die Tiere nach der Ankunft mit Maisfütterung abgelenkt. Einzelne Großunternehmen holen sich für die Ausgestaltung der Anlieferung, des Wartebereichs und des Zutriebs zur Schlachtung auch den Rat von Experten wie der berühmten Verhaltensforscherin Temple Grandin. Grandin ist Professorin für Tierwissenschaften an der Colorado State University.

Grandin entwirft Schlachthöfe, sie legt fest, auf welchem Weg die Rinder zur Betäubung geführt werden. Grandin ist Autistin und kann sich wohl außergewöhnlich in Tiere hineinversetzen. Sie sagt, sie verstehe die Gefühle der Tiere, sie kenne deren Ängste. Vor allem aber berät sie Viehzuchtbetriebe. Inzwischen läuft die Hälfte aller Rinder in den USA durch Zuchtanlagen und Schlachthöfe, die Grandin entworfen hat; manche nennen sie deshalb »Cow Killer«. Grandin hat nichts gegen das Schlachten, aber sie will, dass die Tiere keine Schmerzen leiden. Das *Time Magazine* zählte Temple Grandin im April 2010 zu den hundert einflussreichsten Menschen weltweit. Experten wie sie schaffen Lösungen, die auch bei hohen Tierzahlen die Belastung der Tiere minimieren sollen.

Die Produzenten von High-End-Fleisch berücksichtigen das auch. Meist ist der Schlachthof auf der Farm, zudem werden die Tiere an den Zutrieb lange vor der Schlachtung gewöhnt. Kein Transport, wenig Stress, neben der optimierten Produktion ein Muss, um die gute Qualität zu erhalten, die in der Produktion entsteht.

Als Alternative zu den herkömmlichen Schlachtverfahren wird das Kugelschussverfahren auf der Weide diskutiert. Hierbei wird dem Tier ohne vorherigen Transport und in gewohnter Umgebung mit einem Gewehr gezielt in den Kopf geschossen. Die Tierschutz-Schlachtverordnung gibt bei herkömmlichen Schlachtverfahren eine maximale Dauer von 60 Sekunden zwischen der Betäubung und dem Entbluteschnitt an.[2] Diese Regelung trifft zwar für den Kugelschuss nicht zwingend zu, ist aber dennoch empfehlenswert. Das Tier wird somit auf der Weide betäubt und durch den sofortigen Blutentzug getötet. Aus hygienischen Gründen sollte auch bei der Schlachtung vor Ort für den Entbluteschnitt die Zwei-Messer-Technik angewendet werden, das heißt, der Hautschnitt erfolgt mit dem ersten Messer, und mit einem zweiten sauberen Messer wird der Bruststich durchgeführt, bei dem die großen Blutgefäße in Herznähe durchtrennt werden. Das Blut muss dabei vollständig aufgefangen werden, die Entblutung erfolgt am besten hängend, um die Schwerkraft auszunutzen, falls durch den Kugelschuss bereits der Herzstillstand ausgelöst wurde. Dabei kann eine spezielle Schlachtbox verwendet werden.

Danach erfolgt der Transport des toten Tieres zum Schlachthof Nach der Tierischen Lebensmittel-Hygieneverordnung darf »die Beförderung der geschlachteten oder getöteten Tiere in den Schlachthof (…) abweichend von Anhang III Abschnitt III Nummer 3 Buchstabe h der Verordnung (EG) Nr. 853/2004 nicht länger als eine Stunde dauern«. Das heißt, der Transport des Schlachtkörpers hat innerhalb der vorgeschriebenen 60 Minuten in einem hygienisch tadellosen Fahrzeug zu erfolgen. Dieses Schlachtverfahren kann nach der Tierschutz-Schlachtverordnung mit der Einwilligung der zuständigen Behörde eingesetzt werden. Das Verfahren ist jedoch zur Betäubung oder Tötung bei Rindern oder Schweinen auf diejenigen begrenzt, die ganzjährig im Freien gehalten werden. Solche individuellen Lösungen haben allerdings immer den Schwachpunkt bei der Schlachtkörperhygiene und gegebenenfalls der Kühlung der Schlachtkörper.[3]

Eine schonende, tiergerechte Behandlung ist natürlich auch in kleinen Schlachtereien möglich, die Variabilität ist dort in beiden

Richtungen jedoch wesentlich höher: Das Risiko, dass handwerkliche Fehler beim Schlachten zu unnötigem Tierleid führen können, ist teilweise höher als bei industrieller Schlachtung, da die standardisierten Kontrollen der Großbetriebe im Kleinen vor Ort oft nicht realisierbar sind. Damit hängt hier viel mehr vom individuellen Können und der individuellen Sorgfalt ab. In einer älteren holländischen Untersuchung von 1978 wurde bei der Schlachtung nach Elektrobetäubung die Dauer bis zum Erliegen der Hirnströme gemessen.[4] Der Unterschied zwischen den Tophandwerkern und dem Durchschnitt der Schlachter war eindrucksvoll: Während bei Schlachtung durch die Topleute bei allen Tieren maximal 26 Sekunden nach dem Entbluteschnitt keine Hirnströme mehr messbar waren (gemessen mit Elektroenzephalogramm/EEG), war dies im Durchschnitt nur etwa bei zwei Drittel der Tiere der Fall.

Bei reversiblen Betäubungsverfahren (CO_2-Betäubung, Elektrobetäubung ohne Auslösung von Herzkammerflimmern) erfolgt die Tötung der Schlachtschweine durch Blutentzug. Die Schwachstelle aus Sicht des Tierschutzes ist hierbei der lückenlose Übergang von der Betäubung in den Tod, der nur durch einen raschen und effektiven Blutentzug gewährleistet werden kann. Bei ungenügender Entblutung besteht die Gefahr des Wiedererwachens der Tiere im weiteren Verlauf der Schlachtung.

Die industrielle Bandschlachtung ist aus diesem Grund im Jahr 2013 in Verruf geraten, da es keine Kontrolle der Entblute-Effektivität beim Einzeltier gab und so nicht alle Tiere tot waren, bevor sie in die Brühung gelangten. Von Seiten der Kritiker wurde dieser Missstand auf den Zeitdruck und die Akkordarbeit bei der Schlachtung zurückgeführt. Die Grünen-Politikerin Bärbel Höhn forderte damals ein Verbot von Schlachtungen im Akkord, denn aufgrund von Fehlern würde jährlich knapp eine halbe Million Schweine bei lebendigem Leibe verbrühen.[5] Inzwischen haben aber gerade die großen Betriebe durch technische Kontrollen (zum Beispiel Erfassung der Blutmenge) und Zusatzkontrolleure diese Probleme effektiv ausgeräumt. Diese zusätzlichen Sicherheiten in kleineren oder mittleren Betrieben zu realisieren ist jedoch schwieriger und bringt für sie weitere Wettbewerbsnachteile.

In einer Studie wurde in Deutschland, Österreich und der Schweiz der Betäubungserfolg bei Schweinen und Rindern nach unterschiedlicher Betäubung untersucht.[6] Insgesamt wurden 58 Schweineschlachthöfe und 25 Rinderschlachthöfe evaluiert, zum Teil mehrfach. Die Auswertung basierte auf 116 (Schwein) beziehungsweise 50 (Rind) Evaluierungen. Bei Schweinen wurden drei Varianten der Elektrobetäubung, bei CO_2 verschiedene Modelle mit der Möglichkeit von Einzelzutrieb oder Gruppenzutrieb untersucht.

Bei Schweinen waren generell Probleme mit unzureichender Betäubung zum Zeitpunkt des Entbluteschnitts bei CO_2-Einsatz deutlich geringer als bei Elektrobetäubung. Bei der Elektrobetäubung waren die Varianten mit manuellem Setzen der Elektroden in der Bucht weitaus störanfälliger, hier hängt es eben von den individuellen Fähigkeiten und der Sorgfalt des Metzgers viel stärker ab als bei automatisierten Systemen, die gleichzeitig eine höhere Schlachtgeschwindigkeit erlauben. Der in der öffentlichen Diskussion rasch aufgebrachte Vorwurf, die Schlachtung in Großbetrieben mit hoher Schlachtgeschwindigkeit führe zu mehr Tierleid, kann mit diesen Daten nicht bestätigt werden. Der Anteil der untersuchten Schlachthöfe mit weniger als 0,5 Prozent Beanstandungen war jedoch über alle Techniken ähnlich, mit 36 Prozent beim CO_2-Verfahren und 20 bis 33 Prozent bei Anwendung elektrischer Betäubungsverfahren.[7]

In der Rinderschlachtung kommt in Deutschland meistens der Bolzenschuss als Betäubung zum Einsatz, die im Ausland verbreitete Elektrobetäubung beim Rind hat sich bei uns nicht durchgesetzt.

Bei insgesamt 8 Prozent der Rinder wurde der Bolzenschuss nicht korrekt gesetzt, 9,2 Prozent der Tiere waren zum Zeitpunkt des Entbluteschnitts nicht korrekt betäubt. Allerdings gab es große Unterschiede zwischen den Schlachthöfen: Bei 14 der 50 Überprüfungen an Rinderschlachthöfen waren keinerlei Beanstandungen gegeben, die durchschnittliche Schlachtgeschwindigkeit betrug 20 Tiere pro Stunde (Spanne: 5 bis 50). Es ist davon auszugehen, dass bei geringerer technischer Ausstattung die niedrigere Taktgeschwindigkeit eine bessere Platzierung des Schussgeräts ermöglicht. Zusätzliche technische Einrichtungen, die den Kopf des Schlachttiers fixieren, senkten den Anteil mit suboptimaler Platzierung des Bolzenschussgeräts von 35 Prozent auf 4 bis 10 Prozent und erlauben eine gute Platzierung auch bei höherer Geschwindigkeit. Ob aus der suboptimalen Platzierung des Bolzenschussgeräts auch eine mangelhafte Betäubung resultiert, scheint vom Bolzenschussgerät abzuhängen, da die mit Druckluft betriebenen Geräte gegenüber den mit Patronen bestückten besser abschnitten und keine Tiere nach der Betäubung aufwachten, während dies ansonsten bei etwa 1 Prozent nachweisbar war.[8]

9.2 Schlachten und rituelle Varianten

Immer wieder in der Diskussion sind die rituellen Schlachtverfahren, die angewandt werden, um koscheres Fleisch (nach jüdischer Vorschrift) oder Halal-Fleisch (nach islamischer Vorschrift) herzustellen.

In Deutschland ist gesetzlich geregelt, dass ein warmblütiges Tier nur geschlachtet werden darf, wenn es vor Beginn des Blutentzugs betäubt worden ist. Allerdings kann eine Ausnahmegenehmigung erteilt werden, wenn es erforderlich ist, um den Bedürfnissen von Angehörigen bestimmter Religionsgemeinschaften zu entsprechen, denen zwingend das Schächten vorgeschrieben ist oder denen der Genuss von Fleisch nicht geschächteter Tiere untersagt ist.

Allerdings gelten dann Nebenbestimmungen, in denen unter anderem geregelt ist, wie die schonende Vorbehandlung und Fixierung zu erfolgen hat, welche Sachkunde der Ausführende haben muss, die Schärfe des Messers, die notwendige Zeitspanne für die Ausblutung, während der die Wunde nicht bewegt und das Tier nicht aufgehängt werden darf.

Juden und Muslime dürfen Fleisch aus normaler Schlachtung nicht verzehren. Die Vorschriften für koscheres Fleisch finden sich bei den Juden in Thora und Talmud. So muss nach diesen Vorschriften das (koschere) Tier geschächtet werden, damit sein Blut möglichst vollständig herausfließt. Ebenso ist das (koschere) Fleisch vor der Zubereitung zu wässern, zu salzen und zu spülen, um das im Fleisch verbliebene Blut weitgehend zu minimieren. Nach jüdischer Vorstellung ist das Blut der Sitz der Seele und darf daher grundsätzlich nicht verzehrt werden. Zudem müssen die Tiere unversehrt geschlachtet werden (das heißt unbetäubt), und auch nur Vorderviertel dürfen verzehrt werden.

Um die Halal-Anforderungen der Muslime zu erfüllen, müssen die Tiere lebend geschlachtet werden, das heißt, es kann keine irreversible Betäubungsmethode angewandt werden, die reversible Elektrobetäubung mit Kopfdurchströmung ist hingegen erlaubt. Problematisch ist dabei, dass bei betäubungslos geschächteten Tieren an der Schnittstelle sogenannte Pseudoaneurysmen entstehen können, die den Blutaustritt und damit das Ausbluten behindern, so dass der Wahrnehmungsverlust nur verzögert eintritt und die Tiere unnötigem Leid ausgesetzt sind. Vor nicht allzu langer Zeit wurde ein von der EU gefördertes Gutachten zur Thematik erarbeitet.[9] Die Wissenschaftler kommen zum Ergebnis, dass der Halsschnitt ohne Betäubung das größte Tierschutzrisiko darstellt, weil die Fixierung zum Schnitt und beim Blutentzug mehr Manipulationen am Tier erfordert. Das geringste Risiko besteht, wenn die Tiere vor dem Halsschnitt betäubt wurden, was nur bei der Halal-Methode möglich ist. Praktische Studien in Schlachthöfen zeigen, dass die meisten Rinder ihre Wahrnehmungsfähigkeit 5 bis 90 Sekunden nach dem Schnitt verlieren. Die meisten Schafe und Ziegen scheinen ihre Wahrnehmungsfähigkeit innerhalb von 2 bis 20 Sekunden nach einem Halsschnitt zu verlieren. Jedoch zeigten

Abbildung 10: Blutdruckabfall bei Kälbern nach Halsschnitt mit beziehungsweise ohne Gefäßverschlüsse oder Bruststich[11]

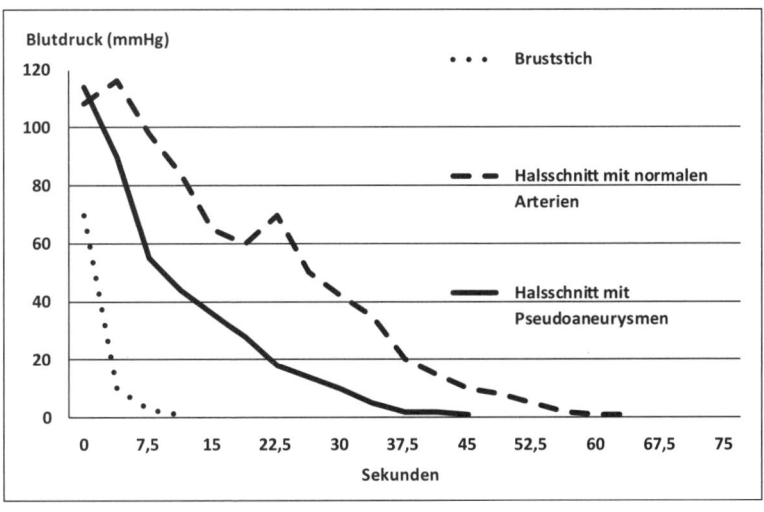

einzelne Schafe bis zu zwei Minuten nach dem Schnitt Anzeichen einer wiederkehrenden Wahrnehmungsfähigkeit.

In Abbildung 10 ist der Abfall des Blutdrucks bei Kälbern nach Bruststich oder Halsschnitt mit und ohne Ausbildung von Pseudoaneurysmen dargestellt.[10]

Im Falle einer mangelhaften Ausblutung und damit einer verlängerten Wahrnehmungsfähigkeit muss eine sofortige Betäubung durchgeführt werden, auch wenn dies dazu führt, dass das Tier nicht mehr als koscher oder halal eingestuft wird. Da eine verlängerte erhaltene Wahrnehmungsfähigkeit auf mangelhaftes Vorgehen hinweist, müssen in diesem Falle Schwachpunkte unverzüglich identifiziert und abgestellt werden. Weitere Schlachtarbeiten dürfen nur nach Feststellung des Todes erfolgen.

9.3 Kritische Punkte in der Schlachtkette

Aus der Sicht des Tierschutzes und der Produktqualität ist die Betäubung ein äußerst kritischer Schritt. Zur Betäubung nach der Tierschutz-Schlachtverordnung sind folgende Betäubungsverfahren zulässig:

- Bolzenschuss
- Kugelschuss
- elektrische Durchströmung
- Kohlendioxidexposition
- stumpfer Schlag

In der Schweineschlachtung wird der Bolzenschuss nur bei Hausschlachtungen angewendet. Die Mehrzahl der Schweine wird mit CO_2 oder elektrisch betäubt.

Bei der Elektrobetäubung unterscheidet man zwischen der reversiblen Methode mit alleiniger Kopfdurchstömung, bei der zwei Elektroden meist per Zange an leitfähigen Punkten des Kopfes (zum Beispiel Ohrengrund, Auge) ansetzen und damit eine Art generalisierten epileptischen Anfall auslösen, der mit Empfindungslosigkeit einhergeht.

Werden drei Elektroden eingesetzt, mit denen zusätzlich zum Hirn auch das Herz durchströmt wird, kommt es zum Kammerflimmern, so dass diese Betäubung irreversibel ist. Der Entbluteschnitt muss bei beiden Methoden maximal nach 20 Sekunden erfolgt sein.

Nach der Berichterstattung über Fehlbetäubungen und mangelhaftes Ausbluten 2012 stellten Politiker der Grünen eine Anfrage an die Regierung zum Ausmaß des Problems.[12] In der Antwort der Bundesregierung wurde auf eine Studie der EFSA (European Food Safety Authority / Europäische Behörde für Lebensmittelsicherheit) verwiesen, in der bei Anwendung von elektrischen Betäubungsverfahren bei manuellen Systemen – wie in Kleinebetrieben üblich – die Fehlbetäubungsrate bei Schweinen bei 10,9 bis 12,5 Prozent lag, in automatischen Anlagen – wie in großen Betrieben eingesetzt – bei 3,3 Prozent. Fehlerquellen waren dabei die falsche Wahl der Elektroden, Fehler beim Elektrodenansatz und -kontakt zum Tier und der elektrischen Betäubungsparameter.

Im Gegensatz dazu ist die CO_2-Betäubungsmethode zwar sicher, da hierbei Einzeltiere oder eine Tiergruppe in einen CO_2-gefüllten Schacht abgesenkt werden, wo das Bewusstsein durch die über 80 Prozent CO_2 sicher ausgeschaltet wird. Ein Problem dieser Methode ist, dass es mehrere Sekunden dauert, bis die Tiere das Bewusstsein verloren haben. Bis dahin empfinden sie Erstickungsängste, da sie so wie auch Menschen sensibel auf steigende CO_2-Werte reagieren und das körpereigene Alarmsystem in Gang gesetzt wird. Viele Jahre hat man über dieses Problem hinweggesehen, da man die Tiere bei der Fahrt in den Schacht nicht sieht und Schreie nur kurz zu hören sind. Für diese Art der Betäubung sprachen die hohe Sicherheit bei korrektem Zustand der Anlage und die Tatsache, dass stressassoziierte Fleischmängel in viel geringerem Umfang als bei der Elektrobetäubung auftraten. Das wurde zum Teil als Hinweis gewertet, dass dieses Verfahren tiergerecht sei.

Allerdings ist heute bekannt, dass neben den erwähnten Erstickungsängsten auch Panikreaktionen insbesondere bei stressempfindlichen Genotypen auftreten, während stressstabile Tiere die kurze Phase bis zum Verlust des Bewusstseins ruhiger bewältigen.[13] Zudem ist zu berücksichtigen, dass dieses Verfahren aktuell das einzige ist, in dem die Tiere gruppenweise zur Betäubung geführt werden können. Eine Vereinzelung der Tiere, wie in alten CO_2-Anlagen, stellt für Schweine einen zusätzlichen Stressfaktor dar.[14]

Um den Stress durch CO_2 zu reduzieren, sind aktuell Entwicklungen im Gang, die Tiere zunächst in Kontakt mit anderen Gasen zu bringen, die sie in einen empfindungslosen Zustand versetzen, so dass die finale Narkose dann gegebenenfalls mit CO_2 durchgeführt werden kann. In der Vergangenheit wurden jedoch bereits an mehreren Forschungsstellen Versuche zur Betäubung von Schweinen mit solchen physiologisch inerten Gasen angestellt, die keine toxischen Effekte haben und nicht auf Herzfunktion oder Hämoglobin wirken. Diese Gase verdünnen lediglich die Sauerstoffkonzentration so weit, dass es zum Bewusstseinsverlust aufgrund des Sauerstoffmangels kommt. Die Einleitung der Narkose zum Beispiel mit Argon führt bei den Tieren zu signifikant weniger Unruhe, Aufregung und Abwehrverhalten. Allerdings treten bei dieser Methode häufiger Einblutungen ins Gewebe auf, die die Fleischqualität mindern.

Als solche alternativen Gase bietet sich neben Argon auch Helium an, die beide technisch den Vorteil haben, dass sie aufgrund des niedrigen spezifischen Gewichts in hohen Konzentrationen in einer Glocke angereichert werden können. Damit kann die Raumluft, in der ja die Schlachter arbeiten, unbelastet bleiben. Für die Edelgase ebenso wie für zu hohe Stickstoffkonzentrationen haben Tiere wie Menschen kein natürliches Warnsystem wie für CO_2, so dass sie ohne die massiven Erstickungsgefühle das Bewusstsein verlieren. Im Körper von Säugetieren wird der Atemreflex nicht über den Sauerstoffgehalt des Blutes gesteuert, sondern über den CO_2-Anteil. Die Tiere entwickeln daher in einer Atmosphäre aus 98 Prozent Helium keine Panik, man sieht keine forcierte Atmung, und sie merken nicht, dass der Sauerstoff fehlt. Allerdings muss die Verweildauer bis zum Erreichen einer sicheren Betäubung in diesem Milieu deutlich länger sein als bei einer CO_2-Betäubung.[15]

Dann kann jedoch hochwertiges Fleisch erzeugt werden, da die Gefahr von PSE-Fehlreifungen sinkt. Solche tierschonenden Betäubungssysteme sind in der Entwicklung, aber noch nicht praxisreif.

Wissenschaftlichen Untersuchungen zufolge zeigten durchschnittlich 0,1 bis 1 Prozent der Schweine, abhängig von Betäubungsverfahren und Personal, auf der Nachentblutestrecke unmittelbar vor der Brühung noch Reaktionen, welche auf Empfindungs- und Wahrnehmungsvermögen hindeuten. Bei der Anwendung von reversiblen Betäubungsverfahren, die nicht zum sofortigen Tod des Tiers führen, ist eine effektive Entblutung entscheidend für eine schnelle, tierschutzgerechte Tötung. Die erforderliche Qualität des Entblutestiches ist stark personenabhängig. Wie Untersuchungen ergaben, lag die Häufigkeit von Fehlentblutungen (Wiedererwachen der Tiere auf der Nachentblutestrecke) personenabhängig zwischen 0,4 und 2,5 Prozent.

Beim Rind wird in Deutschland die Betäubung meist mit dem Bolzenschussverfahren ausgeführt, Versuche mit CO_2-Betäubung wurden in Skandinavien durchgeführt, in Neuseeland ist die Elektrobetäubung der Standard und wird auch von der Tierwissenschaftlerin Temple Grandin als gute Lösung im Sinne des Tierschutzes gesehen, das Verfahren dort sei technisch ausgereift, ist aber sehr kostspielig.[16]

Probleme bei der Elektrobetäubung treten wohl nur dann auf, wenn eine ungenügende Wasserversorgung zur Dehydrierung geführt hat. Andere technische Lösungen zur Elektrobetäubung werden kritisch gesehen, da die manuelle Positionierung der Elektroden oft nicht ausreichend sei, um einen epileptischen Anfall mit Bewusstseinsausschaltung auszulösen. Nur dann ist das Tier empfindungslos bei der weiteren Schlachtung.

Bei der Betäubung mit Bolzenschuss wird für die industrielle Rinderschlachtung in Deutschland eine Fehlbetäubungsrate von 4 bis 9 Prozent angegeben. Das bedeutet, dass eine unzureichende Betäubung durch den ersten Bolzenschuss erfolgt ist und eine Nachbetäubung erforderlich wird. Ursachen für eine unzureichende Wirkung der Bolzenschussbetäubung liegen primär beim nicht korrekten Ansatz des Apparats auf der Stirn des Tieres beziehungsweise einer nicht angemessenen Fixierung des Kopfes, einer zu geringen kinetischen Energie (zum Beispiel durch zu geringe Bolzengeschwindigkeit) oder eine ungeeignete Bolzenlänge.

Auch die Schlachtgeschwindigkeit spielt in diesem Zusammenhang eine wichtige Rolle: Bei Einsatz von pneumatischen Hochleistungsbolzenschussgeräten können geringe Abweichungen von der optimalen Schussposition aufgefangen werden. Am Max Rubner-Institut in Kulmbach wird untersucht, wie sich die Betäubungssicherheit beim Rind verbessern lässt. Danach scheint durch eine effektive Kopffixierung und die Verwendung geeigneter Bolzenschussapparate die Fehlbetäubungsrate auf etwa 1 Prozent reduzierbar. Auch bei einer korrekten Betäubung ist noch nicht sichergestellt, dass das Tier schmerzfrei geschlachtet werden kann, wenn die Zeit zum Entbluteschnitt zu lange dauert und die Tiere dann gegebenenfalls das Bewusstsein wiedererlangen. Daher gibt es klare Vorgaben des Gesetzgebers, welche Verzögerungszeiten nicht überschritten werden dürfen (zum Beispiel Schwein: Elektrobetäubung 10 bis 20 Sekunden, je nach Entblutung liegend oder hängend; CO_2-Betäubung 20 Sekunden nach Auswurf aus Anlage; Rind: Bolzenschuss 60 Sekunden).

9.4 Tierschutz am Schlachthof – profitabel für alle

Tierschutz am Schlachthof hört sich für viele Verbraucher merkwürdig an, jedoch sind gerade hier effektive Verbesserungen möglich, die sich auch positiv auf den Genusswert auswirken würden. Zudem sind wir es den Tieren schuldig, dass in diesem sensiblen Bereich keine Fehler passieren, die unnötiges Leiden verursachen.

Ein kürzerer Transport in der Schweineschlachtung reduziert das Auftreten von Fleischmängeln durch Fehlreifungen. Beim Schwein vermindert sich durch eine schonende Behandlung der Tropfsaftverlust des Schlachtkörpers, so dass ein echter ökonomischer Anreiz gegeben ist.

Zudem vermindert ein verkürzter Transport bei Mastebern die Einlagerung des urinartigen Geruchsstoffs Androstenon, der verstärkt bei einem Ortswechsel von Ebern gebildet wird. Weniger Stressbelastung in der Zeit vor der Schlachtung verhindert die erhöhte Einlagerung der unangenehmen fäkalartigen Substanz Skatol in das Körperfett. Ausmaß und Mechanismen sind im Kapitel 10.7 (»Schmecken glückliche Schweine besser?«) näher beschrieben.

Beim Rind ist ebenfalls die Fleischreifung besser, und die Fehlreifung DFD tritt seltener auf. Ein gutes Mensch-Tier-Verhältnis im landwirtschaftlichen Betrieb macht sich auch in physiologischen

Parametern noch am Schlachthof beim Rind bemerkbar und kann zur Vermeidung von Fleischmängeln beitragen.[17] Diese Aspekte sind beim Kobe-Rind ausführlich beschrieben und tragen zur außergewöhnlichen Qualität bei.

Dazu mehr in den tierartspezifischen Kapiteln 10 und 11, auf jeden Fall hat Tierschutz am Schlachthof das Potenzial zur Win-win-Situation.

9.5 Kontrollen und Klassifizierung

Am Schlachthof werden Rinderschlachtkörper vor der Kühlung entsprechend Alter und Geschlecht in Kategorien eingeteilt (Kalb, Jungrind, Färse, Jungbulle, Ochse, Bulle und Kuh) und mit einem entsprechenden Kennbuchstaben versehen (siehe Kapitel 11.1 und 11.4). Die meisten Daten zur Einstufung in die Kategorien sind dem Schlachtbetrieb aus dem Rinderpass, einem verpflichtenden Begleitpapier, bekannt, alternativ können Verknöcherung oder geschlechtsspezifische Skelett- und Bemuskelungsmerkmale herangezogen werden.

Dann wird in Deutschland die Fleischigkeit des Schlachtkörpers geschätzt und mit einem »EUROP«-Kennbuchstaben versehen. E steht für höchste Muskelfülle, P für geringste. Zudem wird die Fettabdeckung des Schlachtkörpers bewertet und das Tier in eine der fünf Fettklassen 1 bis 5 eingeteilt. 5 ist die höchste Fettklasse, 1 bedeutet extrem wenig Fett. Jede dieser Fett- und Bemuskelungsklassen wird nochmals mit minus, null und plus unterteilt, um eine bessere Differenzierung vornehmen zu können. Damit ist eine gute Vorinformation für den Großkunden gegeben, der nun weiß, mit wie viel Fett er zum Beispiel zu rechnen hat, aber auch, mit wie viel intramuskulärem Fett er rechnen kann, denn das ist in den höchsten Fettklassen am stärksten ausgebildet.

In Deutschland erfolgt diese Klassifizierung immer noch subjektiv, also durch einen geschulten Experten, da wir eine extreme Variabilität der Rassen und Genotypen sowie der Altersklassen beim Rind haben, so dass eine automatisierte Einstufung, wie sie zum Beispiel in Irland vorgenommen wird, sich bei uns nicht durchsetzen konnte. Das Problem ist jedoch, dass diese subjektive Klassifizierung sehr fehlerbehaftet ist, so dass sich die Fleischigkeitsklassen bei genauer Überprüfung des Fleischanteils durch Feinzerlegung weit überlappen. Das gleiche gilt auch für die Fettklassen, auch wenn die Überlappung hier weniger stark ist als bei der Bemuskelung. In anderen europäischen Ländern mit stärkerer Spezialisierung in der Produktion oder geringerer Rassenvielfalt wird zum Teil auch schon apparativ klassifiziert (beispielsweise durch Video-Image-Analyse).

Beim Schwein ist der Muskelfleischanteil des Schlachtkörpers das einzige Kriterium bei der Einstufung von Mastschweineschlachtkörpern in Handelsklassen. In 5-Prozent-Schritten unterscheiden die EUROP-Handelsklassen Schlachtkörper von mehr als 55 Prozent Muskelfleischanteil (E), von 55 bis 50 Prozent (U) und so weiter. 2011 wurde dann die Handelsklasse S eingeführt für Schlachtkörper mit mehr als 60 Prozent Muskelfleischanteil, da inzwischen bereits zwei Drittel der Schlachtkörper in der Handelsklasse E eingestuft wurden. Das war früher anders. Als 1985 die subjektive Schätzung des Muskelfleischanteils durch die Geräteklassifizierung ersetzt wurde, stieg schlagartig der Anteil der E-klassifizierten Schlachtkörper von circa 15 Prozent um über 20 Prozent. Ein klarer Hinweis, dass die Landwirte bei der subjektiven Klassifizierung ihre Interessen nicht so gut geltend machen konnten.

Heute werden beim Schwein unterschiedliche Verfahren eingesetzt, die meist die Stärke des Kotelettmuskels und die Fettauflage messen, bis hin zu vollautomatisierten Ultraschallsystemen (»AutoFOM«), die das Gewicht jedes Teilstücks schätzen können. Zum Teil erfolgt die Bezahlung dann auch nach dem Wert der einzelnen Teilstücke Schinken, Rücken, Schulter und Bauch. Auch wenn dieses Verfahren eher den echten Schlachtkörperwert abbildet, ist es aufgrund der komplexen Preisfindung für Landwirte sehr viel schwieriger als früher, den Verkaufszeitpunkt der Tiere zu optimieren. Was jedoch keine Rolle spielt, sind objektive Qualitätsparameter, die mit dem Genusswert in Beziehung stehen; weder Fehlreifungen noch ein hoher intramuskulärer Fettgehalt verändern den Preis, der sich nur am Magerfleischgehalt festmacht. Eben alles genau so, wie es der Markt will.

9.6 Die Vollzerlegung: Traditionelle und exotische Produktlinien

In unserer Gesellschaft werden immer mehr Lebensmittel weggeworfen, wir gehen unachtsam damit um, denn sie sind billig, und viele Produkte haben unsere Wertschätzung verloren. Ein komplett anderer Trend, der unter dem Aspekt der Nachhaltigkeit höchst positiv zu sehen ist, ist der Trend zur Vollverwertung der Schlachtkörper. Es muss nicht Vollverwertung bei uns im Land sein, wie es Trendrestaurants mit Innereigerichten auf der Speisekarte versuchen. Milzwurst wird man in Bayern auf den Speisekarten finden, sonst eher weniger. Früher ging vieles in die Wurst, was man heute zum Teil als verwerflich ansehen würde, da die Wertschätzung zum Beispiel von Blut, Schwarten und Speck so gering geworden ist, dass der Verbraucher es als besseren Abfall sieht. Zudem tragen die pauschalisierenden Warnungen vor der Killerwurst (siehe Kapitel 4.3, S. 69) zu der niedrigen Wertschätzung bei.

Mit der Globalisierung der Märkte haben sich jedoch neue Vermarktungschancen für Produkte entwickelt, die früher nur als Abfall oder Tierfutter Verwendung finden konnten. Der Markt für sogenannte Nebenprodukte ist gewachsen, man spricht vom »fünften Viertel«. Die Firma Vion berichtet darüber mit plakativen Beispielen in der Septemberausgabe 2015 der Zeitschrift *ProAgrar* für die süddeutschen Bauern. Die Verwertung von Häuten zur Lederherstellung ist wohl vielen Verbrauchern geläufig; dass Blättermagen (ein Teil des Wiederkäuermagens), Ochsenmaul, Sehnen und Bullenpenis als hochgeschätzte Lebensmittel auf dem asiatischen Markt verkauft werden, ist weniger bekannt. Dass damit ein Preisaufschlag verbunden ist, zeigt das Beispiel Rinderpenis, der früher für 80 Cent das Kilo in die Hundefutterproduktion ging (der bekannte Ochsenziemer) und heute für fast 5 Euro pro Kilogramm für den asiatischen Mark geliefert wird (das ist übrigens mehr als das Dreifache von dem, was deutsche Landwirte gerade für ein Kilogramm Schweineschlachtkörper bekommen!). Das ist schon etwas anderes als das ewige Beispiel, dass wir mit Billigfleisch oder wenig geschätzten Teilen die lokalen Erzeuger in armen Entwicklungsländern ausbooten. Es ist vielmehr Vollverwertung aufgrund unterschiedlicher Ernährungspräferenzen im positiven Sinn.

Beim Schwein sind solche exotischen Produkte die Masken (Haut vom Kopf), die Gesäugeleiste von Sauen oder auch die Füße und Schwänze der Schweine, die die deutschen Verbraucher nicht (mehr) schätzen. Auch Innereien gehören dazu. Interessant ist dabei, dass die Schlachtunternehmen, die den chinesischen Markt beliefern wollen, einerseits eine spezifische Zulassung haben müssen (und bestimmte Hygieneauflagen erfüllen müssen). Zudem müssen die Schweine, deren Teile nach China gehen, in Deutschland geboren, gemästet und geschlachtet werden. Wohl Ausdruck der hohen Bedeutung der Produktsicherheit für diesen Markt. Allerdings erfüllen immer weniger Tiere diese Anforderungen: bereits heute produzieren wir nur noch 75 Prozent der Ferkel, die dann in Deutschland gemästet werden. Da müsste es auch im Interesse der Schlachtunternehmen sein, die Ferkelerzeugung in Deutschland nicht weiter zum Opfer der Strukturanpassung werden zu lassen. Diese Absatzmärkte tragen auch dazu bei, dass die CO_2-Bilanz pro Kilogramm Endprodukt dann günstiger ausfällt als bei ausschließlicher Bezugsbasis Muskelfleisch.

In diesem Sinne positiv ist auch der zunehmende Trend zu sehen, dass in großen Schlachtunternehmen aus dem Blut, das mit Hohlmesser recht hygienisch gewonnen wird, Rohstoffe für Kosmetik und Pharmazie gewonnen werden oder der Blutgerinnungshemmer Heparin aus der Darmschleimhaut von Schweinen isoliert wird. Diese Vollverwertung ist jedoch mit Konzentration und Spezialisierung verbunden, was strukturell nicht rundum positiv bewertet werden kann.

Markus Eberhardinger
Von Kopf bis Fuß: Vollzerlegung und was für Gerichte daraus entstehen

Viele Gerichte, die nicht aus reinem Muskelfleisch bestehen, werden hauptsächlich von Metzgern gepflegt, da diese in der täglichen Arbeit ständig damit konfrontiert sind, die Wirtschaftlichkeit nicht außer Acht zu lassen, und so die Verarbeitung von Kopf bis Fuß seit jeher praktizieren. Außerdem sind die Wurst- und die Sülzenproduktion gerade Zubereitungsarten, bei denen man ohne die herrlichen Stücke wie Kopf, Fett, Innereien und

Blut nicht besonders viel hinbekommen würde. Ich werde nun ein wenig von der Wurst weggehen und eher auf gekochte Gerichte eingehen, die von Gastronomen und Hobbyköchen eher stiefmütterlich behandelt werden, da die Zubereitung oft mit vielen Arbeitsschritten verbunden ist. Zum anderen möchte ich auf einige Stücke eingehen, die in der Vollzerlegung anfallen und ebenfalls eine großartige Steakqualität bieten, weitab von Filet und Rücken, und so gerade eine große Renaissance erleben.

Der Kopf
Bei dem Kopf gibt es eine Vielzahl an Gerichten mit zahlreichen Variationsmöglichkeiten, zum Beispiel den Kalbskopf.

Die Maske vom Schädel mit einem Messer ablösen (benötigt etwas Geduld), mitsamt den Backen in einem Sud mit Salz, einer Spickzwiebel (Zwiebel mit Nelke und Lorbeerblatt) bis kurz vor dem Siedepunkt garen, bis sie gallertig weich ist. Nun werden Maske und Backen in kleine Würfel geschnitten, mit Salz, Pfeffer, Senf, Zitronenzeste und etwas von dem Kochsud abgeschmeckt, in eine Form gepresst und kalt gestellt. Dies ist die Basis für weitere Zubereitungsarten: dünn aufgeschnitten und mit einer Vinaigrette mariniert oder auch in Würfel geschnitten, paniert und in heißem Fett gebacken.

Das *Hirn* ist seit der BSE-Krise in den 1990er Jahren weitestgehend von den Speisekarten und aus Kochtöpfen verbannt worden. Es ist aber trotzdem ein herrliches Stück, das man für Suppen nutzen oder leicht mehliert in Butter anbraten kann.

Bei der *Zunge* wird oft, wenn ich mit anderen Menschen darüber spreche, als einziges Gericht die gepökelte Rinderzunge in Madeira-Sauce genannt, die es alljährlich zu Weihnachten gab oder gibt und meine Gesprächspartner zwischen Graus und Freude trennt. Für dieses doch so polarisierende Gericht benötigt man eine Rinderzunge, die in einem Sud mit Wurzelgemüse, Lorbeer, Wacholder, Piment, schwarzem Pfeffer und etwas Zitronenschale gekocht wird. Die Sauce wird aus einer Mehlschwitze (Butter und Mehl) mit Madeira, dem Kochfond und Sahne hergestellt. Die Zunge aufschneiden und in dem Kochfond wieder erwärmen und mit der Sauce und Kartoffelpüree servieren.

Die Zunge kann aber auch in vielen anderen Varianten zubereitet werden, ob gepökelt oder auch nicht, ob vom Rind, Kalb oder
Schwein. Was stets aber bleibt, ist das Kochen im Fond, um die
von Anfang an zäh wirkende Zunge in ein herrlich zartes, saftiges
Stück zu transformieren. Danach dürfen der Koch, die Köchin kreativ werden: ob in Aspik, kalt mariniert, als saftige Würfel in einer
Sauce oder als Einlage in klaren Brühen.

Das für mich herrlichste Schmorgericht sind die *Backen*, welche
von einer dicken Sehne durchzogen sind, die sich nach langem
Schmoren in ein saftiges Gallert verwandelt.

Die *Füße* beim Schwein bestechen durch Sehnen und Schwarte,
sie sind nicht das gefälligste Stück, aber auch nicht unbrauchbar.
Aus Schweinefüßen kann man tolle Fonds gewinnen, welche ideal
als Basis für Saucen und Sülzen sind. Ist der Fond erst einmal
erkaltet, verwandelt er sich in einen festen gelierten Klumpen, welcher erahnen lässt, welche Kraft in den Füßen steckt.

Eine andere Möglichkeit beim Schweinefuß ist das Hohlauslö-
sen und Füllen: zum Beispiel mit Knödelmasse oder mit einer ge-
wolften Füllung aus Schweinebauch, Pistazien und Gewürzen als
Zampone, dem italienischem Klassiker aus Schweinefuß. Dieser
wird gegart und dann kalt aufgeschnitten, angebraten und serviert.

Das *Fett* ist in der Küche ein wichtiger Geschmacksträger, es
macht Fleischküchle saftiger, aber man kann stark durchwachsene
Stücke auch über lange Zeit bei niederer Temperatur darin konfie-
ren (garen). Früher wurde oft Fleisch zum Abhängen und Lagern
in Talg gelegt, um es so vor Sauerstoff zu schützen. Etwas unge-
wöhnlicher und auch aus der Mode gekommen ist das Backen mit
Talg und Schmalz. So werden in vielen alten Stollenrezepten als
Zutaten Talg und Nierenfett genannt anstatt Butter. Die klassische
Brezel wird auch mit Schweineschmalz zubereitet und nicht mit
Butter oder dubiosen High-Tech-Fetten.

Die Innereien

Bries ist die Thymusdrüse von Kälbern und Lämmern, die vom
Herz Richtung Hirn wächst, der Geschmack erinnert an Hirn, ist
von der Konsistenz aber etwas fester. Das beste Teil vom Bries

ist das Stück, das am Herzen liegt, es ist weniger sehnig als das darüberliegende Stück, das schmaler und deutlich sehniger wird. Vor der Zubereitung muss das Bries gut gewässert werden, damit das Blut ausgewaschen wird, welches dem weißen Bries nach dem Garen graue unansehnliche Stellen verleiht. Nach dem Wässern wird das Bries entweder am Stück in einem Fond aus Wasser, Spickzwiebel (Zwiebel mit Lorbeer und Nelke) gegart. Dafür wird der Fond aufgekocht, das Bries zugegeben und einmal aufgekocht, dann wird das Wasser zurückgeschaltet und gesalzen, bei circa 80 Grad lässt man das Bries noch circa 30 Minuten ziehen, bis es gar ist. Danach kann das abgekühlte Bries noch geputzt werden, indem Fett und die äußere Hautschicht abgezogen werden. Anschließend kann es in Scheiben geschnitten und mehliert in Butter angebraten werden. Oder es wird in Röschen gezupft, die dann als Einlage in Ragouts oder Ragout fin verarbeitet werden.

Die andere Möglichkeit der Zubereitung besteht darin, das Bries im rohen Zustand zu putzen, in Röschen zu zupfen und diese dann roh zu gebraten. Der Vorteil daran ist, dass das Bries durch das Kochen eine teilweise sehr mürbe, mehlige Konsistenz bekommt, durch das direkte rohe Braten wird es saftiger.

Kutteln sind der Pansen (Magen) von Wiederkäuern, sie müssen nach der Schlachtung aufwendig gereinigt werden, weshalb der Pansen oft weggeschmissen wird, weil beim Verkauf eigentlich nur die Arbeit des Reinigens berechnet wird. Die Wertschöpfung entsteht erst durch die Zubereitung. Um die soll es jetzt gehen. Ich möchte auf meine liebste Art der Zubereitung eingehen, die sauren Kutteln. Zuerst werden die Kutteln in gesalzenem Essigwasser weich gekocht und in Streifen geschnitten.

- 800 g Kalbskutteln gekocht und geschnitten
- 50 ml Rapsöl
- 5 mittlere Zwiebeln
- 2 El Tomatenmark
- 1 El Mehl
- ¼ l Apfelessig

- ¼ l Kalbsjus
- ½ l Lemberger
- 3 Lorbeerblätter
- 6 Wacholderbeeren
- Zucker
- Salz
- Pfeffer

Die Zwiebeln in feine Würfel schneiden, salzen und zuckern. In dem Rapsöl dunkel anbraten. Das Tomatenmark zugeben und kurz mitrösten. Das Mehl zugeben und ebenfalls kurz mitrösten, mit Apfelessig, Lemberger und Kalbsjus ablöschen. Die Kutteln zugeben, dann Lorbeerblätter und Wacholderbeeren zugeben und circa 30 Minuten köcheln lassen, mit Salz und Pfeffer abschmecken.

Und nun stürzen Sie sich bitte nicht direkt auf die Kutteln, stellen Sie sie kalt und erwärmen Sie sie am nächsten Tag wieder. Dann schmecken sie wie viele Schmorgerichte einfach besser.

Auch können die Kutteln in Gläser eingeweckt werden, so halten sie sich im Kühlschrank mehrere Wochen. Dazu passen sehr gut Bratkartoffeln oder, wenn es schnell gehen muss, eine Scheibe Brot.

Nieren müssen wie Bries und Kutteln erst einmal gut gewässert werden, damit sie ihren starken Uringeruch verlieren, dann muss der Harnstrang entfernt werden. Danach werden sie portioniert und meist als Sautégerichte serviert, oft mit Essig oder Senf in der Sauce, da sie den vor allem bei Schweinenieren oft sehr urinösen Geruch mildern. Die Nieren sollten wie Leber nicht zu lange gegart werde, da sie sonst fest werden. Salzen dürfen Sie sie selbstverständlich vor dem Garen.

Selten geworden ist auch der Kalbsnierenbraten, ein Rollbraten der mit einer ganzen Niere gefüllt ist und im Ofen geschmort wird. Bei den Kalbs- und Rindernieren ist auch das hervorragende Fett zu erwähnen.

Herz ist die perfekte Innerei für alle, die keine Innereien mögen, der Geschmack erinnert an normales Muskelfleisch. Die Zubereitung beginnt aber wie bei vielen Innereien mit dem Wässern des aufgeschnittenen Herzens. Nun müssen noch Adern, Fett, Blutreste und die Klappen entfernt werden, dann kann es kurzgebraten oder geschmort werden.

Milz ist eine Innerei, die besonders bei der Verarbeitung in Suppen oder als Suppeneinlage Verwendung findet. Am Anfang der Verarbeitung steht immer das feine Hacken der Milz. Dann wird die gehackte Milz mit Ei, altem Brot, angedünsteten Zwiebeln, Salz und Majoran zu einer Farce verarbeitet. Zwischen zwei dünne Weißbrotscheiben gestrichen und in Butter gebraten, entsteht die Milzschnitte, die als Einlage in klare Fleischbrühen passt.

Und dann gibt es da noch die Milzsuppe, bei der zuerst eine Einbrenne hergestellt wird und mit Fleischbrühe abgelöscht wird, dann kommt die gehackte Milz in die kochende Suppe, was ihr weitere Bindung verleiht. Mit Majoran, Salz und Pfeffer abschmecken. Wer es nicht ganz so rustikal mag, passiert die Suppe noch durch ein Sieb und gibt einen Schluck Sahne zu. Mit Croûtons servieren.

Lunge ist eine Innerei, die aus der bayerischen und österreichischen Küche nicht wegzudenken ist. Sie wird meist in einem Sud aus Wurzelgemüse gekocht, dann ausgepresst, damit der Sud aus der porigen Lunge gedrückt wird. Kalt in feine Streifen schneiden und mit Kochsud, Essig, Weißwein und Zitronenschale marinieren. Anschließend wird alles in eine helle Einbrenne gegeben und geköchelt, mit Sahne verfeinert und mit Semmelknödeln serviert.

Hoden ist ein bei uns eher schwer zu vermarktendes Teilstück, vom Geschmack ist es am ehesten mit Hirn und Bries vergleichbar. Wir hatten es nur einmal bei einem Themenabend vom Uria-Rind als Amuse-Gueule in dem Menü, gebacken mit Remouladensauce. Die Begeisterung der Gäste war sehr verhalten. Viele sagten zu mir, dass weniger der Geschmack das Befremdliche war, sondern der Hoden: »So was gibt es sonst doch nur im Dschungelcamp!?«

Kuheuter ist ein selten gehandeltes Stück, gekocht erinnert es von der teils gallertigen Konsistenz an Kalbskopf. Das Euter muss gut gewässert werden. Dann wird es in Salzwasser mit Wurzelgemüse gekocht, das dauert zwei Stunden. Erkaltet in Scheiben geschnitten und paniert und goldgelb in Fett ausgebacken, auch bekannt als Berliner Schnitzel. Besonders wehmütig bin ich, weil das Weisse Bräuhaus im Tal in München das gebackene Euter von der Karte genommen hat, trotzdem ist dieses Bräuhaus nach wie vor eine Anlaufstelle für alle, die Innereien lieben.

Blut wird in der Küche traditionell zum Binden von Saucen und Ragouts verwendet, der Name Pfeffer, der oft bei Wildgerichten fällt, kommt nicht etwa von der Verwendung des Gewürzes, sondern davon, dass das Gericht mit Blut gebunden ist. Dafür muss das Blut nach der Schlachtung kalt gerührt werden, damit es nicht klumpig wird. Dann wird es unter ständigem Rühren in das kochende Ragout oder die Sauce gegeben, sofort von der Flamme genommen und serviert.

Welche Stücke außer Filet und Rücken tolle Fleischqualitäten bieten
Das *Kronfleisch* (Zwerchfell) und der *Nierenzapfen* (Zwerchfell-pfeiler, die Aufhängung des Kronfleischs) zählen zu den Innereien. Das Kronfleisch ist ein gutes Stück für Suppenfleisch, der Nierenzapfen – auch Onglet genannt – eignet sich zum Schmoren und Kurzbraten. Das Flank Steak und das Flap Steak, das aus der Dünnung geschnitten wird, ergeben, wenn sie gegen die Faser geschnitten werden, hervorragende Steaks. Dieser Zuschnitt ist erst in den letzten Jahren aus den USA zu uns gekommen.

Das Fledermaus-Stück – verantwortlich für die Bewegungen des Beckenbodens – liegt etwas versteckt und flach auf dem Schloss-knochen im Hinterschinken. Aus dem Hüftknochen geschnitten, ist es, wenn es gut gereift ist, auch ein schönes Stück zum Kurz-braten, es ist aber schwer zu bekommen, da es bei jedem Tier nur einmal vorhanden ist und oft in die Wurstverarbeitung geht.

Das *Secreto* ist ein Teilstück, das mit der Vermarktung des Iberico-Schweins zu uns gekommen ist. Es ist ein grobfaseriges, fächerförmiges Fleischstück, das sich zwischen Rücken und Lendenspeck befindet und eine sehr starke Fettmarmorierung hat.

Hackfleisch ist oft eine Verzweiflungstat, wenn man nicht mehr weiterweiß, was man aus dem einen oder anderen Teilstück machen soll. Ich liebe Hackfleisch für Ragouts. Wichtig dabei ist aber, dass man dafür möglichst viele Sehnen darin hat, die das Fleisch nach längerem Kochen – dauert circa zwei Stunden – durch das dahinschmelzende Kollagen in ein saftiges Ragout verwandeln. Dies wird man mit einem schieren Supermarkthackfleisch oder mit Hackfleisch vom Metzger nie erreichen.

Die Anzahl an Gerichten quer durch alle Regionalküchen ist unzählbar und würde hier den Rahmen sprengen. Werden Sie selbst kreativ auf der Suche nach Ihrem liebsten Hackfleischgericht. Beachten Sie: nur kurze Garzeit für schieres Hackfleisch, für längeres Zubereiten aber immer möglichst viele Sehnen in den Fleischwolf geben, damit es schön saftig bleibt.

Das durch den Fleischwolf gedrehte Beinfleisch wird auch zum Klären der Consommé (Kraftbrühe) benutzt. Die intensivste Variante, das Fleisch in flüssiger Form zu genießen, ist der Beef Tea. Am besten in kleinen Mengen genießen, da er, vor gelöstem Kollagen strotzend, sehr intensiv ist und in Mengen einer normalen Suppe den Gaumen schnell überfrachtet. Dafür benötigen sie:

- 750 g Rinderwade
- 100 g Karotte
- 100 g Petersilienwurzel
- 100 g Sellerie
- 100 g Lauch
- 2 Eiklar
- 3 Stengel Petersilie
- 3 Stengel Liebstöckel
- 2 Pimentkörner
- 10 schwarze Pfefferkörner
- 1 Nelke
- 1 Lorbeerblatt
- 1 kleines Stück Muskatblüte

Alle Zutaten außer dem Lauch und dem Eiklar durch den Fleischwolf mit grober Scheibe drehen. Den Lauch in feine Streifen schneiden. Alle Zutaten gemeinsam vermischen und in ein Weckglas geben, den Deckel verschließen und in einem Wasserbad bei 180 Grad circa drei Stunden in den Ofen geben. Nach dem Garen das Glas aus dem Ofen nehmen und den Inhalt noch heiß durch ein Passiertuch gießen und in einem Topf auffangen. Beef Tea heiß servieren.

Die Knochen

Sie sind nicht nur Basis für Suppen und Saucen, sondern enthalten auch das Mark, welches sich ausgelassen zu Klößchen und Gratinierkrusten verarbeiten lässt. Mein Lieblingsmarkgericht ist der Markknochen von der Haxe, längs halbiert und im Ofen geröstet, dazu etwas Salz und eine Scheibe geröstetes Brot – für mich das beste und einfachste Gericht aus Mark.

Für Saucen und Suppen ist es besonders wichtig, dass die Knochen gut zerkleinert sind und so viel Oberfläche bekommen, um Röststoffe bei der Sauce anzunehmen und Geschmack abzugeben bei Sauce und Suppe. Am Anfang des Kochprozesses, egal ob die Knochen geröstet sind oder blanchiert, muss man sie für den Fond immer kalt ansetzen, so dass beim langsamen Aufkochen möglichst viel Geschmack herauskommt. Hier nun das Rezept für eine Kalbsjus:

- 1 kg Kalbfleischknochen
- 50 ml Rapsöl zum Braten
- 1 kleiner Sellerie
- 2 Karotten
- 4 Zwiebeln
- 50 g Tomatenmark
- 1,5 l Gemüsebrühe oder Kalbsfond
- ½ l Rotweinwein
- Salz
- Pfeffer, frisch gemahlen
- 1 Lorbeerblatt
- Piment
- Wacholder
- 1 El Mondamin

Die Kalbsknochen dunkel anrösten, das grob geschnittene Wurzelgemüse (Sellerie, Karotte und Zwiebeln) zugeben und mitrösten, das Tomatenmark zugeben und kurz mitrösten, mit der Gemüsebrühe und dem Rotwein ablöschen. Das Ganze zwei Stunden köcheln lassen. Nach der ersten Stunde die Gewürze zugeben. Durch ein Tuch passieren und weiter einkochen; bei Bedarf mit etwas Mondamin abbinden. Das ist die ideale Basis zum weiteren Kochen von Saucen und kann mit Knochen von verschiedenen Tieren variiert werden.

Und was wird Tierfutter?
Viele der oben genannten Innereien werden zu Tierfutter verarbeitet, so sind die Lungen im Schwäbischen das Hundefutter und in Bayern die Kutteln. Der Ochsenziemer und Haut sind getrocknet in Zoohandlungen als Kau- und Beschäftigungstherapie für Hunde zu erwerben.

9.7 Vom Reifen

Wie in Kapitel 8.6 und 8.7 dargestellt, laufen komplexe Vorgänge der Reifung nach der Schlachtung ab und sind in erheblichem Maß von den Umweltbedingungen beeinflussbar. Bei der Reifung von Fleisch steht zunächst der Stoffwechsel vor dem Einsetzen der Totenstarre im Vordergrund. Beim Eintritt des Rigors erreicht Fleisch die höchste Zähigkeit. Neben den oben besprochenen Fehlreifungen PSE und DFD ist für die absolute Zähigkeit und den Reifungsverlauf entscheidend, in welchem Zustand der Kontraktion die Totenstarre eintritt. Die Variante maximaler Verkürzung und damit höchster Zähigkeit tritt dann auf, wenn nach der Schlachtung zu schnell oder zu wenig gekühlt wird. Wenn Rinderschlachtkörper in den ersten 24 Stunden nach der Schlachtung bei Temperaturen deutlich unter 15 Grad gelagert werden, der pH-Wert noch hoch und Energie verfügbar ist, laufen Kontraktionen weiter. Ebenso kommt es zu Verkürzungen, wenn die Schlachtkörper bei über 20 Grad nach der Schlachtung gelagert sind.

Der physiologische Hintergrund ist bei hohen und niedrigen Temperaturen unterschiedlich: Bei niedrigen Temperaturen ist der

Rücktransport von Calcium in die Speicherorganelle gestört, da die Transporterpumpe versagt, bei hohen Temperaturen funktioniert zwar der Transport in die Speicherorganelle, das Calcium strömt aber sofort zurück, da es dort nicht zurückgehalten werden kann. Der Effekt ist dennoch der gleiche: Die Totenstarre tritt dann auf, wenn die maximale Verkürzung eingetreten ist. Der Muskel verkürzt sich um 30 bis 50 Prozent und ist dann entsprechend zäh. Man spricht von cold shortening (niedrige Temperatur) oder rigor shortening (hohe Temperatur). Diese Prozesse sind bekannt und werden im normalen Schlachtbetrieb kontrolliert.

Abbildung 11: Sarkomerlänge und Zartheit: Im gestreckten Zustand (b) ist eine überdurchschnittliche Zartheit erreichbar, während die maximale Verkürzung (c) extreme Zähigkeit bedingt (Ahnström, 2008)

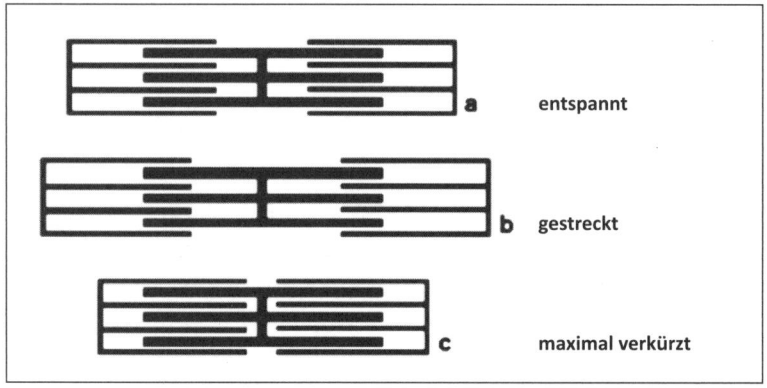

Spannend ist, dass die entgegengesetzte Kondition, die extreme Streckung, durch die Aufhängung des Schlachtkörpers gezielt erzeugt werden kann mit einem klaren Effekt für die Zartheit. Man spricht entweder vom »Tender Cut« oder von der Technik der »Pelvic Suspension«. Beim Tender Cut wird die Wirbelsäule durchtrennt, nicht aber der Roastbeefmuskel, so dass durch die Schwerkraft Zug auf den Muskel ausgeübt wird, der ansonsten durch die Wirbelsäule abgefangen wird. Bei der Pelvic-Suspension-Technik wird der Schlachtkörper am Hüftknochen aufgehängt. Hierdurch kommt es ebenfalls durch die Schwerkraft zu einer Streckung des Rückenmuskels und nicht zu einer Streckung der

Bauchpartie wie bei der klassischen Aufhängung an den Archilles-sehnen. Die Konsequenz: jeweils eine höhere Zartheit des teuren Rückenmuskels.[18]

Allerdings vermindert sich der Unterschied zum »normal« auf-gehängten Fleisch mit zunehmender Reifungsdauer. Während der Effekt zwischen beiden Aufhängungen nach vier Tagen hochsigni-fikant ist, ist der Unterschied bis Tag zwölf der Reifung nicht mehr statistisch abzusichern.

Die Fleischreifung nach dem Eintritt der Totenstarre ist einer der wichtigsten qualitätsbestimmenden Prozesse. Insbesondere die Zartheit, aber auch Saftigkeit und Aroma werden entscheidend beeinflusst. Wie in Kapitel 8.6 und 8.7 dargestellt, werden durch die Aktivität der unterschiedlichen körpereigenen Proteasesysteme die festen Eiweißstrukturen des Muskels gespalten. Je länger diese wirken können, umso zarter wird das Fleisch.

Die erforderlichen Reifezeiten unterscheiden sich je nach Tierart. Prinzipiell reifen Geflügel und Schwein kürzer (Geflügel mindestens 1,5 Tage, Schwein mindestens drei Tage), Kalbfleisch muss auch kürzer reifen (sieben Tage), da weniger unlösliche Kollagenverbin-dungen ausgebildet sind und altersbedingt die Aktivität der weich-machenden Fleischreifungsenzyme höher ist. Rindfleisch muss min-destens drei Wochen reifen, um eine einigermaßen gute Qualität zu erreichen; länger ist besser. Das gilt natürlich ganz besonders dann, wenn Fleisch nur kurzgebraten werden soll. Diese Zubereitungsart macht Fleisch nicht zarter, sondern sorgt nur für eine Kruste mit bra-tentypischen Aromastoffen (siehe Kapitel 8.8 und 9.8).

Wie bedeutend der Effekt längerer Fleischreifung ist, zeigt das Beispiel einer amerikanischen Studie. Es wurde die Zartheit (Scher-wert) des Fleisches von Rindern unterschiedlicher Altersgruppen bis zu zwölf Jahren verglichen und bei diesen Tieren der Effekt der Fleischreifungsdauer analysiert. Der Unterschied zwischen jungen (2 bis 4 Jahre alten) und (mehr als 10 Jahre) alten Rindern ist klei-ner als der Unterschied zwischen 1 und 10 Tagen Reifungsdauer.[19] Dabei gibt es unterschiedliche Methoden der Reifung, die ange-wendet werden können. Man unterscheidet zwischen der nassen Folienreifung und Dry Aging (Lufttrockenreifung). Sonderformen wie Aschereifung und Aqua Aging sollen hier nicht weiter bespro-chen werden. Prinzipiell ist Reifung ein schwieriges Geschäft, da man einerseits den körpereigenen Proteasen gute Bedingungen (lange Zeit, höhere Temperaturen) geben will, andererseits die mikrobiellen Verderbniserreger durch kurze Reifung und niedrige Temperaturen in Schach halten muss.

Die Trockenreifung war das klassische Verfahren, das bis in die 1970er Jahre angewendet wurde und dann in den letzten Jahrzehnten durch die Reifung in Folien abgelöst wurde. Damit waren unter hygienisch höchst stabilen Bedingungen und einfachem Handling die Reifung und der nachfolgende Transport möglich. Die Gewichtsverluste in der Reifungsphase waren ebenfalls gering, so dass diese Form der Reifung sich durchgesetzt hat. Voraussetzung für einen guten Erfolg dieses Reifeverfahrens ist ein hohes Hygieneniveau, damit in der Folie eine milchsäuredominierte Reifung stattfindet und keine unangenehmen Verderbnisaromen entstehen. Zudem entwickelt sich bei zu langem Wet Aging manchmal ein säuerlicher beziehungsweise metallischer Geschmack.

Dry Aging wurde dann wiederentdeckt und hat in den letzten Jahren zunehmend Fans gefunden. In den USA sind die am Knochen gereiften Rinderrücken schon seit Jahrzehnten Kult. Inzwischen werden die Dry-Aging-Liebhaber auch in Deutschland zahlreicher, und Dry Aged Beef wird bereits bei den normalen Discountern angeboten. Durch eine lange Reifung – mindestens vier Wochen – an der Luft, bei niedrigen Temperaturen und bei kontrollierter Luftfeuchtigkeit entstehen eigene, besondere Geschmacksnuancen, die meist mit nussig und buttrig beschrieben werden. Dabei wird dem Fleisch Wasser entzogen, so dass der Geschmack intensiver wird. Die Fleischreifungsproteasen sind während des Dry Aging aktiv, wodurch das Fleisch zart wird und sich der Geschmack entwickelt. Die Reaktion des Fetts mit dem Sauerstoff führt zur Entwicklung spezieller Aromen.

Für das Dry Aging soll Fleisch mit guter Fettabdeckung bei circa 60 Prozent Luftfeuchtigkeit am Knochen für 21 bis 28 Tage reifen, bevor es ausgebeint und zugeschnitten wird. Der Gewichtsverlust von bis zu 40 Prozent erklärt, warum Dry Aged Beef teurer ist als normal gereiftes Fleisch. Die Saftigkeit ist durch den Wasserverlust etwas geringer als beim Wet Aged Beef, dafür ist das Wasserbindungsvermögen hoch, so dass fast kein Bratensaft verloren geht und eine knusprige Anbratoberfläche entsteht.

Vor dem Verkauf müssen die Metzger die äußere Schicht weg-schneiden, weil sie durch den Trocknungsprozess hart geworden ist. Daher bietet sich das Dry Aging gerade für fettere Schlachtkör-per an, da die Fettschicht den Wasserverlust etwas bremst und die Abschnitte beim verkaufsfertigen Herrichten des Teilstücks aus Fett und nicht aus wertvollem Fleisch bestehen.

In Abbildung 12 ist der Wassergehalt von Dry-Aged- und Wet-Aged-Kuhfleisch nach 2 beziehungsweise 23 Tagen dargestellt. Es ist offensichtlich, dass erst nach 23 Tagen signifikante Unterschie-de bestehen.

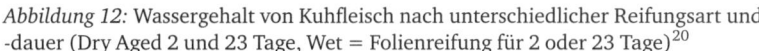

Abbildung 12: Wassergehalt von Kuhfleisch nach unterschiedlicher Reifungsart und -dauer (Dry Aged 2 und 23 Tage, Wet = Folienreifung für 2 oder 23 Tage)[20]

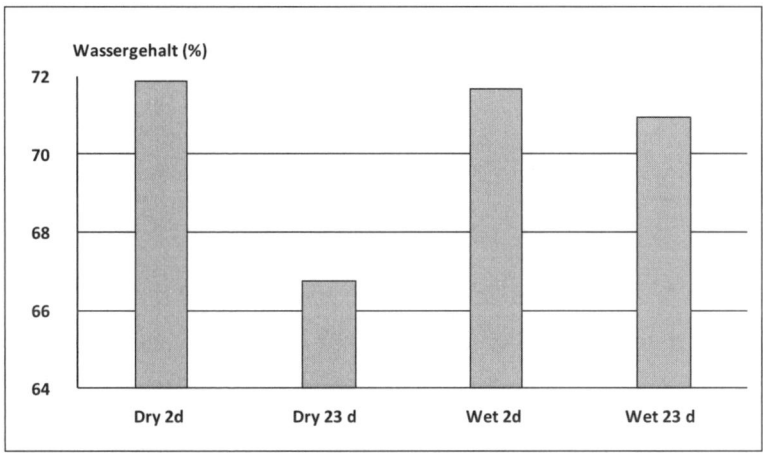

Durch den Wasserentzug und die Abschnitte kommt es jedoch zu erheblichen Gewichtsverlusten. Ein Vergleich beider Verfahren ist in Abbildung 12 und 13 dargestellt.

Beim Dry Aging ist auch das Hygieneniveau extrem wichtig, damit auf der Fleischoberfläche nicht Verderbniskeime überhand-nehmen. Zur Minderung des Risikos von unerwünschter Keim-besiedelung wird das Reifen zum Teil in speziellen Membran-Reifebeuteln durchgeführt, die das Risiko von Fehlaromen wohl vermindern und die weniger professionellen Kühlbedingungen im Privathaushalt partiell kompensieren. Professionell wird Dry Aging bei 3 bis 0 Grad Celsius durchgeführt, während die Luftfeuchtigkeit

Abbildung 13: Gewichtsverluste von Kuhfleisch durch den Zuschnitt allein sowie kombiniert mit dem Wasserverlust bei unterschiedlichen Reifungsmethoden[21]

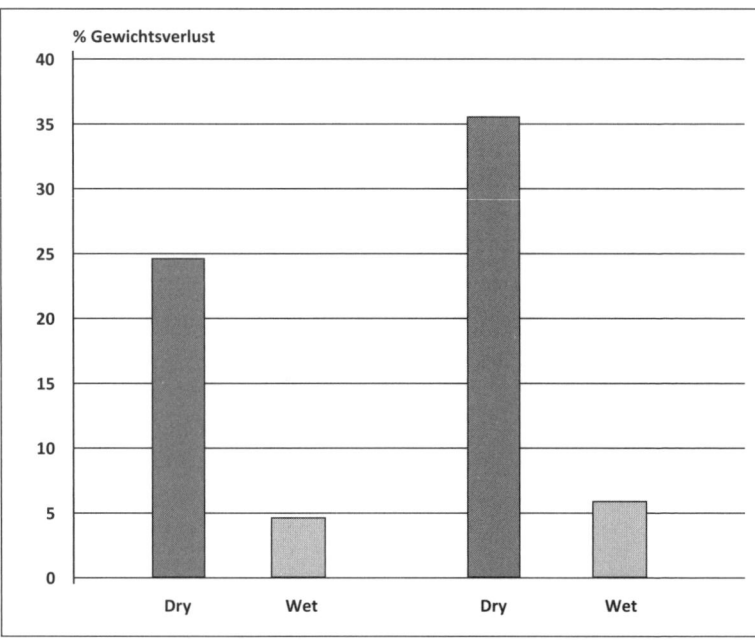

80 Prozent betragen und eine kräftige Belüftung sichergestellt sein soll. Reifebeutel bestehen aus einer semipermeablen (halbdurchlässigen) Membran. Das bedeutet, dass der Beutel wasserdampfdurchlässig ist, so dass das Fleisch trocknen kann, jedoch keine negativen Einflüsse von außen zum Fleisch gelassen werden.

Wie in der Studie von Li und Kollegen (2014) deutlich wird, ist das Risiko der Geschmacksabweichungen bei Verwendung von Reifebeuteln niedriger. Hier wurde auch eine klare Bevorzugung im Verbrauchertest von Fleisch, das mit der Dry-Aged-Methode (im Beutel) gereift war, nachgewiesen. Zwei Drittel fanden das trocken gereifte Fleisch in sensorischen Kriterien besser als das nass gereifte Fleisch. Andere Studien fanden keine Unterschiede zwischen dem unverpackt gereiften Fleisch und der Reifung in den Beuteln.

In der Studie von Dikeman und Kollegen (2013) mit qualitativ hochwertigem amerikanischem Rindfleisch waren Gewichtsverluste und Abschnitte bei trockener Reifung mit und ohne Reifebeutel gleich hoch (36 Prozent) und lagen sechsfach höher als beim in Folie gereiften Fleisch (6 Prozent Verlust und Abschnitte). Der Wassergehalt des gereiften Steaks war im Rohzustand bei den beiden Dry-Aged-Varianten niedriger (ohne versus mit Beutel: 67,7 und 69,5 Prozent), während das nass gereifte Steak 71,5 Prozent Feuchtigkeitsgehalt hatte. Nach der Zubereitung (Garen) waren die Unterschiede jedoch marginal: 63,1 bis 63,7 Prozent. Das bedeutet, dass natürlich beim Garen mehr Flüssigkeit bei den nass gereiften Steaks verloren geht. Im Rindfleischgeschmack waren bei der Verkostung geringere Unterschiede zwischen den Reifemethoden als zwischen unterschiedlichen Kerntemperaturen (62,8 versus 71,1 Grad) zu erkennen, hier schnitt die höhere Kerntemperatur schlechter ab.[22] Kein Wunder ...

Markus Eberhardinger
Verlust beim Reifen und Fleisch zu Hause reifen

Gut gereiftes Fleisch zu bekommen ist nicht einfach. Dies hat mehrere Gründe. Fleischreifen heißt Gewichtsverlust, und der Gewichtsverlust ist das, was dem Metzger am Ende des Tages in der Kasse fehlt. Zudem ist gereiftes Fleisch meist nicht so ansehnlich wie schlachtfrisches Fleisch, und der Verbraucher will natürlich leuchtend rotes Fleisch, was bei gut gereiftem Fleisch auch der Fall ist. Der Metzger verkauft aber nicht immer das perfekt gereifte Fleisch am selben Tag. Also liegt es den ganzen Tag in der Auslage und hat Sauerstoffkontakt, ist UV-Strahlen ausgesetzt, kommt abends wieder ins Kühlhaus, wird eventuell über Nacht vakuumiert, und dieser ganze Prozess begünstigt eben, dass Fleisch schneller oxidiert. Es ist dann nicht verdorben, aber niemand will es kaufen, weil es nicht mehr schön aussieht.

Das Fleisch zu Hause zu reifen, ist das eine gute Option? Ein normaler Haushaltskühlschrank ist dafür einfach nicht gemacht. Darin befinden sich zu viele Bakterien. Er ist zu warm, denn für die perfekte Fleischreifung braucht es 0 bis 2 Grad Celsius. Das nächste Problem ist, dass der Kühlschrank zu oft auf und zu gemacht wird. Sollten Sie es dennoch versuchen, Ihr Entrecôte selbst im

Haushaltskühlschrank abzuhängen, werden sie binnen einer Woche einen schleimig stinkenden Bollen Fleisch ihr Eigen nennen, denn auch die Luftfeuchtigkeit spielt bei der Fleischreifung eine Rolle. Wer sich die Fleischreifung zu Hause etwas kosten lassen will, kann sich einen Fleischreifeschrank zulegen, der die klimatischen Bedingungen erfüllt und nebenbei mit UV-undurchlässiger Scheibe ein dekoratives Element in Ihre Küche zaubert. Die einfachste Art und Weise, das Ganze zu umgehen, besteht meiner Meinung nach darin, für das Fleisch das zu bezahlen, was es wert ist. Und wer bereit ist, den Mehrpreis für gut gereiftes Fleisch zu zahlen, der wird es finden!

9.8 Vom Kochen und Braten: Garmethoden wissenschaftlich gesehen

Kochen und Braten erzeugen chemisch völlig unterschiedliche Aromen, das wurde in Kapitel 8.8 ausführlich dargestellt. Sie wirken auch unterschiedlich auf die Fleischstruktur. Kurzbraten macht Fleisch nicht zarter, daher nimmt man hierfür auch nur zartes Fleisch, zum Beispiel nach guter Reifung, von jungen Tieren und aus bindegewebsarmen Teilstücken. Langes Kochen oder Schmoren können Fleisch hingegen zarter machen, indem zum Beispiel kollagenes Bindegewebe in zarte geleeartige Stränge umgewandelt wird, die hohen Genuss versprechen. Das ist allen, die gerne kochen, vom Teilstück der Rinderwade oder beim Zubereiten von Osso buco bekannt.

Als neuere Methode wird das Sous-vide-Garen unter Vakuum in Folie bei niedrigen Temperaturen propagiert, um eine besonders hohe Zartheit und große Saftigkeit zu erhalten. Nach einer langen Garzeit bei niedrigen Temperaturen wird dann das Teilstück extrem kurz angebraten, um Röstaromen zu erzeugen, und anschließend serviert. Nachfolgend sind die zugrunde liegenden Vorgänge näher erläutert.

Beim Erhitzen verändern sich die Muskelproteine. Generell sind Proteine Ketten von Aminosäuren (Primärstruktur), die aufgrund der unterschiedlichen Seitengruppen der Aminosäuren eine spezifische Konfiguration in Lösung annehmen (Sekundärstruktur). Dabei spielen die Seitengruppen eine wichtige Rolle, da sie entweder prinzipiell unpolar und elektrisch neutral oder, wenn es Säure- beziehungsweise Basengruppen sind, polar sind, aber entweder mit einer elektrischen Ladung oder durch Ladungsausgleich unter bestimmten Bedingungen neutral vorliegen können.

Typische Sekundärstrukturen sind die Alpha-Helix, eine Beta-Faltblattstruktur oder eine Knäuelstruktur. Tertiäre und quaternäre Strukturen beschreiben die räumliche Struktur des Proteins und das Arrangement mehrerer Proteine. Im Fleisch liegen wichtige Proteine mit fibrillärer Struktur vor (Aktin, Myosin, Kollagen). Bei den fibrillären Strukturen führt das Erhitzen zu einem Auflösen der Strukturen, so dass die häufig gestreckten Strukturen sich zusammenziehen, während die geknäulten, globulären Proteine sich beim Erhitzen eher ausdehnen. Die fibrillären Proteine machen etwa 50 bis 55 Prozent des Muskelproteins aus, die sarkoplasmatischen Proteine etwa 30 bis 34 Prozent. 10 bis 15 Prozent sind die Proteine des Bindegewebes (überwiegend Kollagen [55 bis 95 Prozent]). Die sarkoplasmatischen Proteine sind gelöste globuläre Proteine, vorwiegend Enzyme und Myoglobin. Sie haben meist niedrige Molekulargewichte (17 000 [Myoglobin] bis 92 500 [Phosphorylase b]).

Konformationsänderungen der Proteine beim Erhitzen werden auch als Denaturierung bezeichnet, so dass die Temperatur, bei der das passiert, auch Denaturierungstemperatur genannt wird. Beim Erhitzen können sich Proteine zusammenklumpen (mit Verlust der Löslichkeit) oder ein Gel bilden.

Sarkoplasmatische Proteine aggregieren bei 40 bis 60 Grad, sie können aber in der aggregierten Form ein Gel bilden, das die fibrillären Strukturen zusammenhält. Sie haben einen positiven Effekt auf die Zartheit bei langem Erhitzen mit niedrigen Temperaturen (Anstieg von 0,1 Grad Celsius pro Minute beim Rind). Die Kollagenase-Aktivität bleibt bis zu 60 Grad erhalten, bei raschem Erhitzen und bei 70 bis 80 Grad Kerntemperatur ist sie inaktiviert. Die Dauer des Erhitzens muss jedoch mindestens sechs Stunden betragen, bevor ein substanzieller Effekt auf die Zartheit gegeben ist. In dieser Zeit treten jedoch auch die größten Saftverluste (absolut 25 bis 30 Prozent) auf.

Auch myofibrilläre Proteine sind ein Gemisch aus verschiedenen Proteinen, insbesondere Aktin und Myosin, die zu unterschiedlichen Temperaturen denaturieren. Bei 54 bis 59 Grad Celsius denaturieren die Myosin-Untereinheiten, bei 65 bis 67 Grad die sarkoplasmatischen Proteine, während Aktin zwischen 80 und 83 Grad denaturiert. Das Strukturprotein Titin denaturiert bei 78,4 Grad (Rind) beziehungsweise 75,6 Grad (Schwein).

Im Bindegewebe denaturiert Kollagen zwischen 53 und 63 Grad Celsius. Dabei zerbrechen die gestreckten fibrillären Strukturen, und die nicht mehr eingebundenen Kollagenfasern schrumpfen auf ein Viertel der ursprünglichen Länge bei 60 bis 70 Grad Celsius. Wenn diese Kollagenfasern nicht durch andere hitzestabile intermolekulare Bindungen stabilisiert werden (zum Beispiel Crosslinks), wandelt sich das Kollagen in Gelatine um. Sind viele Crosslinks vorhanden, bleibt die faserige Matrix länger bestehen. Bei jungen Tieren sind wenig thermal stabile Crosslinks in der bindegewebigen Umhüllung des Muskels (Epimysium) vorhanden, die Hüllen des Muskelfaserbündels (Perimysium) bestehen aus einer Mischung thermostabiler und -labiler Crosslinks, während die Umhüllung der einzelnen Muskelfasern (Endomysium) überwiegend hitzestabile Crosslinks aufweist. Je mehr hitzestabile Crosslinks im Bindegewebe vorliegen, desto höher ist die Festigkeit nach dem Kochen.

Beim Erhitzen eines Fleischstücks denaturieren – wie oben dargestellt – die verschiedenen Proteine nacheinander bei den unterschiedlichen Temperaturen. Dabei werden die Zellmembranen zerstört, es kommt zum Schrumpfen in der Länge und im Querschnitt, zur Zusammenlagerung und Gelbildung durch Sarkoplasmaproteine und zur Auflösung des Bindegewebes.

Die Schrumpfung der Myofibrillen und damit der Faserquerschnitte erfolgt meist zwischen 40 und 60 Grad Celsius, dadurch vergrößert sich der Spalt zwischen Bindegewebshülle und Muskelfaser. Die Verkürzung in der Länge der Fasern beginnt bei 40 bis 50 Grad. Bei 60 bis 70 Grad schrumpfen Bindegewebshüllen und Faserlänge gemeinsam in der Länge, das Ausmaß der Verkürzung steigt mit der Temperatur. Hauptsache ist, dass das intramuskuläre Kollagen vorwiegend das Perimysium um die Faserbündel in der Länge bei 64 Grad Celsius schrumpft.

Auch die Wasserbindung verändert sich beim Erhitzen. Im lebenden Muskel ist die meiste Flüssigkeit (80 Prozent) in den Zwischenräumen zwischen Aktin- und Myosinfilamenten gebunden. Ein pH-Abfall oder das rigor shortening (siehe Kapitel 9.7) führen zum Schrumpfen der Zwischenräume und damit zum reduzierten Wasserbindungsvermögen. Beim Garen steigt die Menge an Flüssigkeit zwischen Faserbündeln und der umgebenden Bindegewebsschicht bis zur Kerntemperatur von 50 Grad Celsius, dann nimmt sie ab, bis bei 70 Grad durch das Schrumpfen der Bindegewebsschicht wieder ein Minimum erreicht wird, danach quillt die Bindegewebsschicht um die Faserbündel auf und bindet dort Flüssigkeit.

Diese starken Flüssigkeitsverluste treten prinzipiell auch beim Sous-vide-Garen auf, können aber durch eine Zugabe/Injektion von Salz massiv vermindert werden, da mit dem Salzen das Wasserbindungsvermögen steigt.[23]

All das hat Konsequenzen für die Textur und damit die Zartheit. Beim Erhitzen von Schweinerücken auf unterschiedliche Kerntemperaturen nimmt die Zartheit bei 50 bis 65 Grad Celsius zu und sinkt dann bis 80 Grad langsam ab. Rindfleisch erreicht bereits etwas früher, bei 60 Grad Kerntemperatur, die höchste Zartheit.[24]

Abbildung 14: Entwicklung der sensorischen Punktbewertung (hohe Punktbewertung positiv) von Zartheit und Saftigkeit bei Schweinerückensteaks, die auf unterschiedliche Kerntemperatur erhitzt werden (nach Tornberg, 2005).

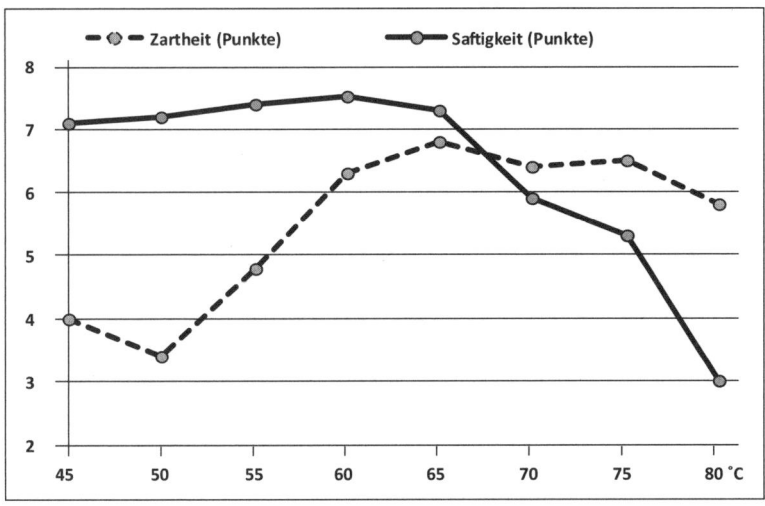

Die Abläufe beim Erhitzen sind für die verschiedenen Proteine sowie für die Textur der Abbildung 15 zusammengefasst.

Abbildung 15: Zusammenfassung der Vorgänge im Muskel beim Garen[25]

| °C | Veränderung | | Schrumpfung | Zartheit |
	Proteasen	Muskelproteine		
30				steigt
40	Calpaine und Kathepsine aktiv		Längenverkürzung der Fasern beginnt	
50				
		Kollagenase aktiv		Aus dem Verbund gelöste Kollagenfasern Schrumpfen auf ¼ der ursprünglichen Länge
	Calpaine deaktiviert (55°)		Sarkoplasmatische Proteine aggregieren 40–60° / Kollagen beginnt zu denaturieren (53–63°), fibrilläre Strukturen von Kollagen brechen auf / Myosin denaturiert (54–59°) Schrumpfung Faserquerschnitt	
60	(58–63°) Maximale Kathepsin-B- und L-Aktivität	Kollagenaseaktivität noch erhalten bei langsamem Erhitzen		Bindegewebshüllen und Fasern schrumpfen gemeinsam in der Länge
		Kollagenase-Aktivität nimmt ab	Kollagen und sarkoplasmatische Proteine denaturieren, Gelatinebildung (65–67°)	Maximale Schrumpfung Perimysium
70	Abnehmende Kathepsinaktivität	Kollagenase ist inaktiviert (70–80°)		nimmt ab
80			Aktin denaturiert (80°–83°)	

Auch beim Niedrigtemperaturgaren und beim Sous-vide-Garen von Fleisch laufen diese Umwandlungen von Bindegewebe ab. Bei 60 Grad Celsius kommt es schon zu ersten Veränderungen des Bindegewebes (Granulation), bei 70 Grad erfolgt die Umwandlung in die gelatineartige Form. Dies betrifft besonders die dünne Bindegewebsschicht, die jede einzelne Muskelfaser umgibt. Neben den Effekten auf die Zartheit und Saftigkeit bleibt beim Sous-vide-Garen unter Vakuum eine intensivere Fleischfarbe erhalten als beim Erhitzen im nicht vakuumierten Beutel.

Abbildung 16: Einfluss der Temperatur (60 bis 80 Grad Celsius) beim Sous-vide-Garen auf den Gewichtsverlust (Prozent) nach 6, 12 und 24 Stunden Garzeit bei Lammlachsen[26]

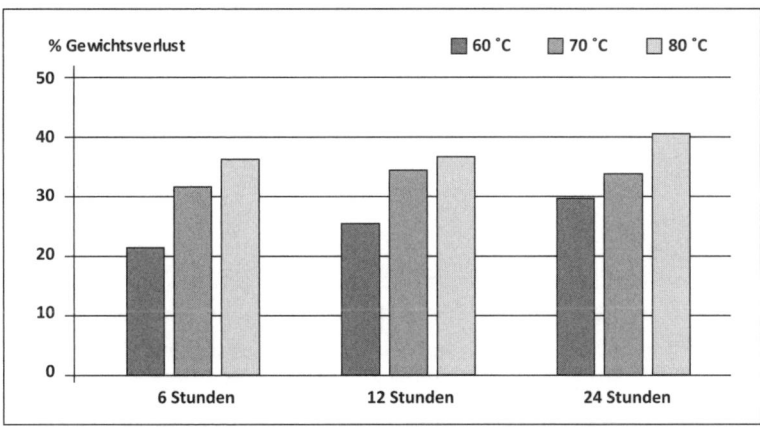

Die in engen Temperaturbereichen ablaufenden Prozesse der Reifung und Denaturierung von Proteinen erklären auch, warum Fleisch am besten erst dann gebraten wird, wenn es vorher auf Raumtemperatur erwärmt wurde. Dann ist die Wärmeleitfähigkeit im Fleischstück verbessert, und das Teilstück wird gleichmäßiger durch die Wärmebehandlung in den gewünschten Garzustand überführt.

Mit dem Wissen, was die Temperatur mit dem Fleisch macht, stehen Methoden zur Verfügung, gutes Fleisch auch so zuzubereiten, dass die Qualität erhalten bleibt, allerdings war und ist die Rohware für die letztendliche Produktqualität entscheidend. Zubereitung kann die Qualität, die in der Landwirtschaft entsteht, bestenfalls erhalten, nicht aber grundsätzlich verbessern.

Markus Eberhardinger
Viele Wege führen zum perfekten Steak

Methode 1

Das Fleisch salzen und in eine heiße Pfanne geben. Wenn das Fleisch viel intramuskuläres Fett enthält, braucht man kein zusätzliches Fett. Ist es schieres Fleisch, etwas Rapsöl in die Pfanne geben. Die Pfanne sehr heiß aufheizen und das Steak von einer Seite stark anrösten. Das Fleisch umdrehen, die Temperatur der Pfanne zurückschalten und so lange weiterbraten, bis der erste Tropfen Blut auf der Oberseite des Steaks austritt. Das Fleisch sofort aus der Pfanne nehmen, circa 2 Minuten an einem warmen Ort ruhen lassen. Das Fleisch ist jetzt medium.

Methode 2

Diese Methode habe ich mir von Stefan Marquard abgeschaut. Sie ist herrlich einfach für zu Hause oder wenn die Gäste doch später kommen sollten. Dann einfach das Fleisch aus dem Ofen nehmen und warten, bis sie da sind. Dann nochmals kurz im Ofen erwärmen und anschließend rein in die Pfanne.

Und hier die Methode: Das Fleisch salzen und zuckern und bei 65 Grad je 100 Gramm eine halbe Stunde bei trockener, stiller Hitze in den Backofen geben. Herausnehmen und in einer Pfanne kurz von beiden Seiten anbraten und servieren. Klingt komisch, funktioniert aber hervorragend.

Methode 3

Das Fleisch vakuumieren und bei 65 Grad 12 Minuten pro 100 Gramm im Wasser garen. Wer keinen Vakuumierer hat, nimmt einen Zipp-Beutel, legt das Fleisch hinein, taucht das Fleisch im offenen Beutel langsam in das Wasser, kurz vor der Oberkante des Wassers wird der Zipp-Beutel geschlossen, untergetaucht und wie das vakuumierte Fleisch gegart. Das Fleisch von beiden Seiten anbraten und servieren.

Methode 4
Der Infrarotofen bei 800 Grad Celsius: Das Steak bekommt eine
schöne karamellisierte Kruste, dauert nur eine Minute plus Ruhezeit. Das ist die Art der Steakzubereitung, wie sie in den USA
praktiziert wird. In Deutschland ist diese Methode mit den wie
Pilze aus dem Boden schießenden Steakhäusern längst ange-
kommen. Es gibt bereits ein Gerät für den Hausgebrauch mit
Gasanschluss.

Aber denken sie daran: Am Ende zählt einfach nur die perfekte
Wahl des Fleisches!

10 Was die Landwirtschaft kann: Beispiel Schweinefleisch

Schweinefleischerzeugung hat bei Verbrauchern nur einen mäßigen Ruf, obwohl Schweinefleisch mengenmäßig das wichtigste Fleisch der Deutschen ist. Insbesondere die Haltungsbedingungen werden als wenig tiergerecht empfunden. Wenig bewusst ist den Verbrauchern, dass die Schweinefleischerzeugung meist auf zwei hochspezialisierten Betriebszweigen basiert, die nur in Ausnahmefällen (dem sogenannten geschlossenen System) im gleichen Betrieb ablaufen.

10.1 Wie funktioniert die Schweinefleischerzeugung?

Ferkel sind die Basis

Im Ferkelerzeugerbetrieb werden Muttersauen und Eber zur Ferkelerzeugung gehalten und die Ferkel meist bis zu einem Gewicht von 25 Kilogramm aufgezogen. Die Trächtigkeitsdauer beim Schwein beträgt etwa 115 Tage, anschließend werden die Ferkel für durchschnittlich vier Wochen gesäugt, sie wiegen dann circa 8 Kilogramm. Etwa eine Woche nach dem Absetzen der Ferkel startet bei den Sauen der nächste Zyklus, in dem sie meist erneut besamt oder gedeckt werden. Damit beträgt der Abstand zwischen zwei Würfen circa 160 Tage, so dass in konventionellen Betrieben etwa 2,3 Würfe im Jahr erreicht werden, in Biobetrieben circa 2,1. Das ist kein extremes Leistungsniveau, denn auch bei Wildschweinen sind zwei Würfe pro Jahr bei guter Futterversorgung durchaus möglich.

Bei der Säugedauer sind mindestens 21 Tage die gesetzliche Vorgabe, in Biobetrieben müssen es mindestens 40 Tage sein. Wenn

Ferkel länger bei der Sau bleiben, verlieren die Sauen mehr Körpersubstanz während der Laktation. Wenn sie kürzer gesäugt werden, sind die Anforderungen an die Aufzucht höher. Das ist auch ein wesentlicher Grund für die längere Säugedauer in Biobetrieben, da es diesen schwerer fällt als konventionellen Betrieben, die hochwertige Eiweißversorgung durch die Sauenmilch zu vertretbaren Kosten durch entsprechendes Ferkelaufzuchtfutter zu ersetzen. Lange Zeit wurde auch in der Ökofütterung eine kleine Menge konventionell hergestelltes Kartoffeleiweiß eingesetzt, ein Abfallprodukt aus der Stärkeherstellung. Mit der anstehenden Umstellung auf 100 Prozent Ökofutter ist diese Proteinquelle nahezu hinfällig. Aus Biokartoffeln werden alle möglichen Produkte hergestellt, aber kaum Stärke, so dass dieses Biokartoffeleiweiß nicht verfügbar ist.

In der Säugezeit werden Sauen und Ferkel in einer Bucht gehalten; in wenigen Biobetrieben gibt es auch im Abferkelbereich Gruppenbuchten, so dass Sauen und Ferkel Kontakt mit anderen Sauen und deren Ferkeln haben. Dies ist aber extrem schwierig zu managen, da man Gruppen von Sauen braucht, die gleichzeitig abferkeln und sich vertragen.

In der Ferkelerzeugung sind die kritischen Diskussionspunkte einerseits die Größe der Würfe, anderseits die Haltungsform (Fixierung der Sau). In den letzten Jahren wurde die Zahl der Ferkel, die pro Sau und Jahr erzeugt werden können, deutlich gesteigert. Dem ging eine lange Phase mit wenig Fortschritt in der Ferkelzahl pro Sau und Jahr voraus. Von Mitte der 1960er bis in die 1990er Jahre stagnierte die Ferkelzahl bei 18 bis 19 Ferkeln pro Sau und Jahr, obwohl in der Reduzierung der Verluste in der Säugephase durch Impfungen, Optimierung der Hygiene sowie bessere Zufütterung deutliche Fortschritte erzielt wurden und die Zahl der Ferkelverluste um ein Drittel gesenkt wurde. Seit Ende der 1990er Jahre werden nun vermehrt Sauen mit superfruchtbarer Genetik eingesetzt, die insbesondere mehr Ferkel pro Wurf zur Welt bringen.[1]

Die Unterschiede pro Wurf sind auf den ersten Blick nicht sonderlich groß: Im Durchschnitt sind es bei diesen Sauen 14 Ferkel gegenüber circa 12 bei den klassischen Genotypen. Sauen haben heute meist 14 bis 16 Zitzen, so dass diese Zahlen zu passen scheinen. In norddeutschen Erzeugerringen werden so über 27 Ferkel, in einigen Betrieben regelmäßig über 30 Ferkel pro Sau und Jahr erzeugt.

Ein Problem stellen die extremen Ausreißer nach oben dar, bei denen eine Versorgung aller Ferkel durch die Sau nicht mehr sichergestellt werden kann. Im Normalfall machen Landwirte hier einen »Wurfausgleich«, das heißt, die überzähligen Ferkel, deren Versorgung durch die Mutter gefährdet ist, werden baldmöglichst an andere Sauen mit gleichalten Ferkeln gesetzt. Hierdurch soll eine optimale Versorgung sichergestellt werden. Ferkel sind das einzige, womit in diesen Betrieben Geld verdient werden kann, auch wenn es im Dezember 2015 gerade mal lächerliche 35 Euro pro Ferkel mit 28 Kilogramm gab, so dass es für den Landwirt von höchstem Interesse ist, möglichst wenig Ferkel zu verlieren.

Mit der Steigerung der Wurfgröße sind zwar die Verluste angestiegen, allerdings liegen sie mit durchschnittlich 15 Prozent immer noch deutlich unter dem Schnitt der 1960er und 1970er Jahre. Die Verluste erklären sich dadurch, dass mit steigender Wurfgröße das Gewicht des einzelnen Ferkels sinkt. Zwar sind diese Ferkel immer noch deutlich schwerer als Frischlinge (600 bis 1 000 Gramm Geburtsgewicht), die aber mit diesem Gewicht wesentlich vitaler sind als Hausschweinferkel. Die leichteren Hausschweinferkel nehmen direkt nach der Geburt später Milch auf als größere Geschwister und sind bei den heftigen Kämpfen um die Zitzen der Mutter im Nachteil. Diese schlechteren Startchancen führen auch zu höheren Verlustraten. Bei Geburtsgewichten unter 1 Kilogramm liegen diese Verluste bei 45 Prozent, während die schwereren Geschwister nur 5 Prozent aufweisen. Die unschönen Bilder von sterbenden Ferkeln, von unsachgemäßer Tötung der lebensschwachen Tiere haben dieses Themenfeld ungebührlich emotionalisiert. Unsachgemäßer, tierquälerischer Umgang mit Nutztieren ist indiskutabel. Allerdings muss man sich vergegenwärtigen, dass die natürlichen Aufzuchtverluste beim Wildschwein mit circa 40 Prozent weit über dem liegen, was in der Ferkelerzeugung Standard ist.

Es gibt jedoch neben dem Argument, dass tiergerechte Aufzucht und das Management der supergroßen Würfe extrem aufwendig sind, auch andere gute Gründe, zu einer etwas niedrigeren Wurfgröße, aber höheren Geburtsgewichten zurückzukehren: Wie bereits dargestellt (siehe Kapitel 8.1), ist Muskelwachstum nach der Geburt weitgehend auf eine Vergrößerung der angelegten Fasern begrenzt. Da sich beim Schwein aufgrund der kurzen Trächtigkeitsdauer die Faservermehrung bis kurz nach der Geburt hinzieht, haben solche Leichtgewichte weniger Fasern als schwere Ferkel. Sie können entsprechend auch nie das Muskelbildungsvermögen erreichen, das schwerere Ferkel haben. Auch wenn diese Differenz in der Mast- und Schlachtleistung zum Teil nur geringfügig ist, so bedeutet dies auch, dass die einzelne Faser deutlich größer werden muss.

Das hat teilweise erhebliche Konsequenzen für die Produktqualität, wie in Kapitel 8.3 ausgeführt. In einer Studie an Ferkeln unterschiedlicher Geburtsgewichtsklassen zeigte sich, dass die Tiere, die mit weniger als 1,2 Kilogramm zur Welt kamen, etwas langsamer wuchsen und niedrigere Schlachtgewichte erreichten als ihre schwereren Geschwister. Gleichzeitig war bei den leichteren Tieren der Schlachtkörper fetter und die Kotelettfläche kleiner, zeigte also Bedingungen, die normalerweise mit besserer Fleischqualität einhergehen würden. Bei diesen Tieren war jedoch das Wasserbindungsvermögen schlechter, und damit gab es auch höhere Tropfsaftverluste, da die einzelne Muskelfaser stärker wachsen und einen hoheren Querschnitt aufweisen muss, um die geringere Zahl angelegter Fasern zumindest partiell zu kompensieren. Wenn gute Fleischqualität bezahlt werden würde, wäre rasch ein Anreiz vorhanden, den Trend umzukehren und zu kleineren Würfen mit besser bemuskelten Ferkeln zurückzukehren.[2]

Zur Fixierung der Muttersauen im Zeitraum des Abferkelns und der Säugephase sei nur angemerkt, dass für eine rasche Geburtshilfe durch die Landwirte, die die Ferkelverluste bei und nach der Geburt vermindert, eine Fixierung sicherlich von Vorteil ist. Neben dem heute dominierenden Tierschutz muss auch der Schutz der Menschen gesehen werden, die mit den Tieren arbeiten. Gerade beim Einsatz von Lehrlingen, Praktikanten und Aushilfskräften bei der Geburtsüberwachung in größeren Beständen sind Schutzvorrichtungen essentiell. Die Fixierung erlaubt den Sauen das Aufstehen, Sitzen und Hinlegen, nicht aber das Umdrehen.

Als Alternative zur Fixierung der Muttersauen wird das »freie Abferkeln« insbesondere für Biobetriebe diskutiert. Um den Verlust an Ferkeln durch Erdrücken und Unterkühlung in einem solchen System so gering zu halten wie in Betrieben mit Fixierung, müssen Tiere wie Besitzer an dieses System gewöhnt sein. Die beschriebenen teilweise extrem hohen Ferkelverlustraten beim freien Abferkeln während und unmittelbar nach der Geburt werden wohl partiell dadurch kompensiert, dass im weiteren Verlauf die Aufzuchtverluste geringer sein sollen als bei Fixierung der Sauen. Hier ist ein erheblicher Verbesserungsbedarf gegeben. Befriedigend ist es nicht, sich zwischen Arbeitssicherheit, Ferkelschutz und Ausleben der natürlichen Verhaltensweise der Sau entscheiden zu müssen, ohne den Zielkonflikt wirklich lösen zu können. Darüber redet allerdings niemand offen mit den Verbrauchern.

Stattdessen finden sich polemische Horrordarstellungen wie im bereits erwähnten *Fleischatlas 2014*. Sie gehen an der Realität vorbei und dienen nur der Diskreditierung der konventionellen Landwirtschaft:»Erlaubt ist in der EU der Einsatz von Sexualhormonen. Sie werden Sauen im Stall gespritzt, damit alle den gleichen Zyklus haben. Natürlicherweise gebären Sauen ihre Ferkel, wenn die Tragzeit beendet ist, und werden erst wieder tragend, wenn die Säugezeit nach etwa sechs Wochen zu Ende geht. Industrielle Ställe mit zehntausenden Sauen folgen einer anderen Logik. Ihre Architektur mit tausenden von Eisengitter-Geburtsständen gibt vor, dass die exakt passende Anzahl Sauen zur gleichen Zeit gebären. Nach kaum drei Wochen Säugezeit soll die Sau mit Hilfe von weiteren Hormongaben sofort wieder tragend werden.«[3]

Sorry, liebe Autoren! Sie müssten eigentlich wissen, dass die gesetzliche Mindestsäugedauer 21 Tage beträgt und die durchschnittliche Säugezeit in konventionellen Betrieben bei circa 25 Tagen liegt. Danach braucht eine Sau circa 4 bis 7 Tage, bis der Zyklus wieder – natürlicherweise – in Gang kommt. Es heißt aber weiter:»Eine ›leere‹ Sau kostet nur. Sexualhormone sparen Arbeitskräfte bei Geburten am Fließband und bringen mehr Ferkel, allerdings auch mehr tote. So wird einkalkuliert, dass eine Sau mit Hormonbehandlung trotz ihrer maximal 14 Zitzen oft mehr als 15 Ferkel pro Wurf gebiert. ›Überzählige‹ Ferkel werden meist getötet.«[4]

Sorry, auch hier die Frage: Wer erschlägt das Einzige, mit dem er Geld verdienen kann? Zudem werden keine Sexualhormone Androgen oder Östrogene bei der Geburt eingesetzt. Aber im *Fleischatlas* sind alle Hormone gleich, auch wenn es der größte Humbug ist.

Weiter heißt es im *Fleischatlas*:»Bisher sieht kein Staat systematische Rückstandsuntersuchungen oder eine verpflichtende Kennzeichnung von Fleisch aus Hormonzucht vor. Über die eingesetzten Hormonmengen gibt keine Verbraucherschutzbehörde transparente Auskunft. Nur Pharmafirmen wissen, wo welche Hormone eingesetzt und wie viel an Wirkstoffen in welchem Land gekauft werden.«[5] Mit Verlaub, die eingesetzten Hormone sind bekannt, es gibt klare Risikoabschätzungen und Wartefristen, wenn die Sauen einmal geschlachtet werden. Eine Rückstandsbelastung der Mastschweine durch diesen Hormoneinsatz bei ihren Müttern ist ausgeschlossen. Selbst zur Besamung hormonbehandelte Sauen bringen die Ferkel erst dann zur Welt, wenn sie physiologisch ausgereift sind, ansonsten sterben mehr Ferkel, und es kann kein Gewinn erzielt werden. Es ist also im Sinn des gewinnorientierten Bauern, dass möglichst viele Ferkel überleben, damit er sie verkaufen kann, tote Ferkel bedeuten finanziellen Verlust. Auch werden von staatlichen Behörden Rückstandskontrollen durchgeführt (siehe Kapitel 3.1), aber um den Popanz zu nähren, verdreht man die Wahrheit.

Aufzucht und Mast

Wenn die Ferkel mit vier Wochen und einem Gewicht von circa 8 Kilogramm von der Sau abgesetzt werden, schließt sich die Aufzuchtphase bis circa 25 bis 30 Kilogramm an. In der etwa siebenwöchigen Aufzuchtphase nehmen die Ferkel etwa 450 Gramm pro Tag zu und können aus etwa 1,75 Kilogramm Futter ein Kilogramm Gewichtszunahme machen. So effizient sind die Tiere in keinem Stadium der Mast, da in der Aufzucht nur geringste Mengen an energiereichem Fett aufgebaut werden, Knochen und Muskelbildung haben absolute Priorität im Stoffwechsel. Die Aufzuchtphase ist jedoch für die Tiere extrem kritisch, da nicht nur der Stress der neuen Umgebung, sondern auch die massive Futterumstellung den Ferkeln zu schaffen machen. Die Ferkel haben in dieser Zeit höchste Ansprüche an die Futterqualität, während sie gleichzeitig sehr anfällig gegenüber Erkrankungen sind. Der Einsatz von Antibiotika erfolgt daher am häufigsten in dieser Phase und wird gern der Massentierhaltung angelastet.

In Gegenden mit bäuerlicher Betriebsstruktur wie etwa in Süddeutschland versuchen Landwirte, dadurch Kostendegression und andere Spezialisierungsvorteile zu erreichen, indem sie Schweine arbeitsteilig produzieren, um kleinbäuerliche Strukturen konkurrenzfähig zu erhalten. So gibt es spezialisierte Betriebe, die zum Beispiel Ferkelgruppen verschiedener kleinerer Ferkelerzeuger nach dem Absetzen aufziehen, bis sie in Mastbetriebe verkauft werden. Diese Betriebsform ermöglicht es auch bei geringer Betriebsgröße, größere, gesundheitlich einheitliche Ferkelpartien an Mäster zu verkaufen. Große Partien von mehr als 250 Ferkeln wurden beispielsweise im Juli 2015 pro Tier um 11 Euro besser bezahlt als Ferkel aus Kleingruppen von weniger als 50. Bei einem Ferkelpreis von 40 Euro (28 Kilogramm/100er-Gruppe) waren dies bei einer 250er-Gruppe immer noch 6 Euro mehr und damit entscheidend für die Wirtschaftlichkeit. Wenn aber ein Betrieb als Ferkelaufzuchtbetrieb Babyferkel von verschiedenen Betrieben aufzieht, ist eine antibiotische Versorgung der Tiere unumgänglich, um Krankheitsausbrüche in der Aufstallungsphase zu vermeiden. Dazu gibt es keine Alternative.

Ein gutes Beispiel, warum die vielbeschworenen kleinbäuerlichen Strukturen kein Allheilmittel für die Antibiotikaproblematik darstellen: Bei den dramatisch niedrigen Ferkelpreisen (35 Euro im Dezember 2015) erledigt sich dieses Problem bald von selbst, denn gerade die kleinen Betriebe halten das nicht mehr durch. Wir produzieren heute bereits zu wenig Ferkel, 25 Prozent aller Mastschweine werden im Ausland geboren und als Ferkel importiert. Mit festem Glauben an die selig machende Marktwirtschaft ignorieren wir, dass damit Strukturen zerstört werden, die nie wieder zurückgeholt werden können.

Die klassische Schweinemast umfasst den Gewichtsabschnitt von 30 bis 120 Kilogramm. Die Tiere werden dabei immer in Gruppen gehalten. Am besten ist es dabei, wenn Landwirte nach dem Rein-raus-Verfahren produzieren, das heißt, eine größere Gruppe Aufzuchtferkel wird gekauft und gemästet, danach der Stall komplett gereinigt und desinfiziert, erst dann werden neue Tiere aufgestallt. Dieses Verfahren reduziert das Risiko für Infektionen, die häufiger auftreten, wenn Tiere unterschiedlicher Herkunft gemischt werden, und trägt damit zu einer Reduzierung des Medikamenteneinsatzes bei.

Je nach Genotyp und Fütterung nehmen Mastschweine im Durchschnitt zwischen 700 und 1 000 Gramm pro Tag zu, so dass die Mastphase zwischen 13 und 19 Wochen dauert, die Tiere sind damit zum Schlachtzeitpunkt etwa 6 bis 7 Monate alt. Ein Schwein ist jedoch erst mit drei Jahren und mehr als 300 Kilogramm ausgewachsen, wenn man dies auf den Schluss der Wachstumsfugen des Skeletts bezieht. Der frühe Schlachtzeitpunkt erklärt sich dadurch, dass entsprechend den allometrischen Gesetzmäßigkeiten man im Wesentlichen die Muskelbildung nutzen möchte, ohne die nachfolgende massive Fettbildung in Kauf nehmen zu müssen. Mit einer normalen bedarfsgerechten Ration produziert ein Schwein in der Mast im Durchschnitt aus weniger als 3 Kilogramm Futter 1 Kilogramm Zunahme.

Die täglichen Zunahmen sind dabei im Gewichtsbereich um circa 75 Kilogramm am höchsten und sinken dann kontinuierlich ab, da der Fettanteil im Zuwachs immer größer wird und dieses energiereiche Gewebe etwa dreimal so viel Energie enthält wie entsprechende Muskelmasse. Die Futterverwertung, also die Menge an Futter, die für ein Kilogramm Zuwachs gebraucht wird, steigt von etwas über 2 auf 4,5 Kilogramm gegen Ende der Mast.

Zu Mastbeginn brauchen die Tiere entsprechend einen hoheren Proteingehalt im Futter als gegen Mastende, da ja zunächst der Muskelaufbau im Vordergrund steht. Mit fortschreitender Mast steigt der Fettansatz, so dass der Anteil an Rohprotein gegen Mastende nur noch etwa zwei Drittel des Anfangsgehalts beträgt. Das Futter soll einen hohen Energiegehalt und eine gute Verdaulichkeit haben und basiert meist auf Getreide. Als klassische Proteinquelle wird Sojaschrot oder Sojaextraktionsschrot aus der Ölgewinnung eingesetzt – vorher getoastet, um die antinutriven Stoffe zu reduzieren. Die Verminderung des Ölanteils ist gut für die Fettqualität, da Sojaöl einen Anteil von mehr als 60 Prozent PUFAs enthält, der Speck würde hierdurch schmierig und weich. Soja hat eine gute Aminosäurenzusammensetzung, die in Kombination mit Getreide sinnvoll ist. Die Bewertung des Futterproteins erfolgt im Vergleich zum Aminosäuremuster, das für die Proteinsynthese für Erhaltung und Wachstum erforderlich ist (»ideales Protein«).

Das Konzept des »idealen Proteins« gilt für alle Schweine, unabhängig davon, ob sie langsam oder schnell wachsen, früh- oder spätreif, fleisch- oder fettreich sind, energiereiche oder -arme Rationen mit hohem oder niedrigem Proteingehalt erhalten. Wenn die verfütterten Aminosäuren von dem Muster des idealen benötigten Proteins abweichen, so ist das Leistungsniveau durch die Aminosäure begrenzt, die zuerst ins Minimum gerät. Die anderen nun überschüssigen Aminosäuren werden nicht zur Proteinsynthese verwendet, sondern abgebaut. Entsprechend steigt die Ausscheidung von Stickstoff aus dem Aminosäurenabbau.

Bei Fütterung einer Ration aus 67 Prozent Getreide und 29 Prozent Sojaextraktionsschrot wird Lysin bedarfsgerecht, die schwefelhaltigen Aminosäuren und Threonin und Tryptophan jedoch im Überschuss gefüttert. Sie werden desaminiert und tragen zur verstärkten Stickstoffausscheidung bei. Prinzipiell wäre es möglich, ohne Leistungseinbuße den Sojaanteil auf fast 20 Prozent zu reduzieren, wenn Lysin und Methionin als freie Aminosäuren entsprechend dem Bedarf ergänzt würden.

Auf diese Weise lassen sich die eingesetzten Proteinmengen reduzieren, und der Stickstoffaustrag mit der Gülle ließe sich bis zu 30 Prozent vermindern, ohne dass negative Konsequenzen für Tier oder Produkt zu befürchten wären. Noch deutlicher sind die Effekte, wenn nur auf heimische Proteinquellen umgestellt werden soll, entweder um gentechnisch manipuliertes Soja auszutauschen oder eine nachhaltigere Produktion aufzubauen. Ackerbohnen und Erbsen besitzen aufgrund ihres hohen Protein- und Stärkegehalts einen guten Futterwert für Schweine, haben jedoch vergleichsweise geringe Anteile schwefelhaltiger Aminosäuren (Methionin/Cystin) und eine im Verhältnis zu Sojaschrot niedrigere Aminosäurenverdaulichkeit. Der Einsatz von freien Aminosäuren ist im Ökolandbau verboten und zwingt viele Betriebe, auf importiertes, weit gereistes Biosoja zurückzugreifen, um die Proteinqualität in der Schweine- und Geflügelfütterung sicherzustellen. Es ist zu hoffen, dass aktuelle Diskussionsansätze zur Zulassung von freien Aminosäuren in der Ökofütterung ein Umdenken bewirken; es würde den Einsatz heimischer Futtermittel erheblich einfacher machen.

Die ständige Reduzierung des Proteingehalts während der Mast ist nicht nur ökonomisch und aus Umweltgründen sinnvoll, sie entspricht vielmehr auch den Wünschen der Tiere: Wenn Schweine in Wahlversuchen die Möglichkeit bekommen, ihre Rationen selbst zusammenzustellen, reduzieren sie die Proteinaufnahme. In einer Studie aus Schottland wurden Large-White-Ebern im Gewichtsabschnitt 40 bis 100 Kilogramm zwei Futtermischungen mit unterschiedlichem Proteingehalt (12 und 22 Prozent Rohprotein) zur freien Wahl angeboten. Die Eber nahmen zwar mehr Protein auf, als in der jeweiligen Mastphase gefüttert würde, sie reduzierten jedoch den Rohproteinanteil in ihrer Ration kontinuierlich, so dass am Ende des Versuchs mastübliche Werte erreicht wurden. Dieser Versuch wurde auch mit einer sehr fetten chinesischen Rasse durchgeführt, die aber nur wenig Muskelbildungsvermögen besitzt. Während die Large-White-Eber zu Mastbeginn 19,4 Prozent Rohprotein wählten, ergab das von den Tieren der chinesischen Rasse gewählte Mischungsverhältnis nur 11,6 Prozent und stimmte mit ihrem hohen Fett- und geringen Muskelwachstum gut überein.[6]

Ziel der Mast ist es, ein Schwein zu erzeugen, das gut bezahlt wird. Der Markt bezahlt heute prinzipiell nach dem geschätzten Magerfleischanteil eines Schlachtkörpers oder dem Anteil der wertvollen Teilstücke wie Rücken und Schinken. Auch wenn Fett essentiell für den Genusswert und für den Landwirt teurer als Muskelfleisch zu erzeugen ist, so wird es in diesen Abrechnungsschemata nur negativ berücksichtigt. Fleischqualitätsmängel, wie die Fehlreifungen PSE oder DFD, hingegen spielen bei der Bezahlung keine Rolle. Dies macht deutlich, dass für den unternehmerisch denkenden Landwirt keinerlei Marktanreiz besteht, Fleisch mit einem guten Genusswert zu produzieren.

Entsprechend werden als Muttersauen Genotypen eingesetzt, die im Ferkelerzeugerbetrieb eine hohe Fruchtbarkeit bringen, und als Vaterlinien Genotypen mit hohem Muskelbildungsvermögen wie die Rasse Pietrain.

Die meisten Muttersauen sind heute Kreuzungstiere, oft aus Landrasse und Large White oder Edelschwein. Diese Rassen haben ein geringeres Muskelbildungsvermögen und sind relativ fett, da beim Schwein aus physiologischen Gründen eine Unvereinbarkeit zwischen hoher Fruchtbarkeit und hohem Muskelbildungsvermögen besteht. Ein Grund und Teilmechanismus liegt in dem besprochenen Zusammenhang zwischen Geburtsgewicht und Zahl der angelegten Muskelfasern. Diese Muttersauen sind zudem stressstabil. Das bedeutet in der Schweineproduktion jedoch nur, dass sie eine bestimmte, genetisch bedingte Veranlagung für die Entgleisungen des Muskelstoffwechsels nicht haben. Das wirkt sich auch positiv auf die Fleischqualität der Nachkommen aus.

Als Vaterlinien werden in Süddeutschland meist Pietrain- oder in Norddeutschland Pietrain- oder Duroc-Eber eingesetzt.

Die Rasse Pietrain verfügt über ein enormes Muskelwachstumsvermögen und erreicht Magerfleischanteile von über 60 Prozent. Aufgrund der Zusammenhänge zwischen Muskelmasse und der Faservergrößerung haben Tiere mit Pietrain-Anteil besonders viele große weiße Fasern in der Muskulatur. Gemäß den in Kapitel 8.7 (Fehlreifung) beschriebenen Zusammenhängen bedeutet das aber auch, dass die Tiere nach der Schlachtung besonders rasch viel Milchsäure bilden und sie daher ein hohes Risiko für die Fehlreifung PSE besitzen. Das Fleisch ist sehr mager, die Kotelettflächen sind groß, aber das Fleisch hat ein schlechtes Wasserbindungsvermögen und wenig intramuskuläre Fetteinlagerung. Damit ist der Genusswert äußerst mäßig.

Anders bei der Rasse Duroc. Es ist eine positive Entwicklung, dass nicht mehr überall in extremem Maß ausschließlich Magerfleisch verlangt wird und als Vaterlinie insbesondere in Norddeutschland vermehrt die robustere Rasse Duroc eingesetzt wird. Nachkommen von Duroc-Ebern bringen in der Praxis 2 bis 3 Prozent weniger Magerfleischanteil als die von Pietrain-Ebern, dafür wachsen sie schneller und der intramuskuläre Fettgehalt ist fast doppelt so hoch (circa 0,75 versus 1,5 Prozent intramuskuläres Fett).[7] Aus den dargestellten Gründen ist auch der Tropfsaftverlust geringer als bei Nachkommen der extrem fleischbetonten stressempfindlichen Pietrain-Eber. Auch in Biobetrieben werden Duroc-Eber oder Pietrain-Duroc-Kreuzungen als Vatertiere verwendet, da sie einen höheren Anteil an geschmacksbestimmendem intramuskulärem Fett garantieren.[8]

Diese Zusammenhänge erklären, warum – insbesondere von spanischen Produzenten – heute auch Fleisch von reinrassigen Durocs als Premiumprodukt zunehmend im Handel zu finden ist.

Im Vergleich hierzu bleiben die Standardkreuzungen am deutschen Schweinefleischmarkt in der Qualität weit zurück. Da der Anteil des intramuskulären Fetts meist nur in wissenschaftlichen Untersuchungen erfasst wird, liegen hierzu nur punktförmige Informationen vor. Zwar haben auch bei uns die alten Rassen (Angler, Schwäbisch-Hällische und Bunte Bentheimer) einen etwas höheren intramuskulären Fettgehalt als die modernen Typen, sie werden jedoch nur selten reinrassig angeboten. Auch die hochgelobten Schwäbisch-Hällischen Schweine sind für den normalen Markt nur als Kreuzungen mit der magerfleischreichen Rasse Pietrain absetzbar, die einen normal bemuskelten Schlachtkörper mit wenig Fett garantieren, dann aber die Fleischqualität schnell wieder auf das Normalmaß herunterfahren.

Für den Kunden ist es wichtiger, dass das Bild im Kopf stimmt: die ursprüngliche Rasse mit guter Fleischqualität. Dass die gute Fleischqualität hier durch die Erzeugergemeinschaft, aber auch durch eine hohe Prozessqualität erreicht wird (kurze Wege zum Schlachthof, gute Schlachttechnik), wird nicht weiter thematisiert. Spätestens seit Prince Charles eindrucksvoll ein schwarz-weißes Mohrenköpfle – ein schwäbisch-hällisches Ferkel – überreicht bekam, kennt die Republik die Rasse. Im Gegensatz zum weißen Normalschwein bietet diese Rasse Wiedererkennung und damit Markenpotenzial.

Mörlein und Kollegen haben in einer Studie wesentliche Fleischqualitätsparameter für übliche Mastgenotypen dargestellt.[9] Während die Kreuzungstiere ohne Duroc-Anteil fast zur Hälfte unter 1 Prozent beziehungsweise mit 85 und 90 Prozent unter einen intramuskulären Fettanteil von 1,5 Prozent bleiben, haben die Tiere mit Duroc-Anteil nur 20 Prozent Schlachtkörper mit intramuskulärem Fett von weniger als 1 Prozent, jedoch über 30 Prozent mit einem Fettanteil von über 1,5 Prozent.

In der Schweiz, mit höherem Preisniveau und höheren Qualitätsansprüchen, wird seit vielen Jahren bereits versucht, züchterisch den intramuskulären Fettgehalt zu steigern. 2 Prozent intramuskuläres Fett werden dabei als erstrebenswerte Untergrenze angesehen. Diese Anforderungen erfüllen jedoch auch bei den Duroc-Kreuzungen nur etwa 10 Prozent.

Das Wasserbindungsvermögen bei den Duroc-Kreuzungen ist ebenfalls besser als bei den anderen Genotypen. Der Anteil von Schlachtkörpern mit Tropfsaftverlust von mehr als 5 Prozent liegt bei ihnen bei über 40 Prozent, während der Anteil bei den beiden anderen Genotypen unter 30 Prozent bleibt.[10]

10.2 Schweinefleisch: Was kann die Fütterung?

Grundlage der Schweinefütterung sind stärkereiche Futtermittel auf Getreidebasis und eine hochwertige Proteinergänzung, wie oben dargestellt. Mit diesen Futtermitteln kann man in der Mast das genetische Leistungsvermögen im Wachstum und der Qualität realisieren. Die im Kopf mancher Verbraucher herumgeisternde »Schnellfütterung« mit negativen Konsequenzen für die Produktqualität, insbesondere das Wasserbindungsvermögen von Fleisch, existiert nicht. Eine selektive Förderung des erwünschten intramuskulären Fetts ist jedoch ebenso nicht möglich, ohne einen höheren Fettgehalt des Schlachtkörpers insgesamt in Kauf zu nehmen. Eine bessere Qualität ist daher primär eine Frage der Genetik. Wo Fütterung beim Schwein jedoch entscheidend auf den Genusswert einwirkt, ist bei der Fettzusammensetzung des Schlachtkörpers.

Schweine als Monogaster spiegeln in ihrem Körperfett sehr genau die Zusammensetzung des Futterfetts wider. Schweinefett kann als Qualitätsproblem eine zu weiche, ölige Konsistenz aufweisen und hat dann auch die Neigung zu ranzigen Fehlaromen, insbesondere nach Gefrierlagerung. Diese Konsistenz ist durch einen erhöhten Anteil an PUFAs bedingt, die zum Beispiel über die Futterkomponenten Sojaöl oder Mais in das Futter kommen können. Wird hingegen Sojaöl durch ein härteres Futterfett ersetzt, resultiert ein anderes Fettsäuremuster mit mehr Ölsäure und weniger PUFAs.[11] Werden Schweine fettfrei, aber mit ausreichend Energie gefüttert, synthetisieren sie viel Stearinsäure und Ölsäure. Diese Fettsäuren sind – wie in Kapitel 10.4 (High-End-Schwein) beschrieben – positiv für den Genusswert und die Haltbarkeit, insbesondere dann, wenn auch noch zusätzlich Vitamin E durch die Fütterung hinzukommt.

Die Konsequenz für die sensorische Bewertung von Fleisch insbesondere nach längerer Gefrierlagerung und Verarbeitungsprodukten ist jedoch ebenso deutlich (Tabelle 15).

Diese Prozesse lassen sich durch Verfütterung natürlicher antioxidativer Substanzen – wie Vitamin E – beeinflussen. Der Effekt ist insbesondere nach Gefrierlagerung deutlich.[13] Das sind keine Manipulationen aus dem Labor, sondern entsprechen dem, was in der Natur auch dann abläuft, wenn Vitamin-E-reiches Grünfutter

Tabelle 15: Mehrfach ungesättigte Fettsäuren (PUFAs) in der Schweinefütterung: Konsequenzen für die Produktstabilität und den Genusswert[12] (PUFA-Gehalt im Futter: 19 g PUFA/kg [niedrig] versus 35 g PUFA/kg [hoch])

	Niedriger PUFA-Gehalt im Futter	Hoher PUFA-Gehalt im Futter
PUFA-Gehalt im Rückenspeck (%)	16	26
Lagerdauer tiefgekühlt 1 Monat		
Ranziger Geruch	1,6	1,8
Thiobarbitursäure-Testwert	181	281
Lagerdauer tiefgekühlt 8 Monate		
Ranziger Geruch	1,8	2,0
Thiobarbitursäure-Testwert	388	430
Wurst		
Ranziger Geschmack	3,1	3,9
Ranziger Geruch	2,7	3,2

Sensorische Merkmale: 1 = keine Intensität, 9 = hohe Intensität

aufgenommen wird, wie weiter unten für die Iberico-Schweine, aber auch in Kapitel 11 für die Rinderfütterung ausführlich besprochen ist.

Neben der Strategie, über Fettsäurenzusammensetzung oder Antioxidantien die Qualität zu beeinflussen, kann auch über spezifische Fütterungsstrategien Einfluss genommen werden, allerdings bleibt die Gesetzmäßigkeit immer bestehen: entweder viel Muskelmasse oder viel Genuss.

Ein Beispiel aus den letzten Jahren kann dies verdeutlichen. Im Hype, dass Biofleisch doch besser schmecken möge, erregte eine wissenschaftlich valide Studie höchstes Aufsehen, dass bei Verfütterung heimischer Proteinträger nach Biovorschriften überraschende Ergebnisse erzielt wurden: Im Vergleich zu einer konventionellen Futtermischung mit Soja wurden als Eiweißquellen drei Mischungen, entweder Erbsen/Lupinen, Ackerbohnen/Kartoffeleiweiß (konventionell) oder Ackerbohnen/Lupinen eingesetzt. Weil die Proteinqualität solcher Rationen dem Bedarf der Tiere weniger entspricht als eine konventionelle Ration, waren höhere Rohproteinmengen in den Rationen erforderlich, um den Bedarf zu decken. Die drei Rationen führten zu recht unterschiedlichen Mastleistungen, die Bioration mit Ackerbohnen und Kartoffeleiweiß übertraf die konventionelle Ration sogar hinsichtlich täglicher Zunahmen und war auch in der Schlachtkörperbewertung nicht signifikant verschieden. Dieses Ergebnis sorgte jedoch nicht für Aufsehen.

Das Unerwartete war, dass bei den beiden lupinenhaltigen Rationen der intramuskuläre Fettgehalt mehr als doppelt so hoch war und den bisher unerreichbaren Wert von 2 Prozent locker übersprang. Plötzlich brach der Lupinenhype aus, man hoffte, das Wunderfuttermittel gefunden zu haben, das den intramuskulären Fettgehalt selektiv steigert.

Als Physiologen ist es unsere Aufgabe, Wasser in den Wein zu schütten, wenn alle begeistert sind, Skepsis zu streuen und den Glauben an Wundermittel zu erschüttern. Für uns erklärte sich der höhere Anteil an intramuskulärem Fett dadurch, dass in der Phase, in der der natürliche Schwerpunkt beim Muskelwachstum liegt und entsprechend ein hoher Proteinbedarf realisiert werden muss, die Tiere diese Lupinenration einfach nicht mochten und entsprechend in der Vormast mit circa 1,75 Kilogramm etwa ein Achtel weniger fraßen als die andere Gruppen. Dadurch konnte das Muskelwachstum in dieser entscheidenden Phase nicht entsprechend gefördert werden und blieb zurück. Es konnte auch nicht in der Endmast kompensiert werden, da sich hier der Stoffwechselschwerpunkt zum Fett verschiebt. Das Resultat: Der Kotelettmuskel bleibt über 12 Prozent kleiner, die Energie in der Endmast wird früher in Fett umgesetzt, so dass die Einlagerung als intramuskuläres Fett erfolgt.[14] Daher wird auch hier der höhere intramuskuläre Fettanteil mit mehr Auflagenfett erkauft, eine Entkopplung von der allgemeinen Fettbildung findet nicht statt.

10.3 Fütterung gegen Fehlaromen

Es gibt Aromaabweichungen bei Schweinefleisch, die durch Fütterung bedingt sind. Das bereits genannte Skatol ist eine der beiden Hauptkomponenten, die für Geruchsabweichungen bei Eberfleisch verantwortlich gemacht werden (siehe Kapitel 10.6), es kommt allerdings unter bestimmten Bedingungen auch im Fett von Kastraten und Jungsauen vor und kann abstoßend hohe Werte erreichen.[15] Das Fleisch hat dann eine fäkale Stallnote, es »schweinerlt«, wie man im Süddeutschen sagt. Skatol entsteht durch mikrobiellen Abbau der Aminosäure Tryptophan im Darm von Schweinen, aber auch anderen Spezies. Die Bildung und Einlagerung können bei Ebern höher sein als bei weiblichen Tieren und Kastraten, so dass Eberschlachtkörper diese Geruchsabweichung häufiger aufweisen. Skatol ist stark lipophil, also fettlöslich, und wird daher rasch ins Fett eingelagert, wenn die Skatolkonzentrationen im Blut erhöht sind. Die Skatolbildung wird neben Alter, Geschlecht und der Haltung erheblich durch die Fütterung beeinflusst.

Voraussetzung für die Skatolbildung ist, dass große Mengen an Tryptophan im Dickdarm (Colon) ankommen, ob unverdaut aus dem Futter oder als abgestoßene Darmzellen, das ist prinzipiell gleich. Zudem müssen spezielle skatolsynthetisierende Bakterien vorhanden sein, denen keine alternativen Energiequellen zur Verfügung stehen. Unter diesen Bedingungen kann Tryptophan nicht zum Aufbau von Bakterienprotein verwendet werden, sondern wird zur Energiegewinnung zu Skatol abgebaut. Weiterhin fördert eine hohe Resorptionsrate aus dem Darm die Einlagerung in das Fett, insbesondere dann, wenn die resorbierte Menge den Skatolabbau in Leber und Niere deutlich übersteigt.

Damit können drei Ansatzpunkte unterschieden werden, über die sich die Fütterung auf die Skatoleinlagerung auswirken kann[16]:

- Futtermittel, die die Menge der Vorstufe Tryptophan beeinflussen
- Futtermittel, die die bakterielle Skatolsynthese vermindern
- Futtermittel, die auf *Resorption* aus dem Darm und den *Abbau* in der Leber wirken

Ein Futtermittel, das zu mehr Tryptophan im Dickdarm führt und dadurch höhere Skatolwerte im Fett bedingt, ist Tiermehl. Seine Verwendung als Proteinquelle ist aktuell aus anderen Gründen untersagt, bei einer Lockerung des Verbots sollten auch diese Konsequenzen für die Qualität berücksichtiget werden. Andere Futtermittel steigern die Verfügbarkeit von Tryptophan im Colon, indem sie die Zellerneuerung ankurbeln. Für das Darmgewebe sind ein hohes Maß an Zellteilungen und entsprechend hohe Mengen an abgestoßenen Zellen nach Zelltod (Apoptose) charakteristisch. Die

Masse an abgestoßenen Zellen im Verdauungstrakt von Schweinen kann eine Größenordnung von 300 Gramm pro Tag erreichen, sie stellen die Hauptquelle des Tryptophan für die Skatolbildung dar. Die Lebensdauer der Zellen von der Teilung an der Zottenbasis, den Krypten, bis zur Abstoßung an den Spitzen der Darmzotten beträgt nur einige Tage (2 bis 6 Tage). Diese Zeitspanne ist nicht starr, sondern reagiert auf Fütterung, Haltungsbedingungen und Darmgesundheit und variiert zudem zwischen Darmabschnitten. Imbalancen zwischen Abstoßung und Neubildung führen zu Veränderungen der Zottenlänge. Wenn die Zellteilungen das Ausmaß der Apoptose übersteigen, werden die Zotten länger. Wenn aber die Zellverluste die Neubildung deutlich übersteigen, verkürzt sich die Zottenlänge. Dies ist typischerweise bei einer verminderten Darmgesundheit und häufig aufgrund der Futterumstellung bei Ferkeln nach dem Absetzen zu beobachten. In dieser Zeit steigt auch die Skatolbildung vorübergehend stark an.[17]

In der Mast steigern Futtermittel, die reich an Purinen sind, wie zum Beispiel Bierhefe, die Zellteilungsrate, da Nahrungspurine als semi-essentielle Vorstufen für die DNA- und RNA-Synthese fungieren. Ähnlich erhöhen auch energiereiche Futtermittel die Zellerneuerung, so dass im Praxisversuch bei Fütterung mit unterschiedlicher Energiedichte (12,6 versus 13,8 MJ umsetzbare Energie/kg) etwa doppelt so hohe Skatolkonzentrationen bei den Ebern gemessen wurden, die mit der höheren Energiedichte gefüttert wurden.

Eine entgegengesetzte Wirkung, das heißt eine verminderte Zellabstoßung und damit weniger Tryptophan für die Skatolsynthese, haben Futtermittel wie Kartoffelrohstärke, die unverdaut im Colon ankommen und dort mikrobiell unter anderem zu Butyrat abgebaut werden. Butyrat verlangsamt spezifisch die Zellabstoßungen, so dass in Kot, Blut und Fett signifikant niedrigere Skatolkonzentrationen gemessen werden.[18]

Futtermittel können zudem auf das mikrobielle Ökosystem im Darm wirken. So hatten Tiere, die mit einem Zusatz an organischen Säuren gefüttert wurden, signifikant niedrigere Skatolkonzentrationen im Blut als die Tiere der Kontrollgruppe. Ansätze, die Bildung von Skatol über die Zugabe von Pflanzenextrakten zu hemmen, werden diskutiert und sind vielversprechend, da diese bereits in sehr niedrigen Dosierungen ihre antimikrobielle Wirkung entfalten können. Es gibt allerdings noch einen großen Bedarf an systematischen Untersuchungen hierzu.

Auch der Zusatz von (für das Schwein) unverdaulichen Kohlenhydraten führte in mehreren Untersuchungen an Mastschweinen zu reduzierter Skatoleinlagerung ins Fettgewebe. Kohlenhydrate haben zwei grundsätzliche Effekte. Zum einen wird durch sie gezielt Energie für die Mikroorganismen im Colon zur Verfügung gestellt. In Anwesenheit von fermentierbaren Kohlenhydraten werden diese von den Skatolbildnern bevorzugt als Energiequelle genutzt, so dass der Proteinabbau vermindert ist, solange sie verfügbar sind. Zum anderen führt die mikrobielle Fermentation von Kohlenhydraten zu Veränderungen des pH-Werts innerhalb des Colons, welcher großen Einfluss auf das mikrobielle Ökosystem hat, so dass Skatolbildner zurückgedrängt werden. Die am häufigsten verwendeten Zusätze sind Kartoffelrohstärke und inulinreiche Präparate aus verschiedenen Pflanzen, etwa Chicorée und Topinambur. Inulin aus Chicoréewurzeln ist dabei schon in niedrigen Dosierungen wirksam, das heißt bereits in einer zugesetzten Menge von 6 Prozent.[19]

Der Zusatz von Tonmineralen wie Klinoptilolith oder Zeolith mit dem Ziel, Skatol im Darmlumen zu binden und der Resorption zu entziehen, führte nicht in allen Studien zu sinkenden Skatolkonzentrationen im Fettgewebe. Eine Vielzahl von Futterkomponenten kann jedoch auch die Aktivität der skatolabbauenden Enzyme in der Leber beeinflussen. Solche Effekte wurden für getrockneten Chicorée und die Verfütterung von Zuckerrübenschnitzeln nachgewiesen. Auch die Zulage von Leinsamen zum Futter führte zu niedrigeren Skatolkonzentrationen im Fett. Es ist allerdings unklar, ob dieser Effekt durch eine veränderte Enzymaktivität in der Leber bedingt ist oder auf einen höheren Anteil an ungesättigten Fettsäuren und den damit verbundenen rascheren Fett-Turnover und der damit einhergehenden Skatolauslagerung zurückgeführt werden kann.

Auch wenn in diesem Bereich noch erheblicher Forschungsbedarf vorhanden ist, bestehen jedoch gute Chancen, diese Komponente im Sinne des Verbraucherschutzes in naher Zukunft durch Fütterungsmaßnahmen sicher kontrollieren zu können.[20]

10.4 Was ist bei High-End-Schweinen anders: das Iberico-Konzept und der Mythos vom Eichelmastschwein

Auch wenn das Image des Schweinefleischs eher mäßig ist: Es gibt es, das High-End-Schweinefleisch und High-End-Produkte. Leider ist nicht alles, was sich mit diesem Etikett schmückt, aus wissenschaftlicher Sicht wirklich High-End-Fleisch. Diese Anforderungen wären hinsichtlich der Genetik eine feine Faserstärke mit Konsequenz für Fasertyp und Vermeidung von Fehlreifung, ein genetisch und produktionstechnisch realisierter hoher intramuskulärer Fettgehalt und eine Fütterung, die eine gute Fettqualität hinsichtlich der Fettsäurezusammensetzung und der Stabilität garantiert. Zudem muss produktionstechnisch alles getan werden, um Fehlaromen und Fehlreifungen zu vermeiden. Dann haben wir wirklich ein High-End-Fleisch.

Ein solches Produkt ist das bekannte Iberico-Fleisch oder auch das in Baden-Württemberg produzierte Stauferico-Fleisch. Die spanischen Iberico-Schweine (Schwarzfußschweine, »pata negra«) können zu unterschiedlichen lokalen Rassen/Schlägen gehören, wie in Abbildung 17 dargestellt ist. Es gibt schwarze (negra) und rote (colorado) Varianten.

Abbildung 17: Übersicht über die lokalen Rassen, die unter Iberischem Schwein zusammengefasst werden[21]

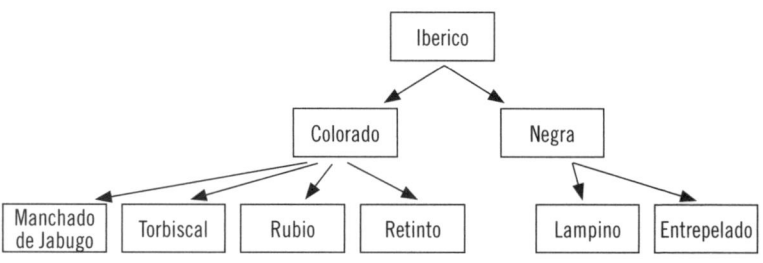

Die verschiedenen Schläge unterscheiden sich auch in der Fleischqualität, wie in Tabelle 16 für das Filet von schweren Schweinen mit 160 bis 180 Kilogramm Gewicht dargestellt ist. Bei 90 Kilogramm Lebendgewicht erreichen sie bereits 2,5 bis 3,3 Prozent intramuskuläres Fett im Kotelettmuskel, bei 150 Kilogramm ist dies auf 3,7 bis 5,3 Prozent angestiegen.[22] Entrepelados haben die höchsten,

Torbiscal die geringsten intramuskulären Fettgehalte. Sie liegen allerdings immer noch höher als die Werte von Kreuzungstieren mit Duroc.

Tabelle 16: Intramuskulärer Fettgehalt, Wasserbindungsvermögen, Myoglobingehalt und Zartheit des Filets von reinrassigen Ibericos und einer Kreuzung (160–180 kg Lebendgewicht, 12 Mon. alt, konventionelle Fütterung)[23]

Kriterium	Entre-pelado	Lampino	Retinto	Torbiscal	Iberico-Duroc-Kreuzung
Fettgehalt %	4,9	5,3	4,5	4,5	3,9
Wasserbindungsvermögen %	14,9	17,1	16,5	12,9	12,5
Myoglobin mg/100g	5,26	4,94	4,81	3,80	3,25

Reinrassige Tiere können als »Iberico puro« vermarktet werden, die Bezeichnung »Iberico« hingegen erlaubt es, Masttiere zu verwenden, die mit reinrassigen Muttersauen und einem Duroc oder Duroc × Iberico-Kreuzungseber erzeugt wurden.[24] Diese Tiere haben höhere Zunahmen und eine höhere Fleischleistung als das Iberico-puro-Schwein. Allerdings haben Iberico puro den höheren Gehalt an genussbestimmendem intramuskulärem Fett, wie in einer Studie deutlich wird.[25]

In dieser Studie wurden unterschiedliche Fütterungsvarianten mit Iberico puro und Iberico-Kreuzungen untersucht. Dabei übertrafen die reinen Ibericos die Kreuzungen hinsichtlich des intramuskulären Fetts, die Fütterung hatte hierauf keinen Effekt. Als Fütterungsvarianten wurden die traditionelle Montanera-Fütterung (Gras und Eicheln), eine normale Kraftfuttermast und eine ölsäurereiche Kraftfuttermast untersucht. Eicheln enthalten viel Ölsäure und Vitamin E (γ-Tocopherol), Gras etwa 50 Prozent α -Linolensäure (18:3 Omega-3) und ebenfalls sehr hohe Konzentrationen an Vitamin E (α-Tocopherol). Pro Tag der Montanera-Fütterungsphase frisst ein Schwein etwa die Eicheln von einem halben bis ganzen Baum (circa 8 Kilogramm, entsprechen 5,5 bis 6,5 Kilogramm geschälten Eicheln, zusätzlich circa 2 Kilogramm Gras). Der Rohproteingehalt in dieser Ration liegt bei circa 7 Prozent und ist damit viel niedriger als in üblichen Mastrationen.[25] Diese Kombination führt dazu, dass im Fett von klassisch gemästeten Iberico-

Schweinen fast 60 Prozent Ölsäure vorliegen sowie mehr Omega-3-Fettsäuren als bei Kraftfuttermast und dass zudem ein hoher Oxidationsschutz aufgrund der hohen Vitamin-E-Konzentration gegeben ist. Diese Faktoren bestimmen primär die Eigenschaften des Iberico-Fetts und machen den Geschmack aus. Entsprechend ergaben sich in der Studie keine großen sensorischen Unterschiede zur Eichelmast, wenn die Ölsäure durch Fütterung entsprechender Sonnenblumenkerne zugeführt wurde.

Alte deutsche Rassen wie die Bunten Bentheimer Schweine oder das durch das hervorragende Marketing bekannte Schwäbisch-Hällische Schwein bleiben hinter diesen Werten weit zurück und bieten entsprechend auch nicht den Genusswert. Zum Beispiel erreichen Bunte Bentheimer mit circa 90 Kilogramm Lebendgewicht nur 50 Prozent Magerfleischanteil, aber dennoch nur 1,5 Prozent intramuskuläres Fett im Kotelettmuskel.[26]

Ähnlich wie die spanischen Ibericos sind die Kreuzungen aus dem Stauferico-Programm zu bewerten, denn hier werden normale süddeutsche Kreuzungssauen mit Iberico-Ebern gepaart, so dass eine wirklich bessere Qualität resultiert. Der Preis ist hier allerdings die große Menge an schwer verkäuflichen fetten Teilstücken. Für Rückenspeck und Bauch gibt es bei uns nicht wirklich einen Markt, und dieses schlecht verkäufliche Fett ist in der Produktion sehr teuer.

Ebenso wie dem Verbraucher beim Kauf von Iberico-Fleisch nicht bewusst ist, dass es sich häufig um Fleisch von Kreuzungstieren handelt, sind auch die Haltung und Fütterung nur in den Verbraucherköpfen eindeutig; sie glauben daran, dass der gute Geschmack durch die Eichelmast und die Bewegung der Tiere bedingt ist. Das ist jedoch nicht der Fall.

Es kann in den Iberico-Programmen je nach Fütterungsregime ausgewiesen werden, ob überhaupt und, wenn ja, wie lange mit Eichelmast gemästet wurde. Diese Auszeichnung findet sich jedoch bestenfalls bei Hochpreisschinken und anderen Verarbeitungswaren. Beim Frischfleisch wird meist nicht differenziert.

Beim Pata-Negra-Schinken werden oft nur die Variante »Iberico« und »Bellota« ausgezeichnet. Während Schweine für den Iberico-Schinken mit Getreide gefüttert werden, stammt der Bellota- (oder Eichel-)Schinken von iberischen Schweinen, die sich eine gewisse

Zeit frei in den Kork- und Steineichenwälder Spaniens bewegen und sich dort von dem ernähren, was die Waldweiden ihnen zu bieten haben. Der Jamón Ibérico de Bellota ist der kostbarste und anspruchsvollste unter den spanischen Schinken und hat einen intensiven und komplexen Geschmack. Die Vorgaben für den Jamón Ibérico de Bellota (auch Montanera) sind: Schinken von Schweinen, die mindestens 75 Prozent der Iberico-Rasse entstammen und mindestens 40 Prozent ihres Lebendgewichts freilaufend und nur durch Früchte der Steineiche (*bellota* heißt »Eichel«) und Kräuter zugelegt haben.

Jamón Ibérico de Recebo: Schinken von iberischen Schweinen (mindestens 75 Prozent Iberico-Anteil), die mit Eicheln gefüttert wurden und dieser Mast mindestens 30 Prozent ihrer Gewichtszunahme verdanken, aber in der Endmast (*recebo*) vorwiegend Getreidefutter erhalten.

Jamón Ibérico de Pienso (auch de Cebo oder de Campo): Schinken von iberischen Schweinen (mindestens 75 Prozent Iberico-An-

Abbildung 18: Iberico-Schweine und Wildschweine lassen sich bei Freilandhaltung fast nicht trennen[28]

Tabelle 17: Übersicht über lokale Schweinerassen mit High-End-Potenzial und ihre intramuskulären Fettgehalte im Kotelettmuskel[29]

Land	Rasse	Prozent intramuskuläres Fett im Kotelettmuskel
Spanien	Chato Murciano	ca. 10
	Iberico	ca. 10 (3,3–29,2)
Frankreich	Pie Noir du Pays Basque	3,9
	Gasconne	3,2
Frankreich	Limousin	3,4
	Blanc de l'Ouest	2,9
	Korsische Rasse	8,2
Kroatien	Black Slavonian	ca. 6
	Turopolje	high
Italien	Casertana	2–5
	Cinta senese	>3
	Mora Romagnola	ca. 6
	Nero Siciliano	>3

teil), die mit Getreide gemästet wurden (*pienso* bedeutet »Getreidefutter«, *cebo* »Mast« und *de campo* heißt einfach »vom Lande«).

Die Freilandhaltung mit intensiver Bewegung hat in mäßigem Umfang Folgen für die Faserzusammensetzung (die roten Fasern werden relativ mehr), allerdings ist die Dominanz der weißen IIb-Fasern bei Ibericos sowieso weitaus geringer als bei den in Deutschland üblichen Rassen. Die Freilandhaltung macht jedoch auch erforderlich, dass nicht nur die männlichen Tiere kastriert werden (Ebergeruch verträgt sich nicht mit Premiumqualität), sondern auch die weiblichen Tiere. Diese Kastration ist natürlich schwieriger und belastender für die Tiere, allerdings ist bei dem Alter der Jungsauen zum Mastende ansonsten eine Trächtigkeit vorprogrammiert, vor allem da sich Wildschweine oft den Herden anschließen.[27]

Diese Information ist beim Verbraucher noch weniger bekannt als die Tatsache, dass männliche Tiere zwingend kastriert werden müssen, um eine hohe Produktqualität zu erreichen. Zudem verstößt diese Praxis ebenso wie die konventionelle Fütterung gegen das Idyll, das sich der Verbraucher beim Bild der Schwarzfuß-schweinmast in den Eichenhainen ausmalt. Fakt ist jedoch, Iberico-Fleisch – ob puro oder von Kreuzungen – ist ein echtes High-End-Produkt. Und es schmeckt nur geringfügig anders, ob es nun mit Eicheln oder mit Getreide erzeugt wurde, sofern die Fettsäurenzu-sammensetzung ähnlich ist und genügend Vitamin E in der Ration vorhanden war, egal ob es der Ration zugesetzt wurde oder in den Futtermitteln per se vorhanden war.

Andere südeuropäische Rassen sind weniger bekannt, obwohl manche auch das Potenzial zum High-End-Produkt haben. Tabelle 17 gibt eine Übersicht über lokale südeuropäische Rassen und ihre intramuskulären Fettgehalte im Kotelettmuskel.

Tabelle 17 zeigt, dass eine ganze Reihe ursprünglicher Rassen existieren, die einen viel höheren intramuskulären Fettgehalt ha-ben als unsere Genotypen. Allerdings ist die Ausnahmeposition der spanischen Genotypen und der korsischen Schweine ebenso offensichtlich.

10.5   Welche Qualitätsprobleme Schweinefleisch hat

Der Vergleich mit den Premiumqualitäten zeigt bereits, dass es eine erhebliche Bandbreite bei der Fleischqualität von Schweinen gibt. Problematisch ist allerdings, dass Verbraucher sich sehr schwer da-rin tun, gutes Fleisch zu kaufen, sofern es nicht als Markenprodukt spezifisch ausgewiesen ist. Von gutem Fleisch erwartet man, dass es schmeckt und zart ist. Die Einzelkriterien, die hierzu beitragen, sind – wie erwähnt – Zartheit, Saftigkeit und Aroma.

Anders als beim Rind wird die Zartheit beim Schweinefleisch weniger durch den Kollagengehalt und die Quervernetzungen des Bindegewebes beeinflusst, da die Tiere physiologisch ja viel jünger sind und die stabilen Vernetzungen erst mit zunehmen-dem Alter entstehen. Im Prinzip ist das Schweinefleisch aus der klassischen Produktion mit dem Kalbfleisch vergleichbar, da die Tiere zum Schlachtzeitpunkt erst etwas mehr als ein Drittel des Erwachsenengewichts erreicht haben. Das Bindegewebe wird daher beim längeren Erhitzen gallertartig und weich. Wenn

Schweinefleisch die bekannte mangelnde Zartheit aufweist, liegt dies meist an dem extrem niedrigen intramuskulären Fettgehalt oder – häufiger – an einer Fehlreifung, der Bildung von sogenanntem PSE-Fleisch.

Wie in Kapitel 8.7 bereits beschrieben entsteht diese Fehlreifung dann, wenn der natürliche Prozess der Umwandlung von Glykogen in Milchsäure nach der Schlachtung besonders schnell abläuft, so dass pH-Werte von deutlich unter 6,0 innerhalb der ersten Stunde nach der Schlachtung erreicht werden. Neben Membranschädigungen bedingt der sinkende pH-Wert, dass die Proteine immer weniger in der Lage sind, das natürlicherweise im Muskel vorhandene Wasser zu binden, so dass dieses Fleisch Wasser verliert, die Hydrathüllen der Proteine geringer werden. Dadurch wird das im Muskel eigentlich locker gebundene Wasser frei und geht als Tropfsaft verloren. Wenn der Prozess der Milchsäurebildung langsamer abläuft, kommt es nicht zu diesen massiven Membranschädigungen, das Wasserbindungsvermögen bleibt höher und Tropfsaft geht verloren. PSE-Fleisch ist in gebratenem Zustand zäh und fest, auch die Saftigkeit ist aufgrund des vermehrten Tropfsaftverlusts vermindert und das Aroma oft flach, da beim Braten weniger Röstaromen entstehen können, denn das Fleisch gart in dem austretenden Saft.

Die Fehlreifung PSE tritt vermehrt auf, wenn das Tier vor der Schlachtung gestresst wurde und keine ausreichende Ruhezeit hatte. In einer solchen Situation mobilisiert der Körper alle Energiereserven für eine potenzielle Flucht. Diese Vorgänge sind in den schnellen weißen Muskelfasern besonders ausgeprägt, die ohne Sauerstoff funktionieren und hohe Glykogenreserven eingelagert haben. Schweine haben generell mehr weiße Fasern als Rinder. Zudem wurde dieser Fasertyp durch die Selektion auf große Kotelettflächen züchterisch im langen Rückenmuskel extrem angereichert. Je größer der Kotelettmuskel ist, desto höher ist der Anteil an weißen Muskelfasern, desto größer ist zudem auch die einzelne Faser. Daher läuft bei den modernen Hochleistungstieren die Milchsäurebildung im Kotelettmuskel unter Stressbelastung besonders schnell ab und führt zur Fehlreifung PSE.

Neben diesen Einflüssen spielt eine Rolle, dass beim Schwein durch die Selektion auf extrem viel Magerfleisch unbewusst ein

Defekt in der Reizleitung des Muskels angereichert wurde, der sogenannte Ryanodinrezeptordefekt. Die irreführenderweise Ryanodinrezeptor genannte Zellorganelle ist eigentlich nur ein Calciumkanal, über den bei der Erregung der Muskelfaser die Calciumionen in das Sarkoplasma einströmen, um eine Kontraktion der Myofibrillen auszulösen. Eine verbreitete Mutation im Ryanodinrezeptor führt dazu, dass dieser Calciumkanal nicht mehr so sicher schließt und sich bereits bei moderatem Stress schlagartig öffnet.

Tiere mit diesem Defekt sind zunächst scheinbar normal, wenn es aber durch Stress zur physiologischen Vorbereitung der Fluchtreaktionen kommt, entgleist der Muskelstoffwechsel, es wird überschießende Energie mobilisiert und zu Milchsäure abgebaut, so dass der pH-Wert nach der Schlachtung extrem schnell absinkt. Die Körpertemperatur der Tiere steigt an, es kommt dabei häufig zu Kreislaufversagen.

Wenn solche Tiere geschlachtet werden, haben sie extrem häufig PSE-Fleisch in den am stärksten ausgebildeten Muskeln, also dem Kotelett, aber teilweise auch in Muskeln des Schinkens. Neben dem erhöhten Tropfsaftverlust kommt es auch zu einer schnelleren Inaktivierung der Fleischreifungsenzyme (insbesondere μ-Calpain) bei PSE-Schlachtkörpern, so dass das PSE-Fleisch auch nach zwei Tagen Reifung wesentlich zäher bleibt als normales Fleisch.[30]

Die Rasse Pietrain wird heute mit einem Gentest auf diese Störung des Calciumkanals untersucht, so dass sie inzwischen den Gendefekt nur noch selten reinerbig aufweist. Dennoch ist aufgrund der Fleischfülle und der zugrunde liegenden Muskelfaserzusammensetzung (Dominanz der weißen Fasern) davon auszugehen, dass die Fleischqualität durch diese Rasse nicht gefördert wird und die Gefahr der PSE-Fehlreifung fortbesteht. Dass dieses Problem noch nicht beseitigt ist, liegt daran, dass die Menge des Magerfleischs am Schlachtkörper – wie insbesondere Schinkengewicht und die Größe der Kotelettfläche – bei den empfindlichen Tieren höher ist und der Markt die Fehlreifung weder systematisch erfasst noch sanktioniert. Es lohnt sich also für die Landwirte nicht, gutes Fleisch zu erzeugen.

Der Verbraucher greift allerdings bevorzugt zum PSE-Fleisch, da dessen helle Farbe und der geringe Fettanteil den Vorstellungen von magerem Fleisch von jungen Tieren entsprechen. Die Genussenttäuschung ist jedoch vorprogrammiert.

Bereits in den 1980er Jahren wurde versucht, durch gezielte Kreuzungen die PSE-Problematik zu vermindern, ohne den Muskelfleischanteil zu reduzieren. Man setzte auf der Eberseite in Kreuzungsprogrammen zunehmend fleischreiche Tiere ohne den Ryanodinrezeptorendefekt ein, dadurch erlebte die Rasse Hampshire in Deutschland einen gewissen Aufschwung. Diese Rasse ist zwar nicht stressanfällig, hat jedoch einen anderen Gendefekt, der zunächst nicht negativ bewertet wurde.

Ein Teil der Hampshire-Tiere lagert besonders hohe Glykogenreserven im Muskel ein, so dass nach der Schlachtung der pH-Wert zwar zunächst normal sinkt, dann aber auf tiefere End-pH-Werte fallen kann als bei normalen Tieren. Grund dafür ist, dass ein bestimmtes Enzym, das für die Regulation der Energievorräte des Muskels bedeutsam ist, hier einen Defekt aufweist, so dass die Bildung von Glykogenreserven vermehrt abläuft. Damit steht für die postmortale Milchsäurebildung mehr Substrat zur Verfügung, der End-pH-Wert wird durch die vermehrte Säurebildung niedriger. Man spricht hier von der »acid meat condition«. Dadurch kann aber das Fleisch bei der Zubereitung – insbesondere der Kochschinkenherstellung – das locker von den Muskelproteinen gebundene Wasser nicht im Muskel halten, die Zubereitungsverluste steigen mit negativer Konsequenz für die Produktqualität. Bei Kochschinken ist dies durch eine verstärkte unerwünschte Bildung geleeartigen Fleischsafts zu erkennen. Bei normaler Zubereitung (Kurzbraten) hat Schweinefleisch mit einem End-pH-Wert von weniger als 5,5 eine geringere Zartheit, Saftigkeit und einen schlechteren sensorischen Gesamteindruck.[31]

Der verbreitetste Mangel ist der unzureichend niedrige Gehalt an intramuskulärem Fett, der zu einer verminderten sensorischen Qualität beiträgt. Hier gibt es allerdings einen unüberbrückbar scheinenden Konflikt zwischen der Bevorzugung von magerem Fleisch durch den Verbraucher und dessen Wunsch nach hohem Genusswert. Mageres Fleisch kann nie das Aroma und die Saftigkeit entwickeln, die durch einen höheren intramuskulären Fettgehalt garantiert wird. Eine aktuelle Studie zeigt diese Schieflage zwischen dem, was der Markt honoriert, und dem, was genussreich bewertet wird, sehr gut auf Abbildung 19.

Abbildung 19: Auswirkung des intramuskulären Fettgehalts (%) von normalem Schweinefleisch auf den Genusswert[32]

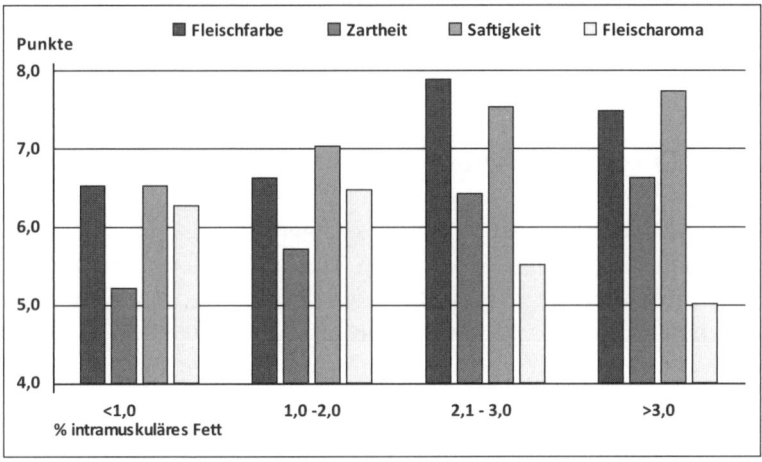

Abbildung 20: Sensorische Bewertung (Punkte) von Schweinefleisch aus unterschiedlichen Handelsklassen[33]

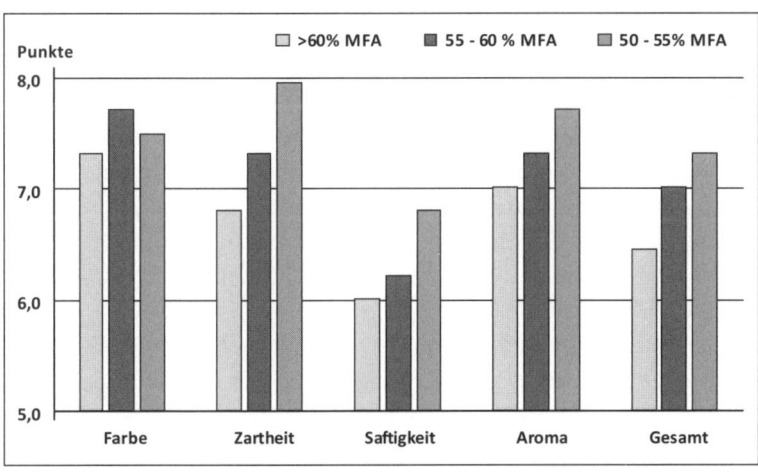

In Abbildung 20 wurde Schweinefleisch aus den verschiedenen Handelsklassen sensorisch bewertet. In fast allen Kriterien – Zartheit, Saftigkeit und Aroma sowie Gesamtbewertung – schneidet die fleischreichste Handelsklasse S (über 60 Prozent Magerfleischanteil) schlechter ab als E und U. Der Unterschied ist tendenziell bei allen Kriterien gleich, wenn auch am größten in der Zartheit.

10.6 Tierschutz contra Verbraucherschutz: die Ebermast

Eine der bedenklichsten Entwicklungen für die Qualität von Schweinefleisch wurde durch den Tierschutz ausgelöst: die Abkehr vom Reinheitsgebot für Schweinefleisch. Traditionell werden seit Jahrhunderten in Europa Eber kastriert, obwohl unkastrierte Eber ein besseres Wachstumsvermögen aufweisen. Grund für die Kastration war die Ausschaltung des extrem unangenehmen Geschlechtsgeruchs des Ebers. Eber bilden in den Leydigzellen des Hodens neben den klassischen männlichen Hormonen, den Androgenen, zusätzlich große Mengen an Estrogenen, den klassischen weiblichen Hormonen. Dieser natürliche anabole Supercocktail des Ebers macht sein Wachstum besonders effizient und führt dazu, dass er wesentlich weniger frisst als weibliche Tiere. Entsprechend hat ein Eber mehr Muskelmasse als weibliche Tiere und einen geringeren Fettanteil. Parallel zur Hormonbildung – und bisher nicht davon zu trennen – wird aus den Hormonvorstufen eine Gruppe von geruchsaktiven Steroiden gebildet, die als Pheromone in der Fortpflanzungsregulation eine große Rolle spielen. Diese Eberpheromone unterscheiden sich von den Hormonen insbesondere durch eine Doppelbindung am C-Atom Nummer 16 im Fünferring des Steroidgerüstes. Daher die Bezeichnung der Delta-16-Steroide, die keine Hormonwirkung haben, aber geruchsaktiv sind. Außer beim Eber findet sich diese Spezialität in der Steroidbiosynthese nur bei wenigen anderen Spezies, unter anderem dem Menschen.

Die Pheromone umfassen das urinartig riechende Androstenon sowie die beiden moschusartig riechenden Androstenole. Sie werden alle im Hoden gebildet und zu den Speicheldrüsen des Ebers transportiert, wo durch eine individuelle Mischung der drei Steroide das individuelle Herrenparfum des Ebers gebildet wird. Damit codieren Eber ihre Individualität in Territorialfragen, signalisieren ihre Rangordnung (nach dem Motto »wer viel stinkt, hat viel zu sagen«) und stimulieren vielfältige Reproduktionsphänomene bei der Sau. So wird der Pubertätseintritt durch diese Duftstoffe bei den Jungsauen beschleunigt ebenso wie bei den Altsauen der erneute Zyklusstart nach dem Ende der Säugezeit. Die Pheromone beeinflussen dabei direkt das Hormonsystem, so dass Jungsauen, die mit den Eberpheromonen in der Aufzucht Kontakt hatten, nicht nur früher in die Pubertät kommen, sondern auch besser entwickelte Uteri aufweisen als Kontrolltiere und mehr Ferkel im ersten Wurf zur Welt bringen können, obwohl sie jünger und leichter sind als isoliert aufgezogene Jungsauen. Bei der Paarung lösen diese Duftstoffe auch die Freisetzung des Hormons Oxytocin aus, das bei den Sauen den Transport der Spermien durch die meterlangen Uterushörner zum Befruchtungsort beschleunigt, so dass sie nicht vom Immunsystem der Sau attackiert werden können.

Diese faszinierenden Duftstoffe haben also eine hohe Bedeutung für die Fruchtbarkeit der Schweine. Entsprechend eng ist ihre Bildung an die Hormonbildung beim Eber gekoppelt. Um kurzfristige Schwankungen der Bildung auszugleichen, werden insbesondere große Mengen des urinartigen Duftstoffs Androstenon in das Körperfett der Eber eingelagert, so dass sie in Phasen reduzierter Synthese freigesetzt und in die Speicheldrüsen transportiert werden können. Während wir bei Hormonen im Konzentrationsbereich von einigen Nanogramm pro Milliliter Blut sprechen, sind die Konzentrationen von Androstenon im Körperfett um den Faktor 1 000 höher. Und hier liegt nun das Problem: Diese urinartige Geruchsnote wirkt auf Verbraucher, die die Duftstoffe beim Braten oder Verzehr wahrnehmen, alles andere als attraktiv.[34]

Dass es Diskussionen über Ebergeruch in Fachkreisen wie bei Verbrauchern gibt, liegt daran, dass – genetisch bedingt – nicht alle Menschen diese Substanzen riechen können. Für Menschen, die völlig insensitiv für Androstenon sind, ist Fleisch, das mit hohen Konzentrationen belastet ist, kein Problem, es schmeckt wie unbelastetes Fleisch. Wer allerdings sensitiv für Androstenon ist, empfindet den Geruch als äußerst unangenehm, während die Personen mit geringem Wahrnehmungsvermögen die Geruchsnote eher als neutral empfinden. Genetisch sensitive Menschen brauchen jedoch wohl mehrfache Exposition, bis sie wirklich sensitiv sind, während genetisch insensitive auch bei häufiger Exposition nicht sensitiv werden. Über den Anteil der sensitiven Personen gibt es widersprüchliche Befunde. So scheinen Unterschiede zwischen Ländern, aber auch zwischen Geschlechtern und Altersgruppen zu bestehen.

Zudem gibt es eine zweite fäkalartig riechende Substanzgruppe, die im Fleisch von Ebern erhöht ist und die aus dem Eiweißabbau im Darm stammt. Aufgrund der Wirkung des Androstenons und der männlichen Hormone auf den Leberstoffwechsel werden die Substanzen Skatol (stark fäkalartig) und Indol (schwächer fäkalartig) vermehrt in das Körperfett eingelagert. Skatol wird von fast allen Verbrauchern wahrgenommen und löst in weitaus geringeren Konzentrationen als Androstenon Ablehnung aus.[35]

Dass Eberfleisch damit für manche Verbraucher ungenießbar ist, war Hintergrund für die jahrhundertealte Tradition, männliche Schweine langfristig vor der Schlachtung zu kastrieren, um den unangenehmen Geschlechtsgeruch zu vermeiden. Allerdings gab es mehrere Versuche, dieses Reinheitsgebot für Schweinefleisch in Deutschland zu kippen. Während in den 1970er und 1980er Jahren dabei die besseren Wachstumsleistungen der Eber und ihre geringere Stickstoffausscheidung aufgrund der anabolen Hormone im Vordergrund standen, sind in der aktuellen Diskussion Tierschutzaspekte das Hauptargument. Die Kastration der Eberferkel erfolgt in der ersten Lebenswoche und wurde lange Zeit ohne Schmerzminderung und ohne Betäubung durchgeführt. Das war und ist legal, auch wenn heute das Wissen über die Schmerzempfindung von Jungtieren diese Praxis inakzeptabel macht. Der Hintergrund für die fehlende Betäubung waren nicht die Profitgier oder Brutalität der Landwirte, sondern lange Zeit die vorherrschende wissenschaftliche Sicht, dass neugeborene Lebewesen ein reduziertes Schmerzempfinden haben und daher auf Narkose und Betäubung verzichtet werden könne. Auch beim Menschen wurden Schmerzen bei Säuglingen als Reflex gedeutet: Von etwa 1880 bis weit in die 1980er Jahre ging man strikt davon aus, dass Kinder in den ersten Lebensmonaten so gut wie keine Schmerzen empfinden können. Diese Vorstellung basierte unter anderem darauf, dass der deutsche Psychiater und Hirnforscher Paul Emil Flechsig im Jahre 1872 herausfand, dass die Nervenzellen von Säuglingen nicht vollkommen funktionsfähig sind. Daraus wurde abgeleitet, dass das

Gehirn von Neugeborenen für das Schmerzempfinden noch nicht weit genug ausgereift sei. So kam es dazu, dass Säuglinge bis Ende der 1980er Jahre nur mit gering dosierter Narkose und ohne jegliche Schmerzmittel operiert wurden.[36]

Dabei handelte es sich auch nicht nur um kleine Eingriffe, auch große Operationen, bei denen das Öffnen des Brustkorbs erforderlich war, wurden ohne Schmerzmittel durchgeführt. Erst 1987 wurde in zwei Publikationen (beide von Dr. Kanwaljeet Anand, University of Tennessee) erläutert, dass sich offenbar die »Stressreaktionen« während der Operation bei jenen Säuglingen verringerten, die Schmerzmittel bekommen hatten. Das jedoch änderte an der OP-Praxis zunächst wenig, so dass sich erst in den letzten Jahren langsam ein Umdenken auf den Säuglingsintensivstationen bemerkbar gemacht hat. Wissenschaftler von der Universität Oxford haben kürzlich mit Säuglingen die welterste Magnetresonanztomografie (MRT) durchführen können und dabei festgestellt, was sicher viele Eltern noch nie bezweifelt haben: Säuglinge spüren natürlich Schmerzen – und das auch noch heftiger als Erwachsene.[37]

Diese Vorstellung von der Schmerzunempfindlichkeit wurde auch auf Jungtiere übertragen und erklärt, warum im Tierschutzgesetz die Praxis der unbetäubten Kastration in der ersten Lebenswoche beim Schwein erlaubt wurde. Mit der Erkenntnis, dass die gängige Kastrationspraxis Tierquälerei ist, verpflichteten sich die Landwirtschaft und die Fleischbranche im Rahmen der Düsseldorfer Erklärung zur Ferkelkastration 2008 dazu, bis 2018 eine Lösung zu finden. Allerdings wurde vorschnell als Königsweg der totale Kastrationsverzicht propagiert, ohne eine Lösung für die Problematik des Geschlechtsgeruchs zu haben, ohne zu wissen, wie man mit neuen Tierschutzproblemen umgehen will, die aufgrund der verstärkten sexuellen Aktivität und des aggressiven Verhaltens der Eber regelmäßig auftreten.

Eber erreichen die Pubertät noch vor dem Schlachten, die zunehmende Bildung der Hodenhormone macht ja die Ebermast so attraktiv. Allerdings hat die Natur an die Bildung der Hodenhormone auch Verhaltensweisen gekoppelt. Heranwachsende Eber sollen sich eine Rangordnung aufbauen – das geht nicht mit Wattebauschwerfen, sondern wird im Kampf ausgetragen. Wenn eine Rangordnung besteht, ist sie recht stabil, solange die Gruppe sich nicht verändert, also Tiere aus der Gruppe genommen werden oder neue hinzukommen. Die Rangordnung wird unter anderem durch die Konzentrationen an Androstenon und Androstenolen signalisiert. Den zunehmenden Sexualtrieb reagieren die Eber ab, indem sie – auch männliche – Tiere in der Bucht bespringen und einen Deckakt simulieren. Dabei schachten die Eber den Penis aus, eine Fähigkeit, die sie erst in der Pubertät erlangen. Kastraten können das nicht. Für andere unbeteiligte Masteber ist ein solcher ausgeschachteter Penis des Buchtengenossen wohl interessant, sie beißen hinein. Neben akuten Schmerzen für den Gebissenen konnten wir so in Praxisuntersuchungen bei über 80 Prozent der Masteber Vernarbungen, akute Verletzungen bis hin zu eitrigen Abszessen und Nekrosen an der Penisspitze nachweisen.

Da der Penis bei der Schlachtung normalerweise nicht freigelegt und weiter untersucht wird, wurde die Häufigkeit dieses Tierschutzproblems lange Zeit unterschätzt. Diese Probleme sind definitiv keine Folge der Massentierhaltung, auch bei Frischlings- und Überläuferkeilern konnten wir – wenn auch in geringerer Häufigkeit – solche schweren Penisverletzungen in der Paarungszeit finden, wenn sie von den alten Keilern von der Rotte vertrieben werden und eine ausgeprägte Libido haben. Offensichtlicher sind die massiven Kampfspuren am Schlachtkörper von Mastebern, die insbesondere dann auftreten, wenn beim Transport stabile Gruppen nicht aufrechterhalten werden können und die Tiere am Schlachthof länger warten müssen, bevor sie der Schlachtung zugeführt werden. Dass angesichts dieser bekannten wissenschaftlichen Befunde sogenannte Tierschutzorganisationen mit erpresserischen Methoden verfrüht den Lebensmitteleinzelhandel zwingen, bereits ab 2017 kein Fleisch von kastrierten Tieren mehr zu verkaufen, zeigt, dass es nicht um wirklichen Tierschutz geht, sondern um die Erzeugung von Emotionen. Auf mich wirken diese Aktionen so, als ob diese neuen Tierschutzprobleme bei den Verfechtern der Ebermast aus dem Spendensammellager des Tierschutzes willkommen sind, damit dem dann schockierten Verbraucher in einer nächsten Runde neue Schauerlichkeiten aus dem Schweinestall präsentiert werden können. Den schwarzen Peter haben die Landwirte. Mir drängt sich der Eindruck auf, dass es einigen Akteuren gar nicht um eine bessere Landwirtschaft mit Tieren geht, sondern um die ideologische Unterstützung einer veganen Lebensweise. Und das auf Kosten der Tiere, der Landwirte und der Verbraucher.

Dass dies nicht verschrobene Konspirationstheorien sind, zeigt ein Schreiben einer der Organisationen an Unternehmen des Lebensmitteleinzelhandels, in dem sie die Teilnehmer an der Initiative Tierwohl unter Druck setzen, vorschnell auf Eberprodukte umzusteigen, noch bevor ein echter Verbraucherschutz durch Kontrolle des Ebergeruchs gegeben ist, noch bevor die massiven neuen Tierschutzprobleme auch nur ansatzweise verhindert werden können.

Eine rasche Lösung für Verhaltensprobleme und den Geschlechtsgeruch wäre verfügbar, wird aber von Seiten der Fleischwirtschaft nicht akzeptiert, da man befürchtet, dass Verbraucher die Lösung nicht gut finden. Die Lösung besteht in einer Kastration durch Impfung. Sie basiert darauf, dass durch zweimalige Injektion eines spezifischen Impfstoffs die Bildung von Antikörpern beim Masteber ausgelöst wird, die ein Hormon blockieren, das die Aktivität der Leydigzellen des Hodens reguliert. Fällt es aus, so entwickelt sich der Hoden zurück, die Androstenon- und Hodenhormonwerte sinken. Es ist eine in Europa zugelassene Impfung, sie wird seit über zehn Jahren in Australien und anderen Ländern eingesetzt, in Belgien ist sie bereits in nennenswertem Umfang im Einsatz. Das Fleisch ist frei von Ebergeruch, wenn die letzte Impfung vier Wochen vor der Schlachtung verabreicht wird.

Da man aber von Seiten der Landwirtschaft ebenso wie von Seiten der Fleischwirtschaft den sachorientierten Dialog zugunsten eines romantisierenden, verklärenden Bauernhofidylls aufgegeben hat, weiß der Verbraucher bis heute nicht wirklich über Kastration und Ebergeruch Bescheid. Daher kann er auch nicht verstehen, was mit der Impfung Sinnvolles gemacht wird.

Die zweite Substanz, die zu Geruchsabweichungen von Schweinefleisch beiträgt, ist das bereits erwähnte Skatol. Sie kann wesentlich einfacher in den Schlachtkörpern reduziert werden, da – wie in Kapitel 10.3 besprochen – Fütterungsmaßnahmen die Konzentrationen wirksam vermindern.

Was ist die Konsequenz dieser Entwicklung? Nun, es gelangen zunehmend Fleisch und Fleischerzeugnisse von Ebern auf den Markt. Der Verbraucher wird damit konfrontiert, die Reaktionen sind jedoch zunächst mäßig. Wer androstenonsensitiv ist, erlebt häufiger Schlimmes beim Braten und Essen. Er ist hilflos beim Kauf, denn Androstenon wird erst dann wahrgenommen, wenn das Fleisch zu Hause erhitzt wird oder wenn Produkte aus Eberfleisch beim Kauen erwärmt werden. Dann entfaltet sich das volle Urinaroma. Da die negative Seite der Ebermast aktuell kein Thema in den Medien ist, weiß der Verbraucher auch nicht, warum das Fleisch plötzlich so komisch riecht und schmeckt. Da die Wahrnehmung für Androstenon zudem so variabel ist, besteht auch innerhalb einer Familie oft Uneinigkeit über die Geruchsabweichungen. Da Schweinefleisch heute so billig ist, dass es in der Ramschzone liegt, wird es eher weggeworfen, als dass der Kunde sich beschwert. Eine Ausnahme gibt es nur, wenn er oder sie über das Problem informiert ist.

Aus eigener Erfahrung kann ich mehr oder weniger amüsante Anekdoten schildern, wie im Einzelhandel mit solchen Beschwerden umgegangen wird. Jedoch wirklich vorbereitet scheinen die Mitarbeiter nicht zu sein. Wenn demnächst flächendeckend Eberfleisch am Markt sein wird, ist ein drastischer Rückgang im Verzehr zu erwarten. Das mag man politisch gut finden, aber ich meine, man sollte sich wenn, dann freiwillig für weniger, aber lustvollen Konsum entscheiden können und nicht durch einen widerwärtigen Geschlechtsgeruch vom Genuss vertrieben werden.

10.7 Schmecken glückliche Schweine besser?

Wissenschaftlich sind die Geruchsabweichungen beim Schwein höchst interessant und tragen zur Beantwortung dieser Frage bei. Wenn Masteber eines Betriebs, eines Mastdurchgangs, an unterschiedlichen Schlachthöfen geschlachtet werden, so ist die Belastung der Eber mit Androstenon und Skatol in beiden Partien mitnichten gleich. Wir konnten nachweisen, dass Unterschiede in der Transportdauer zum Schlachthof selektiv die Konzentrationen an Androstenon steigern. Ein logischer Prozess, denn mit der Pubertät sollen männliche Tiere die Rotte der Mutter verlassen und ein eigenes Revier erobern. Da wäre es kontraproduktiv, wenn Angst vor einer fremden Umwelt die Hodenfunktion drosseln würde.

Vielmehr führt die Umgebungsänderung zu einer massiven Freisetzung von Hodenhormonen und Androstenon, was sich im Fett widerspiegelt. Bereits ein Transport von mehreren Stunden kann dazu führen, dass Eber mit ursprünglich unauffällig niedrigen Androstenonwerten plötzlich zu »Stinkern« werden. Dieser Umgebungswechsel scheint allerdings kein negativer Stress zu sein, denn wenn man einen Eber völlig isoliert – für ein soziales Tier wie dem Schwein ist das eine Qual –, sinkt die Produktion an Hodenhormonen und Geruchsstoffen.[38]

Skatol ist dabei wenig betroffen. Diese Substanz ist mehr durch negativen Stress beeinflussbar, wie er durch Kämpfe in der Wartephase vor dem Abladen am Schlachthof auftritt oder auch durch belastende Haltungsbedingungen. Das ist wichtig, da Skatol nicht nur bei Ebern sondern auch bei weiblichen und kastrierten Tieren im Darm gebildet wird, wenn auch in geringerem Maße eingelagert als bei Ebern. Dauert die Wartezeit am Schlachthof auf dem LKW länger, wird vermehrt Skatol in das Körperfett eingelagert. Dies ist insbesondere bei Schlachtkörpern von Ebern nachweisbar, die viele Läsionen aufgrund von Kämpfen aufweisen. Ebenso wurde berichtet, dass Tiere aus schmutzigen Ställen mit schlechtem Stallklima höhere Skatolwerte aufweisen als solche aus sauberen, gepflegten Ställen. Das führt zu der Hypothese, dass Skatol, das im Darm der Tiere entsteht und teilweise mit dem Kot ausgeschieden, zum Teil im Darm resorbiert wird, auch über die verschmutzte Haut oder durch das Einatmen per Lunge in den Körper gelangen könnte. Erst vor kurzem konnten wir jedoch nachweisen, dass die Diffusion marginal und lokal ist, dass die Hauptursache für steigende Skatolwerte wohl im erhöhten Stress und einer verstärkten Freisetzung von Stresshormonen liegt. So gesehen schmecken dann Schweine, die ein gutes Leben hatten, aufgrund der niedrigeren Skatolwerte besser. Für Androstenon sind die Konsequenzen – wie aufgezeigt – andere.

Biofleisch steht beim Verbraucher hoch im Kurs – verbal zumindest. Gesundes Fleisch von glücklichen Tieren – so das Bild in den Köpfen. Leider umfasst dieses Marktsegment weniger als 1 Prozent der verbrauchten Fleischmenge und nur etwa 1 Prozent des Umsatzes für Schweinefleisch. Dabei gibt es klare Unterschiede in der Produktion. Die Ferkel bleiben – wie oben dargestellt – fast doppelt so lange bei der Muttersau wie in konventionellen Betrieben. Das klingt idyllischer, als es ist, denn einer der Gründe ist die Schwierigkeit, den Ferkeln ein hochwertiges Aufzuchtfutter mit qualitativ hochwertigen Proteinen auf Biobasis anzubieten. Die Sauen sind durch die lange Säugezeit energetisch erheblich mehr gefordert als bei der konventionellen Methode. Die Tiere haben mehr Platz und Auslauf als in den konventionellen Betrieben. Die Sauen sollen möglichst frei ohne Absperrung abferkeln – wie bereits beschrieben wurde. Mit 30 Kilogramm gehen auch diese Tiere dann in die Mastphase, wobei neben dem Platzangebot und dem Auslauf der Hauptunterschied in der Fütterung zu suchen ist.

Biobetrieben wird zwar empfohlen, in der Genetik auf weniger fleischbetonte, oft alte Rassen umzusteigen, das machen aber nur wenige Betriebe, denn de facto müssen sie dem Markt ähnlich fleischreiche und magere Schlachtkörper anbieten wie die konventionelle Produktion. Daher ist Bioschweinefleisch auch nicht per se im Genusswert besser als konventionell erzeugtes, es ist eben nur nach Biorichtlinien produziert, die Tiere bekommen mehr heimische Futtermittel und ihnen wird mehr Platz gegeben. Prinzipiell treten daher auch bei Bioschweinefleisch die gleichen Probleme auf, die für das konventionelle Fleisch besprochen wurden. Spezifisch ist, dass aufgrund der Haltungsform und des Auslaufs Probleme mit Endoparasiten schwerer in den Griff zu kriegen sind, so dass die Lebern von Bioschweinen häufig einen hohen Anteil sogenannter Milkspots – Zeichen von Spulwurmbefall – aufweisen und vom Verzehr ausgeschlossen werden.

Dass Biofleisch dennoch besser schmeckt, wird oft diskutiert. So wird angeführt, dass die Bewegung doch das Fleisch verändern könnte. Das ist nicht nachweisbar, da die Fleischqualität durch die Mischung der verschiedenen Muskelfasertypen primär bestimmt wird, also ob viele weiße Fasern oder mehr rote im Muskelfleisch vorhanden sind. Eine Verschiebung zum Beispiel von großen weißen hin zu kleinen roten Fasern, was die Qualität positiv beeinflussen würde, ist zwar durch Ausdauertraining erreichbar, es muss jedoch massiv und anhaltend sein. So lässt sich bei Sportlern nur nach intensivem Training über mehr als drei Monate eine beginnende Verschiebung im Faserverhältnis nachweisen. Die geringfügig höhere Bewegungsaktivität hat hier wohl keinen Einfluss.

Eher denkbar ist ein Temperatureinfluss, da Außenklimaställe und der Auslauf andere Temperaturreize als normale Mastställe bieten. Anhaltend niedrige Temperaturen fördern eine Verschiebung der Fasern in Richtung der ausdauernden roten Fasern, hohe hingegen in Richtung der weißen. Diese Effekte sind jedoch ebenfalls gering, und die Schweine haben in Biobetrieben auch Liegebereiche, wo zum Beispiel durch Kistenställe ein warmes Kleinklima sichergestellt ist. Daher ist nicht anzunehmen, dass hier ein wirklicher Einfluss auf die Fleischqualität erreicht wird.

Ein weiterer Ansatz zur Erklärung einer möglicherweise verbesserten Fleischqualität aus der Bioproduktion liegt darin, dass die Tiere in der Mastphase durch die Auslaufmöglichkeiten vielfältigen Umweltreizen ausgesetzt sind. Tiere, die so aufgezogen wurden, reagierten – wie oben dargestellt – in einigen Studien weniger heftig auf den Stress beim Verladen und den Transport zum Schlachthof. Da diese Phase entscheidend für die spätere Fleischqualität ist, wurde auch eine bessere Fleischqualität erzielt. Allerdings gibt es auch Studien, die den gegenteiligen Effekt beschreiben, so dass diese Auswirkung zweifelhaft ist.

Den wichtigsten Einfluss hat auch hier die Genetik. Daher honorieren einige gute Biofleischvermarkter zum Beispiel ihren Landwirten finanziell den Einsatz der Rasse Duroc in Kreuzungsprogrammen für Bioschweine, da diese mehr Marmorierung und damit mehr Genusswert bringt. Das bewirkt natürlich einen höheren Einsatz dieser Rasse und verbessert objektiv die Qualität aus Verbrauchersicht.

Spezifische Fütterungsaspekte sind in Kapitel 10.2 (»Was kann die Fütterung?«) nochmals aufgegriffen. Allerdings ist der wichtigste Einfluss auf den besser bewerteten Geschmack der oben (Kapitel 3.2) besprochene Halo-Effekt ...

Markus Eberhardinger
Schweinefleisch mit Geschichte und Genuss

Bei Schweinefleisch hat sich in den letzten zehn Jahren viel getan, was die Auswahl an besonderen Rassen, Kreuzungen und alten wiederentdeckten Rassen angeht. Für mich als Gastronom gibt es aber nur wenige Metzger und Landwirte, mit denen die Zusammenarbeit Sinn macht. Viele wollen das Tier schlachten und am selben Tag am liebsten noch liefern, was die Kühlmöglichkeiten bei mir in der Speisemeisterei gar nicht hergeben. Das ist auch beim Rindfleisch oft die Crux der Landwirte, die mit viel Liebe eine tolle Fleischqualität erzeugen und dann nach der Schlachtung das ebenso wichtige Abhängen des Fleisches völlig außer Acht lassen.

Die erste Wahl für mich beim Schweinefleisch ist das Alblinsenschwein, das vom Metzer Failenschmid in Kooperation mit Biolandwirten, Biosphärengastgeber und der Öko-Erzeugergemeinschaft »Alb-Leisa« produziert wird. Die Fütterung erfolgt mit regionalen Biofuttermitteln mit mindestens 10 Prozent Alblinsenausputz, welcher gedämpft, überbrüht, getoastet wird, dazu gibt es gedämpfte Kartoffeln. Die verwendeten Duroc-Kreuzungen sind eher fetter als der Standard, das Mangalica ist von Haus aus sehr fett. Für Verbraucher mit Fettphobie ist dies wahrlich nicht das richtige Schwein. Ich jedoch schätze den herrlichen intramuskulären Fettanteil, der das Fleisch besonders saftig macht. Ausgeschlossen sind moderne Hybridkreuzungen und Rassen, die für die Freilandhaltung nicht geeignet sind, zum Beispiel weiße Schweine.

11 Was die Landwirtschaft kann: Beispiel Rindfleisch

11.1 Zusammensetzung des Rindfleischmarkts – Fleischrinder versus Milcherzeugung

Rindfleisch ist ein viel heterogeneres Produkt als Schweinefleisch. Das wissen Verbraucher, ebenso wie ihnen bekannt ist, dass argentinisches oder amerikanisches Rindfleisch meist einen höheren Genusswert als das deutsche bietet. Die Hintergründe sind jedoch meist nicht bekannt. Das führt dann dazu, dass guter Genuss gern den weiten wilden Weiden der Pampa oder der Prärie zugeschrieben wird, zumindest versuchen das die Steakhäuser.

Das ist natürlich Quatsch, und die wahren Gründe sollen nachfolgend erklärt werden. Während in der Schweineproduktion das schlachtreife Mastschwein das ultimative Endprodukt ist, gibt es in der Rinderproduktion höchst unterschiedliche Nutzungsrichtungen und Produkte.

Damit Rindfleisch gut schmeckt, müssen viele Dinge stimmen. Die richtige Rasse, das richtige Geschlecht, die passende Fütterungsstrategie, das richtige Schlachtalter und nicht zuletzt auch die ausreichende Reifungsdauer. Das ist viel, viel mehr, als bei der Erzeugung von Schweinefleisch stimmen muss.

Die Hauptnutzungsrichtungen beim Rind sind die Erzeugung von Milch und Fleisch. Das Ausmaß beider Nutzungsrichtungen unterscheidet sich jedoch stark zwischen den Ländern: In Nord- und Südamerika, China und Australien sind über zwei Drittel der Kühe sogenannte Mutterkühe. Mit ihnen wird Fleisch produziert, sie werden nicht für die Milcherzeugung genutzt. In Skandinavien, den Niederlanden, Deutschland, Mittel- und Osteuropa sowie Indien sind weniger als ein Drittel der Kühe Mutterkühe, hier dominiert die Milchproduktion. In Spanien,

Frankreich, Großbritannien und Irland sind die beiden Nutzungen ausgeglichen.

Die unterschiedlichen Nutzungsrichtungen haben enorme Auswirkungen auf die Qualität der Fleischerzeugung. Die früher bedeutsame Verwendung der Rinder als Zugtiere soll hier nicht weiter berücksichtigt werden. Für die Milchproduktion werden andere Rassen verwendet als für die spezialisierte Mutterkuhhaltung. Da Milchkühe das Drei- bis Vierfache der Milch produzieren wie eine Mutterkuh (zum Beispiel Angus-Kuh 2 500 bis 3 000 Kilogramm, Holstein-Kuh circa 8 000 bis 10 000 Kilogramm pro Laktation), wurde hier züchterisch eine ganz andere Stoffwechsellage gefördert als bei Fleischrinderrassen. Die Hochleistungsrassen mit Schwerpunkt Milch sind wenig bemuskelt, großrahmig und sogenannte »Umsatztypen«, da sie die aufgenommene Energie in Milch umwandeln. Bekannte Extreme sind die schwarz-weißen Holstein-Rinder oder die auf dem Braunvieh aufbauenden »Brown Swiss«.

Fleischrinder hingegen sind Ansatztypen; die aufgenommene Energie wird in Fleisch und Fett umgewandelt. Hier unterscheidet man prinzipiell die mittel- und spätreifen Fleischrassen mit großem Fleischbildungsvermögen, etwa die Charolais- oder Limousin-Rinder, sowie die frühreifen mittel- und kleinrahmigen Rassen, die früher Fett einlagern, wie Angus- oder Hereford-Rinder. Während die großrahmigen Rassen hohe Ansprüche an die Futterversorgung haben, um ihr enormes Muskelbildungsvermögen zu realisieren, sind die kleineren, frühreifen Rassen auch auf weniger intensiven Standorten noch in der Lage, eine gute Schlachtkörperqualität zu liefern. Zudem gibt es noch sogenannte Robustrassen wie Schottische Hochlandrinder und das Galloway-Rind, die eine mäßige Bemuskelung haben und sehr feinfaserig sind.

Deutschland ist ein Milchland. Hier dominieren die Milchrinder. Prinzipiell werden diese zwar für die Milchproduktion gehalten, da eine Kuh aber nur dann für etwa zehn Monate Milch gibt, wenn sie zuvor ein Kalb bekommen hat, fällt pro Jahr auch ein Kalb an. Bei der durchschnittlichen Nutzungsdauer einer Milchkuh von drei Laktationen, das entspricht etwa drei Jahren, sind dies statistisch 1,5 Kuhkälber und 1,5 Bullenkälber. Ein Kuhkalb ersetzt die Milchkuh als Remonte, zwei Kälber bleiben für die Fleischerzeugung übrig. Männliche Tier kann man sowieso nur für diese Nutzung verwenden. Allerdings sind auch die männlichen Tiere der Milchrassen nur wenig optimal für die Fleischerzeugung.

Damit ergibt sich für den Rindfleischmarkt in einem Milchland wie Deutschland folgende Zusammensetzung: Fleisch einer nicht allzu alten Kuh, von 1,5 Bullen, die unkastriert gemästet und als Jungbullen geschlachtet werden (Ochsen sind bei uns unbedeutend) sowie von einem halben weiblichen Kalb, das in die Kälbermast geht oder als Färse – so nennt man ein ausgewachsenes Rind, das noch nicht gekalbt hat – geschlachtet wird. Diese Verwendung erklärt die Zusammensetzung des Rindfleischmarktes in Deutschland.

Abbildung 21: Produktion von Rindfleisch in Deutschland nach Nutzviehgruppen 2014[1]

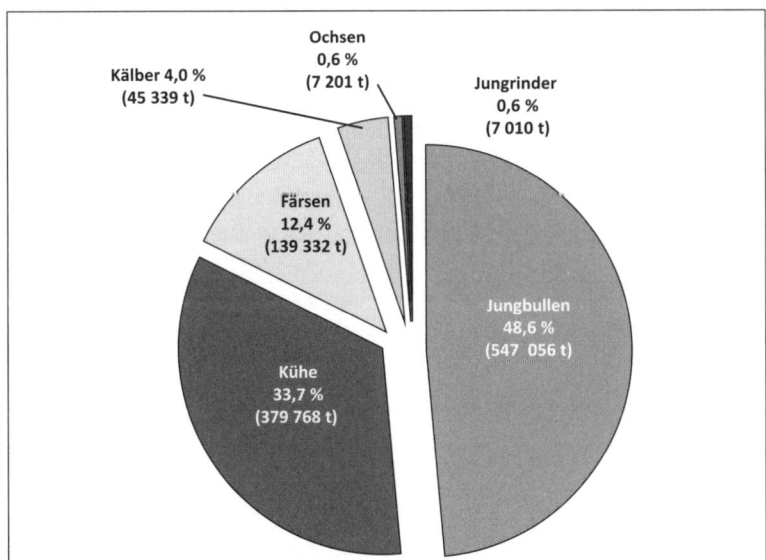

Wenn in einem Land Mutterkuhhaltung dominiert, ist die Bilanz eine andere. Eine Mutterkuh hat eine Nutzungsdauer von circa zehn Kälbern, das heißt, auf das Fleisch einer Altkuh kommen vier weibliche Mastrinder, die entweder als Jungrinder oder Färsen geschlachtet werden, sowie fünf männliche Masttiere, die bei Weidehaltung meist als Ochsen (eher selten als Jungrind) oder in den Ländern mit Bullenmast und Stallhaltung als Mastbullen geschlachtet werden. Da diese Kategorien sich in der Produktqualität erheblich unterscheiden, sind die Konsequenzen klar. Neben der weniger geeigneten Genetik der milchbetonten Rassen ist in den Milchländern auch ein höherer Anteil Kuhfleisch und Bullenfleisch am Markt, während die qualitativ hochwertigen Kategorien wie Färse und Ochse hier unter 20 Prozent liegen. In Fleischrinderländern mit Weidehaltung und daher üblicher Kastration der männlichen Tiere ist der Anteil hochwertiger Kategorien größer als 80 Prozent.

Damit steht als erster qualitätsbestimmender Faktor die Nutzungsrichtung fest, da sie für die verwendeten Rassen entscheidend ist – und prinzipiell schmecken die Fleischrinder besser, sie sind ja genau dafür auch gezüchtet worden.

Der zweite qualitätsbestimmende Faktor ist die Kategorie, der das Rind zuzuordnen ist. Hiermit werden die Unterschiede in Alter und Geschlecht charakterisiert. Anders als beim Mastschwein, wo nicht nach Geschlecht in der Handelsklasseneinstufung unterschieden wird, muss bei Rindern ausgewiesen sein, welcher Altersklasse und welchem Geschlecht das Tier zuzuordnen ist. Das passiert durch die Kennzeichnung der Kategorie. Sie sind in Tabelle 18 dargestellt.

Tabelle 18: Rindfleischkategorien und ihre Beschreibung (nach der Verordnung über gesetzliche Handelsklassen und Kategorien für Rinderschlachtkörper)

Kategorien	Bezeichnung	Beschreibung
Kalbfleisch	KA	Fleisch von Tieren bis zu einem Schlachtalter von max. 8 Monaten
Jungrindfleisch	JR	Fleisch von 8–12 Monate alten Tieren
Jungbullenfleisch	A	Fleisch von ausgewachsenen männlichen nicht kastrierten Tieren von weniger als 2 Jahren
Bullenfleisch	B	Fleisch von anderen ausgewachsenen männlichen nicht kastrierten Tieren
Ochsenfleisch	C	Fleisch von ausgewachsenen männlichen kastrierten Tieren
Kuhfleisch	D	Fleisch von ausgewachsenen weiblichen Tieren, die bereits gekalbt haben
Färsenfleisch	E	Fleisch von anderen ausgewachsenen weiblichen Tieren

Der Grund für diese Kennzeichnung liegt darin, dass es äußerst unterschiedliche Qualitäten sind, die die meisten Verbraucher bestenfalls in Rindfleisch oder Kalbfleisch einteilen. Kalbfleisch kennen Verbraucher noch, sie wissen, dass es von jungen Tieren kommt. Der Gesetzgeber hat hier klare Grenzen gezogen, da lange Jahre mit den wenig präzisen Attributen wie »Kalbfleischeigenschaften« operiert wurde. Heute ist Kalbfleisch eindeutig definiert, es stammt von Tieren beiden Geschlechts, die maximal acht Monate alt sind. Warum Kalbfleisch eine eigene Kategorie darstellt, ist den meisten Verbrauchern klar. Kalbfleisch ist zarter und magerer als Rindfleisch. Wie beim allometrischen Wachstum in Kapitel 8.4 erläutert, ist die Zartheit dadurch bedingt, dass die Crosslinks, die Querverbindungen zwischen den Kollagenfasern, die Muskelfaserbündel und Muskeln umgeben, nur gering ausgebildet sind und daher das Bindegewebe durch die Zubereitung weich wird, löslich ist, eine gallertartige Konsistenz annimmt. Der geringe Fettgehalt ist physiologisch, da die Einlagerung von Fett erst später verstärkt erfolgt.

Jungrindfleisch ist unabhängig vom Geschlecht und stammt von Tieren, die älter als acht Monate sind, aber noch nicht ausgewachsen. Dieses Fleisch ist zarter als das der ausgewachsenen Tiere, aber bereits eine Unterscheidung zwischen Jungrindfleisch und Jungbullenfleisch überfordert die Verbraucher. Jungrindfleisch wird in Deutschland meistens in der Direktvermarktung abgesetzt, wo eine besonders gute Qualität erwartet wird und mit dem Abnehmer besser kommuniziert werden kann.

Rindfleisch von ausgewachsenen Tieren wird durch fünf Kategorien repräsentiert:

- Jungbullen: männlich, unkastriert, Altersgrenze zwei Jahre
- Bullen: ebenso, aber älter als Jungbullen
- Ochsen: Exbullen
- Färsen: ausgewachsene weibliche Tiere, die noch kein Kalb hatten
- Kühe: ausgewachsen und mindestens ein Kalb

Diese Tiere sind damit definitionsgemäß unterschiedlich alt, unterschiedlich bemuskelt und haben einen unterschiedlichen Fettanteil im Schlachtkörper. Klar, dass hieraus völlig unterschiedliche Essqualitäten resultieren, die weiter unten besprochen sind. Besonders hoch im Genusswert ist Färsenfleisch, das noch etwas besser ist als Ochsenfleisch, und dann erst folgt das Jungbullenfleisch. Diese Kategorien sind aber am Rindfleischmarkt sehr unterschiedlich vertreten, je nachdem wo die Länder den Produktionsschwerpunkt setzen. Der Produktionsschwerpunkt eines Landes bestimmt aber noch mehr als die Kategorien auch die verwendeten Rassen, die ebenfalls für den Genusswert des Fleischs entscheidend sind.

11.2 Rassen und ihre besten Seiten

Der dritte qualitätsbestimmende Einflussfaktor ist die Rasse. Beim Rind haben wir noch eine größere Rassenvielfalt als beim Schwein, dafür sind die Tiere, die dann geschlachtet werden, aber auch seltener Kreuzungen. Man kann zwei große Rassenkategorien unterscheiden. Einerseits die Milchrassen, die ihren Leistungsschwerpunkt bei der Milchleistung haben, aber deren männliche Kälber auch gemästet werden. Milchrassen sind als »Umsatztypen« gezüchtet, die die aufgenommene Energie möglichst effizient in Milch umsetzen sollen. Ihre Bemuskelung ist flach, die Muskelfasern sind klein. Sie entstanden ursprünglich dort, wo traditionell nur auf Milcherzeugung oder Käseproduktion gesetzt wurde wie zum Beispiel auf der englischen Insel Jersey. Hier wurden fleischarme Tiere mit Schwerpunkt Milchproduktion gezüchtet, mit höchstem Milchfett- und Milcheiweißgehalt (Kühe: Kreuzbeinhöhe circa 126 bis 133 Zentimeter, Gewicht circa 400 Kilogramm bis 450 Kilogramm). Sie haben relativ viel Bindegewebe, ein allzu hoher Genusswert ist von ihrem Fleisch nicht zu erwarten. Wenn allerdings mit passender Fütterung eine junge Färse gemästet wird, sind die edlen Teilstücke wie Roastbeef und Filet sicherlich auch hier von guter Qualität.

In den kleinbäuerlichen Regionen, in denen Rinder Milch, Fleisch und Arbeitskraft liefern mussten, entstanden Zweinutzungsrassen. Sie waren früher in Deutschland vorherrschend. Ein Teil dieser traditionellen Rassen wurde inzwischen auf eine einzige Nutzungsrichtung umgezüchtet wie zum Beispiel das Braunvieh, das mit extrem milchbetonten Brown Swiss angepaart wurde und so von einer Zweinutzungsrasse weit entfernt ist. Das Gleiche passierte auch mit den Rassen Schwarzbunte (wurde zur extremen Milchrasse Deutsche Holstein) und den Rotbunten (wurde mit Red Holstein angepaart; beide Rassen Kühe: Kreuzbeinhöhe circa 145 bis 156 Zentimeter, Gewicht circa 650 bis 750 Kilogramm).

Die einzige zahlenmäßig bedeutsame Rasse, die noch lange den Zweinutzungscharakter aufwies, ist die Rasse Fleckvieh (Kühe: Kreuzbeinhöhe circa 147 Zentimeter; Gewicht circa 800 Kilogramm), international auch Simmental genannt, die inzwischen in Richtung hornloser, fleischbetonter Schläge gezüchtet wird und der milchbetonten Richtung (letztere ist allerdings immer noch deutlich besser bemuskelt als zum Beispiel Holstein-Kühe).

Die extreme Spezialisierung auf Milch bei einer Rasse ist die Ursache eines anderen Problems: Da eine Kuh ja, um Milch zu geben, normalerweise jedes Jahr ein Kalb bekommt, sind mehr Kälber verfügbar, als für den Ersatz der Milchkuh einmal gebraucht werden. Da aber die Fleischbildung mäßig und die Mast weniger lohnend ist, sind diese Kälber extrem billig. Im November 2014 kostete in Nordrhein-Westfalen ein zwei Wochen altes Kuhkalb für die Mast sieben Euro pro Tier – nicht pro Kilogramm. Diese geringe monetäre Wertschätzung macht es für Landwirte zum Minusgeschäft, wenn sie große Sorgfalt und Zeit aufwenden, um das Tier aufzuziehen. Diese Problematik muss beim Verbraucher ankommen, wenn sich etwas ändern soll.

Zweinutzungsrassen wie Fleckvieh haben besser bemuskelte Kälber, die auch viel höher bezahlt werden, so dass es nicht nur Idealismus des Landwirts ist, diese Kälber gut aufzuziehen. Anfang 2015 kostete ein dem obigen Beispiel entsprechendes Kuhkalb der Rasse Fleckvieh etwa das Zwanzigfache des Holstein-Kalbs. Eine Förderung echter Zweinutzungsrassen oder der Einsatz von Fleischrinderbullen zur Erzeugung von Kälbern in Milchviehbetrieben würde hier eine sinnvolle Verbesserung bringen, die den Tieren in Wertschätzung und den Verbrauchern in der Produktqualität entgegenkommen würde. Der Einsatz von Fleischrinderbullen setzt allerdings auch voraus, dass die Remonte, also das Ersatztier für die Milchkuh, durch den Einsatz von gesextem Sperma (einer Art »sortierte Spermien«, die mit höherer Wahrscheinlichkeit ein Kuhkalb erzeugen) sichergestellt wird.

Das andere Rassenextrem stellen die Fleischrinderrassen dar, die nur zur Erzeugung von Fleisch genutzt werden. Ihre Milch dient ausschließlich der Aufzucht der eigenen Kälber, sie werden nicht gemolken. Es ist sicherlich leicht nachvollziehbar, dass sich diese Rassengruppe erheblich im Stoffwechsel und dann auch der Qualität der Schlachtkörper unterscheidet.

Unter den Aspekten der Fleischqualität sind die frühreifen Fleischrassen Angus und Hereford besonders zu erwähnen, da sie bereits früh Fett einlagern und so die qualitätssteigernde Marmorierung relativ schnell ausbilden. Dies macht neben der Feinfaserigkeit des Fleischs auch den besonderen Ruf der Rinder aus. Zudem ist die Löslichkeit des Bindegewebes sehr hoch. Der Vorteil dieser Rassen ist es, das sie auch auf mäßiger Futtergrundlage bereits ein gut marmoriertes Fleisch ausbilden. Für Biobetriebe mit extensiverer Bewirtschaftung sind sie geradezu ideal, da sie eben ein hervorragendes Fleisch liefern, das die Verbraucher dann der biologischen Wirtschaftsweise zuschreiben, da der Rasseeffekt nicht bekannt ist.

Extrem in der Marmorierung sind die berühmten schwarzen japanischen Wagyu-Rinder, mit denen Kobe-Fleisch erzeugt wird. Diese Rasse wird aktuell von ganz wenigen Züchtern in Deutschland aufgezogen und hat eine extrem gute Fleischqualität. Der intramuskuläre Fettanteil beträgt etwa das Doppelte der Werte, die bei der Rasse Angus zu finden sind.

Da der Markt in den verschiedenen Ländern unterschiedliche Qualitäten honoriert, wurden höchst unterschiedliche Rassen entwickelt. Wie in Kapitel 11.1 zur Klassifizierung näher besprochen, wird in den USA die Marmorierung bei der Bezahlung positiv bewertet, in Deutschland primär der Muskelfleischanteil. Die gewünschte Größe des Steaks und die Akzeptanz von Fett unterscheiden sich ebenfalls zwischen den Ländern. Daher sind bei uns primär die groß- und mittelrahmigen Intensivrassen mit geringerer Neigung zur Fettbildung gefragt, während Länder mit anderer Qualitätsdefinition eher feinfaserige, fette Rassen bevorzugen. Nachfolgend eine grobe Charakterisierung wichtiger oder einfach nur interessanter Rassen.

Die kleinsten Rinder, die in Deutschland genutzt werden, sind die *Dexter-Rinder* (Kühe: Kreuzbeinhöhe circa 100 Zentimeter,

Gewicht circa 380 Kilogramm), sie sind in Deutschland wenig verbreitet und werden meist zur Fleischerzeugung eingesetzt. Sie haben ein sehr feinfaseriges Fleisch, aber natürlich auch eine kleine Steakfläche (Roastbeef) wie alle frühreifen und kleinrahmigen Rassen. Die Rasse *Charolais* (Kühe: mittlerer Typ Kreuzbeinhöhe circa 140 bis 148 Zentimeter, Gewicht circa 900 Kilogramm) ist eine der verbreitetsten Fleischrindrassen. Groß, gut bemuskelt, von weißer Farbe und mit Hörnern. Das Fleisch ist mager und kann etwas grobfaserig sein, wenn relativ spät geschlachtet wird. Die aktuell in Baden-Württemberg zahlenmäßig bedeutendste Fleischrasse sind die mittelrahmigen *Limousin-Rinder* (Kühe: Kreuzbeinhöhe circa 137 Zentimeter, Gewicht circa 650 bis 850 Kilogramm). Sie sind sehr stark bemuskelt und liefern die gewünschten großen Steakflächen. Der Knochenbau ist feiner als beim Charolais-Rind, und sie haben magere Schlachtkörper und liefern damit ein sehr mageres Fleisch. Rassetypisch ist die Feinfaserigkeit des Fleischs, das zudem einen tendenziell niedrigeren Bindegewebsgehalt als andere Rassen aufweist. Daher ist dieses Fleisch trotz des niedrigen intramuskulären Fettgehalts zart.

Die stark bemuskelten Rassen haben immer größere Muskelfaserquerschnitte als zum Beispiel die frühreifen fetteren Rassen *Angus* (Kühe: Kreuzbeinhöhe circa 136 Zentimeter, Gewicht circa 700 Kilogramm) und Hereford (140 Zentimeter, 730 Kilogramm). Bei den Rassen Charolais und Limousin besteht die Kunst darin, durch intensive Fütterung und den richtigen Schlachtzeitpunkt die Fettbildung so zu fördern, dass sie auch ein hinreichend marmoriertes Fleisch bilden. Ihr Vorteil liegt in der starken Bemuskelung.

Ganz extrem bemuskelte Schlachtkörper finden sich bei den Rassen *Blauweiße Belgier* (Kühe: Kreuzbeinhöhe circa 140 bis 150 Zentimeter, Gewicht bis zu 1 000 Kilogramm) oder auch bei mittelrahmigen *Piemontesern* (Kühe: Kreuzbeinhöhe circa 135 bis 145 Zentimeter, Gewicht circa 650 bis 750 Kilogramm) aufgrund eines Gendefektes. Man nennt den Defekt Doppellendereigenschaft und beschreibt damit die mutationsbedingte geringere Wirksamkeit des Regulationsfaktors Myostatin, der vor der Geburt die Zahl der angelegten Muskelfasern begrenzt (siehe auch Kapitel 8.1). Durch die geringere Wirksamkeit dieses Faktors werden mehr Muskelfasern als sonst üblich angelegt. Dieses Mehr an Fasern erklärt die extreme Muskelmasse und führt dazu, dass die Kälber häufig per Kaiserschnitt zur Welt gebracht werden müssen.

Die in heißen Regionen der USA oder Südamerikas ebenso wie in den Tropen verbreiteten *Zebu-Rinder* weisen mehr Bindegewebe und festere Vernetzungen des Bindegewebes auf, die zu einer größeren Zähigkeit des Zebu-Fleischs oder auch ihrer Kreuzungen führt. Versuche zur Identifizierung von Genen zur Verbesserung der Fleischqualität setzen einerseits an der Marmorierung an, andererseits an den Genen, die die eiweißspaltenden Enzyme steuern, die vor der Schlachtung Umbauprozesse in der Muskulatur lenken, nach der Schlachtung aber für die Fleischreifung wichtig sind. In diesem Merkmal unterscheiden sich die Zebu-Rinder ebenfalls von den europäischen Rassen, so dass das Fleisch auch bei längerem Abhängen weniger zart wird. In Deutschland werden unter der – aus wissenschaftlicher Sicht zumindest phantasievollen – Bezeichnung Wildrind auch Produkte von *Zwergzebus* (Kühe: Kreuzbeinhöhe circa 105 Zentimeter, Gewicht circa 275 Kilogramm) angeboten. Eine hohe Zartheit ist hier definitiv nicht zu erwarten, gute Verarbeitungsprodukte sind jedoch durchaus denkbar.

In den USA und zunehmend auch bei uns werden in der Fleischrinderhaltung vermehrt Kreuzungen in der Fleischerzeugung genutzt. Hier hat man den Vorteil einer größeren Widerstandsfähigkeit und einer besseren Fitness, die sich in einem verbesserten Wachstum zeigt.

Diese kurze Übersicht verdeutlicht, dass es beim Rind eine viel größere Rassenvielfalt gibt als beim Schwein und dass aus der unterschiedlichen Größe und Bemuskelung sowie der Neigung zur Verfettung auch extrem unterschiedliche Produkte resultieren.

Eine gute Fleischqualität ist immer dann zu erwarten, wenn die Muskelfasern klein sind. Damit erklärt sich, dass von den kleinrahmigen Dexter-Rindern, von den weniger bemuskelten Robustrassen wie Galloway-Rindern und Schottischen Hochlandrindern eine gute Fleischqualität erwartet werden kann. Für eine Spitzenqualität muss zudem eine ausreichende intensive Marmorierung gegeben sein, wie sie bei Angus, Hereford und extrem bei Wagyu rassetypisch ist. Dabei sollte der Bindegewebsanteil niedrig sein – wie beim Limousin-Rind –, wichtiger aber noch ist, dass es lösliches Bindegewebe ist und damit die Zartheit nicht beeinträchtigt.

Aufgrund der enormen Bedeutung der Marmorierung für die sensorische Bewertung wurde ein Rassenvergleich mit Angus-, Fleckvieh-, Charolais- und Limousin-Ochsen durchgeführt, die jeweils auf einen Fettgehalt von 3,25 Prozent im Roastbeef ausgemästet worden waren. Dabei waren natürlich die frühreifen Angus mit 12,5 Monaten etwa ein halbes Jahr jünger und 150 Kilogramm leichter als die spät verfettenden Limousin. Fleckvieh und Charolais waren bei der Schlachtung etwas über 16 Monate alt. Das Fleisch wurde chemisch, histologisch sowie hinsichtlich der Textur analysiert beziehungsweise 12 Tage gereift, bevor es verkostet wurde. Die Marmorierung war bei allen Rassen sehr ähnlich, die durchschnittliche Größe der sichtbaren Fetteinschlüsse variierte zwischen den Rassen geringfügig zwischen 1,5 und 1,7 Quadratmillimeter. Pro Quadratzentimeter lag die Zahl der Fetteinschlüsse zwischen 4,4 und 5,0. Diese Unterschiede waren allerdings nicht signifikant.

Die Zartheit hingegen wurde in der sensorischen Prüfung für die Rasse Fleckvieh signifikant um etwa 20 Prozent schlechter bewertet als für die Rassen Angus und Limousin. Der Scherwert als objektives Maß für die Zartheit war beim Fleckvieh circa 10 Prozent höher als bei Angus- oder Limousin-Ochsen. Die Fleischreifung war nach zwei Tagen bei Limousin und Angus weiter fortgeschritten als bei den beiden anderen Rassen. Nach 14 Tagen hatten sich die Reifungskriterien zwischen den Rassen angeglichen, nur Angus hatte stärker gereiftes Fleisch mit mehr fragmentierten Myofibrillen (siehe Kapitel 9.6).

Die größere Zartheit der Angus-Rinder erklärt sich durch die intensivere Reifung und die hohe Löslichkeit des Bindegewebes, die der Limousin-Rinder durch den niedrigeren Kollagengehalt. Die Zweinutzungsrasse Fleckvieh bleibt hinter den spezialisierten Fleischrassen in der Qualität zurück. Das ist eben das Dilemma mit den Zweinutzungsrassen.[2]

11.3 Was zu Kalbfleisch zu sagen wäre

Das zarteste Fleisch ist Kalbfleisch, es ist mager, und der Verbraucher erwartet eine helle Farbe. Das Einzige, was bei vielen Verbrauchern über Fleischqualität im Hirn festsitzt, ist das Vorurteil, hell ist gleich zart. Das kommt auch vom Kalbfleisch, denn früher war das auch so. Die Definition von dem, was in die Kategorie Kalbfleisch fällt, hat sich in den letzten hundert Jahren massiv geändert.

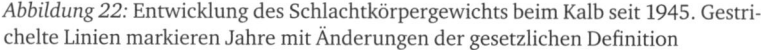

Abbildung 22: Entwicklung des Schlachtkörpergewichts beim Kalb seit 1945. Gestrichelte Linien markieren Jahre mit Änderungen der gesetzlichen Definition

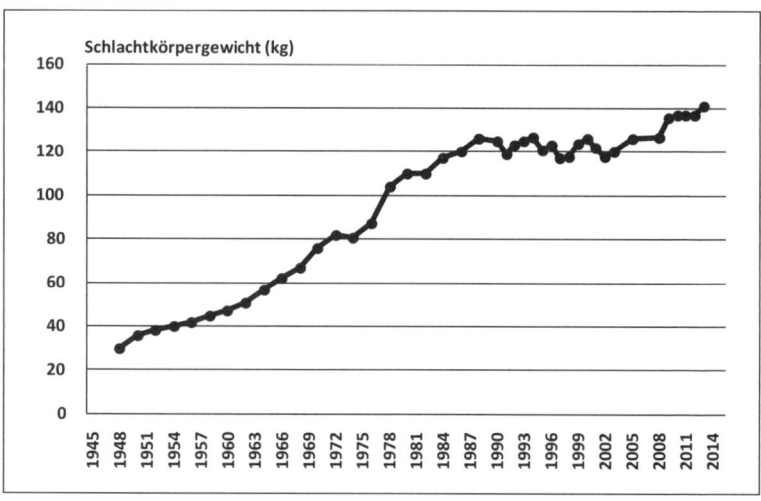

1904 bis 1973 war Kalbfleisch Fleisch von Rindern, die bis zu drei Monate alt waren. 1974 bis 1978 wurde die Altersgrenze auf sechs Monate angehoben, alternativ konnte auch eine Gewichtsgrenze herangezogen werden (bis 220 Kilogramm Lebendgewicht, sofern sie noch keinen Zahnwechsel hatten), da die Dokumentation noch nicht so gut wie heute war. 1979 bei 1993 galt die alte Gewichtsgrenze bei Lebendgewicht weiter, alternativ konnte allerdings auch das Schlachtgewicht herangezogen werden (150 Kilogramm). Wenn man bedenkt, dass die Ausschlachtung – also der Prozentsatz des Schlachtkörpers vom Lebendgewicht – nur bei sehr guten Tieren bei 60 Prozent liegt, im Schnitt werden 54 Prozent angenommen, so bedeutete das ein Lebendgewicht von mehr als 275 Kilogramm. Ab 1994 wurde die Gewichtsgrenze auf 300 Kilogramm angehoben, der Zahnwechsel wurde als biologischer Indikator für ein junges Tier beibehalten (sonst hätte man ja locker ein erwachsenes Dexter-Rind als Kalb vermarkten können). Zusätzlich waren ominöse »Kalbfleischeigenschaften« gefordert. Das war die

Umschreibung für helles Fleisch. 2008 wurde dem Wahnsinn ein Ende bereitet, ab sofort war Kalbfleisch nur noch durch die Altersgrenze von acht Monaten definiert.[3]

Warum das despektierliche »Wahnsinn« für diese Entwicklungen? Nun, Fleisch junger Tiere ist hell, da die Bildung des Muskelfarbstoffs erst im Laufe der Jugendentwicklung vermehrt erfolgt. Solange das Jungtier sich von Milch ernährt, hat es ein energetisch und ernährungsphysiologisch hochwertiges Nahrungskonzentrat, das aus verschiedenen Gründen aber sehr eisenarm ist. Dieser physiologische Eisenmangel wird in der Natur dadurch ausgeglichen, dass die Kälber früh anfangen, auch pflanzliche Nahrung und so Eisen zum Aufbau des Muskelfarbstoffes Myoglobin zu sich nehmen.

Wenn Kälber mit der Aufnahme der pflanzlichen Nahrung, dem Raufutter, anfangen, verändert sich ihr Verdauungssystem dramatisch. Solange ein Kalb sich von Milch ernährt, dominiert der Labmagen und macht circa 60 Prozent des Magensystems aus. Beim ausgewachsenen Rind sind es nur noch etwa 13 Prozent. Durch einen Reflex wird die Milch direkt in diesen Teil des Magens geleitet, der dem eines Monogasters (also eines Lebewesens mit einhöhligem Magen wie Mensch und Schwein) ähnlich ist. Die Milch ist hochverdaulich, hat keine Rohfaser, kann hier für die weitere Verdauung im Dünndarm vorbereitet werden.

Sobald ein Kalb mit der Aufnahme von Raufutter beginnt, entwickelt sich der Pansen, das Vormagensystem. Der Pansen hat die Aufgabe, als Gärkammer Futtermittel mit Hilfe von Mikroorganismen aufzuspalten, so dass hieraus Nährstoffe für das Rind verfügbar werden. Während die Volumenvergrößerung des Pansens und die Ausbildung seiner Muskelschicht durch den mechanischen Reiz des Futters gefördert werden, sind die Entwicklung und die Funktionsfähigkeit der Pansenzotten davon abhängig, dass auch hochwertige Stärke von den Mikroorganismen umgesetzt wird. Die hierbei unter anderem entstehenden kurzkettigen Fettsäuren, Propion- und Buttersäure, stimulieren die Zellteilung in den Pansenzotten, Buttersäure hemmt auch das Absterben der Zellen in den Zotten, so dass das Längenwachstum und die Resorptionsfähigkeit gesteigert werden. Mit einem ausgebildeten Vormagensystem sind die Tiere aber nun auf eine rohfaserreiche Ration angewiesen, hochenergetische Nahrung wird schlecht vertragen und zudem schlechter verwertet als zuvor, als der Labmagen dominierte. Zudem enthält das Raufutter Eisen, so dass der Muskelfarbstoff nun zunehmend gebildet werden kann und die Fleischfarbe dunkler wird. Milch enthält circa 3,5 bis 4 Milligramm Eisen pro Kilogramm Trockenmasse, 1 Liter Vollmilch damit nur 0,5 Milligramm Eisen in der Frischmasse. Heu und Stroh haben wesentlich höhere Eisengehalte (durchschnittlich 100 bis 250 beziehungsweise 150 bis 300 Milligramm pro Kilogramm Trockenmasse), ebenso Getreide mit einem Eisengehalt zwischen 30 und 60 Milligramm pro Kilogramm Trockenmasse.

Das Fleisch junger Kälber enthält etwa 2 Milligramm Myoglobin pro Gramm im Roastbeef, das entspricht dem von Schweinefleisch, das artspezifisch einen niedrigeren Gehalt hat. Ältere Kälber haben circa 4 Milligramm pro Gramm, Rinder im ersten bis zweiten Lebensjahr etwa 8 Milligramm, während alte Kühe etwa 18 Milligramm pro Gramm haben können. Eisenarme Fütterung mit Milch und Milchaustauscher führt daher zu sehr hellem Fleisch. Bei höherer Eisenaufnahme hat das Kalbfleisch eine eher rosarote Farbe, welche jedoch vom Verbraucher in vielen Ländern unerwünscht ist. Daher wurde es in den 1970er Jahren nach Anhebung der Altersgrenze für Kalbfleisch üblich, den Kälbern kein Raufutter zur Verfügung zu stellen, um eine möglichst rasche Mast auf Milchbasis zu realisieren.

Besonders problematisch wurde die Kälbermast, nachdem zuerst die Altersgrenze zugunsten der Gewichtsgrenze ganz fallen gelassen wurde. Jetzt war es möglich, schwere und ältere Kälber zu erzeugen, sofern die helle Fleischfarbe erhalten werden konnte. Das war möglich, indem die Kälber unphysiologisch lang mit Milchaustauscher ohne oder mit minimalen Raufuttermengen gemästet wurden. Die verminderte Myoglobinbildung geht auch mit einer bei Eisenmangel typischen Anämie einher. Entsprechend krankheitsanfällig waren diese Tiere, so dass die Kälbermast zum unrühmlichen Tummelplatz für illegale Hormon- und Medikamentenanwender wurde. Dieser Einsatz war deshalb so attraktiv, da man mit allen Mitteln die schweren Kälber in möglichst kurzer Zeit ausmästen wollte, um sie mit heller Farbe schlachten zu können. Nur so war das vom Verbraucher gewünschte Produkt zum am Markt realisierbaren Preis überhaupt machbar.

Ein experimenteller Vergleich einer Erhöhung des Eisengehalts im Milchaustauscher für Mastkälber von 10 auf 50 Milligramm pro Kilogramm Milchaustauscher (Milch hat ja 3,5 bis 4 Milligramm pro Kilogramm Trockenmasse) hatte enorme Konsequenzen für den Gesundheitsstatus: Die Erhöhung der Eisenversorgung ging mit einer Verminderung der Häufigkeit von erhöhter Körpertemperatur um mehr als die Hälfte zurück, die Zahl der antibiotischen Behandlungen betrug nur noch etwa ein Drittel. Die täglichen Zunahmen waren zudem um 160 Gramm pro Tag erhöht.

Heute ist die Verfügbarkeit von Raufutter oder sonstigem rohfaserreichen strukturierten Futter zur freien Aufnahme vom achten Lebenstag an vorgeschrieben. Zudem ist der Eisengehalt der Milchaustauschertränke geregelt. Dass trotzdem die Erzeugung hellen Kalbfleischs weitergeht, liegt daran, dass der Markt nach wie vor das helle Fleisch will, und je heller das Fleisch ist, desto besser wird es bezahlt: zwischen 0,14 Euro Zuschlag pro Kilogramm, aber bis zu 0,30 Euro Abschlag pro Kilogramm, wenn zu dunkel.

Seit vielen Jahren wird immer wieder versucht, dem Verbraucher das Dilemma mit der hellen Fleischfarbe beim Kalb nahezubringen, die Erfolge sind leider gering, rosa Kalbfleisch findet noch lange nicht die Akzeptanz, die ihm gebührt, und so lange wird der Unsinn mit dem hellen Fleisch weitergehen.

11.4 Ochse, Bulle, Färse, Kuh: Geschlechtsunterschiede und Produktivität

Rindfleisch stammt von ausgewachsenen, theoretisch geschlechtsreifen Tieren. »Theoretisch« muss der Vollständigkeit halber dazugesagt werden, denn ein erheblicher Anteil der weltweiten Rindfleischerzeugung erfolgt mit männlichen kastrierten Tieren, den Ochsen. Die drei Geschlechter unterscheiden sich in den Masteigenschaften ebenso wie im Verhalten, der Qualität der Schlachtkörper sowie dem Genusswert des Fleischs.

Es ist leider wie immer: Quantität und Qualität passen auch hier wieder nicht richtig zusammen, die Produktion muss Kompromisse machen. Das höchste Wachstumsvermögen haben Jungbullen.

Sie erreichen ihr Schlachtgewicht von 750 Kilogramm mit 18 bis 19 Monaten (Fleckviehbullen). Nach einer Aufzuchtphase von zwei bis drei Monaten auf circa 90 Kilogramm schließt sich die Mast mit täglichen Zunahmen von etwa 1 300 Gramm an. Da sie nicht kastriert sind, bilden sie im Hoden rasseabhängig ab einem Alter von vier bis sechs Monaten zunehmend das männliche Hormon Testosteron, das neben der Regulation der Fortpflanzungsfunktionen stark anabole Wirkungen auf den Muskelstoffwechsel hat. Es führt zum typischen Muskelzuwachs im Schulter- und Nackenbereich, der Fettansatz ist geringer, die Knochen sind kompakter und stärker. Durch den Aufbau des energieärmeren Proteins zu Lasten der Fettbildung ist die Verwertung des aufgenommenen Futters besonders gut.

Bei uns ist das Basisfuttermittel der Wahl in der intensiven Bullenmast Maissilage, ergänzt mit einer Proteinkomponente (Rapsextraktionsschrot, Soja oder auch Biertreber) und einer Energiezulage wie Getreidekraftfutter (zum Beispiel Körnermais/Weizen). Dabei steigt die tägliche Menge an Kraftfutter und proteinreichem Futter bis zum Mastende an, die Neigung zur Verfettung ist bis zum Schluss recht gering. Um einen Jungbullen von 200 auf 750 Kilogramm zu mästen, bedarf es 65 Dezitonnen Maissilage mit einer Trockenmasse, knapp 6 Dezitonnen Rapsextraktionsschrot und circa 7 Dezitonnen Getreidekraftfutter. Bei uns werden Bullen in rein männlichen stabilen Gruppen in Ställen gemästet, der Auslauf ist begrenzt, so dass eine feste Hierarchie die ansonsten üblichen Rangordnungskämpfe reduziert. Unter Weidemastbedingungen ist Bullenmast aufgrund der an die Hodenhormone gekoppelten Aggressivität nicht möglich.

Die Jungbullenmast (Alter unter zwei Jahre) liefert bei uns mengenmäßig das meiste Fleisch, es ist mager und damit das, was der deutsche Verbraucher will. Es ist allerdings grobfaseriger als Färsen- oder Ochsenfleisch, da die gleiche, bei der Geburt prinzipiell angelegte Muskelfaserzahl beim Bullen zu mehr Muskelmasse heranwachsen muss als beim Ochsen. Das geht nur, wenn die einzelne Muskelfaser dicker und länger wird. Die geringere Verfettung des Schlachtkörpers bringt allerdings sensorisch Nachteile mit sich, da zwangsläufig auch weniger Marmorierung entsteht, die Zartheit, Saftigkeit und das Aroma positiv beeinflusst.

Die Mast von Ochsen und Färsen spielt in Deutschland eine untergeordnete Rolle, während sie in Ländern mit spezialisierter Fleischerzeugung dominieren. Vorteil der beiden Geschlechter ist die niedrigere Aggression, damit sind die Tiere ohne große Vorsichtsmaßnahmen für extensive Weidehaltung ebenso wie für die Stallmast geeignet. Ihr Nachteil ist das geringere anabole Potenzial. Färsen bilden zwar ab der Pubertät auch wachstumsfördernde Estrogene, sie sind jedoch weniger anabol als die männlichen Hormone. Ochsen verfügen bis zur Kastration über die potenten anabolen Androgene, danach verschiebt sich jedoch auch ihr Stoffwechsel hin zur verstärkten Fettbildung. Daher werden Färsen häufig mit weniger energiereichen Futtermitteln gefüttert und mit wesentlich weniger Gewicht geschlachtet als Jungbullen. Für Fleckvieh-Färsen wäre das ein Endgewicht von knapp 600 Kilogramm. Die Zunahmen sind niedriger (800 bis 1 000 Gramm pro Tag), und als Futtermittel werden als Basis die energieärmeren Grassilagen mit wenig Kraftfutter eingesetzt. Kraftfutter wird im letzten Drittel der Färsenmast bereits wieder deutlich reduziert, um die natürliche Neigung zur Verfettung zu kontrollieren. Das Ergebnis ist ein Schlachtkörper mit wesentlich weniger Muskelmasse als bei Bullen und mehr Fett, aber mit einer exzellenten Fleischqualität: kleinere Fasern, gute Marmorierung, relativ niedriges Alter und damit hohe Löslichkeit des Bindegewebes. Das sind in der Küchenpraxis lange bekannte Tatsachen.

Daher überrascht es umso mehr, wenn der Fernsehkoch Tim Mälzer in der ARD-Sendung »Lebensmittel-Check« am 7. Dezember 2015 zum Thema »Wie gut ist unser Rindfleisch?« Fleisch von Bullen, Ochsen und Färsen verkosten lässt, die Attribute sind jedoch »konventionell« beim Jungbullenfleisch, »Weide« beim Ochsenfleisch und »Bio« beim Färsenfleisch. Geschlechtsunterschiede in der Qualität werden dann vollmundig dem Haltungsverfahren zugeordnet, und der Fernsehkoch speit kamerawirksam das konventionelle (Bullen-) Fleisch aus, da es für ihn ungenießbar sei. Eine solche Darstellung ist demagogisch und hat mit Verbraucheraufklärung nichts, aber auch gar nichts zu tun. Auch wenn man ein bestimmtes Haltungsverfahren präferiert und Bioproduktion unterstützen möchte, ist dies keine Entschuldigung für eine Verbraucherverdummung dieser Art. Wenn er sich aber der Fakten nicht bewusst gewesen sein sollte, dann sollte er besser weiter Fernseher kochen …

Zurück zum Ochsenfleisch: Dieses Fleisch genießt unter Gourmets einen guten Ruf. Das hängt damit zusammen, dass die Fettbildung auch hier eine bessere Qualität produziert als in der Bullenmast. Wie das Mastverfahren konkret aussieht, hängt von der Haltungsform ab. Wenn wie in den USA das männliche Kalb extrem extensiv in der Mutterkuhhaltung aufgezogen wird, wird früh kastriert. In den USA werden 75 Prozent der Kastrationen bei Tieren, die jünger als drei Monate sind, durchgeführt. Am besten wird der Kastrationsstress verkraftet, wenn sehr früh kastriert wird (erster Lebensmonat, das ist auch bei uns übrigens ohne Betäubung legal, Hintergrund wie bereits erwähnt). Eine spätere Kastration zum Beispiel beim Absetzen mit sechs bis acht Monaten wird schlechter verkraftet. Allerdings hat der Kastrationszeitpunkt enorme Konsequenzen für das weitere Wachstum, sofern nicht mit der Verabreichung von Anabolika eingegriffen wird, wie es in den USA üblich ist.

Heute wird in Deutschland – wenn mit fleischreichen Genotypen gearbeitet wird – häufig die Aufzucht und die Mast bis 300 Kilogramm (neun Monate) wie die Bullenmast durchgeführt, dabei werden 1 000 Gramm tägliche Zunahmen erreicht. Mit acht Monaten wird vom Tierarzt unter Betäubung kastriert. Danach schließt sich dann eine fünf- bis sechsmonatige Phase mit geringerer Energieversorgung an, zum Beispiel Weidegang, die Zunahmen fallen hier auf 800 bis 900 Gramm. Danach wird eine intensive Endmast mit Bullenration für Monate im Stall durchgeführt. Die Zunahmen steigen dann auf 1 100 Gramm. Geschlachtet wird mit 19 Monaten wie in der Bullenmast. Diese intensive Variante der Ochsenmast, die in Süddeutschland zum Beispiel mit Fleckvieh praktiziert wird, produziert ein qualitativ hochwertiges Ochsenfleisch.

In Norddeutschland lief die traditionelle Ochsenmast über fast drei Jahre mit drei Weideperioden mit Zunahmen zwischen 600 und 800 Gramm pro Tag und dazwischen Phasen im Stall, in denen nur sehr geringe Zunahmen angestrebt wurden (200 bis 400 Gramm pro Tag). Diese Ochsenmast auf der Weide wurde mit den schwarzbunten Vorgängern der Holstein-Rinder gemacht und wird ähnlich als exklusives Produkt auch mit alten Rassen wie dem Limpurger Rind durchgeführt. Ein Produkt, das dann über entsprechende Reifung optimiert werden muss und nicht auf dem normalen Fleischmarkt die erforderliche finanzielle Honorierung erhält.

Der Kastrationszeitpunkt beeinflusst die Bemuskelung, aber auch den intramuskulären Fettgehalt der Ochsen. Je früher die Kastration stattfindet, desto weniger Fleisch, aber umso mehr intramuskuläres Fett.[4]

Da die Gonadenhormone auch das Längenwachstum der langen Röhrenknochen steuern, sind Ochsen, je früher sie kastriert werden, umso hochbeiniger und dünner. Ein Phänomen, das auch von anderen Spezies her bekannt ist. So wissen Pferdeliebhaber, dass auch hier eine späte Kastration den kompakteren Hengsttyp, eine frühere Kastration den höheren und schmaleren Wallach hervorbringt. Beim Menschen ist das Phänomen ebenso bekannt, man spricht daher auch bei Proportionen, die ein Missverhältnis zwischen Gliedmaßen- und Rumpfläge aufweisen, vom eunuchoiden Hochwuchs.[5]

In Süd- und Nordamerika erfolgt die Mast meist zweiphasig. Nach einer extensiven Aufzucht mit Mutterkuh und Weidehaltung bis zu einem Gewicht von circa 300 Kilogramm (mit erheblicher Variabilität nach Genotyp) schließt sich für die meisten Tiere – Ochsen wie Färsen – eine circa 100-tägige Endmast in den sogenannten Feedlots mit hohem Kraftfuttereinsatz an. Zielgröße sind Zunahmen von circa 1500 Gramm pro Tag. In USA und Kanada Standard, nimmt diese Mastform in den südamerikanischen Ländern, insbesondere in Argentinien, zu. Dort findet wegen der Flächenverknappung durch den Sojaanbau und der Verfügbarkeit von Futtermitteln für die Endmast die weitgehend flächenunabhängige Form der Mast im Feedlot zunehmende Verbreitung. In den USA werden die meisten Tiere in der Endmast außerdem durch Hormonimplantate auf ein intensiveres Wachstumsvermögen eingestellt (siehe Kapitel 8.10).

Prinzipiell führt die hohe Energieversorgung in dieser Zeit dazu, dass das Fleisch zart wird, da mehr Fett eingelagert wird.[6]

Tabelle 19: Auswirkung der Endmast im Feedlot im Vergleich zur Endmast auf der Weide auf die Zartheit von Rindfleisch (nach Warner et al., 2010)

Teilstück (Muskel)	Genotyp	Scherwert (N)	
		Feedlot Endmast	Endmast auf der Weide
Roastbeef (M. longissimus dorsi)	A	38,6	42,7
	B	45,5	49,2

Der Wechsel von einer wenig intensiven zu einer intensiven Mastphase, wie es in den Feedlots ebenso geschieht wie in der traditionellen norddeutschen Ochsenmast mit dem »Hochhungern« im Stall und dem Wechsel auf die intensivere, energiereichere Weide, ist jedoch zusätzlich auch ein traditionelles, hocheffektives Mittel zur effizienten Erzeugung hochwertigen Rindfleischs. Man nutzt dabei das Phänomen des sogenannten kompensatorischen Wachstums. Das kompensatorische Wachstum beschreibt zunächst nur die Fähigkeit des Körpers, einen Wachstumsrückstand – zum Beispiel aufgrund einer Phase schlechter Futterverfügbarkeit wie in den Wintermonaten – oder eine Erkrankung effizient wieder aufzuholen. Während der Kompensationsphase stellt der Körper eine besonders effektive Stoffwechsellage ein. Daher sind die Zunahmen besonders hoch und das Futter wird besser verwertet als in den Phasen normalen Wachstums. Es wird relativ weniger Fett angesetzt, und aufgrund der nun rapiden Umbauvorgänge im Körper ist das Bindegewebe besonders zart (wenige feste Crosslinks). Auch sind die für die spätere Fleischreifung wichtigen Proteasen in der Zeit verstärkt aktiv.

Damit kann bei Rassen oder Geschlechtern, die zur Verfettung neigen, ein qualitativ höchstwertiges Produkt produziert werden. Geschlecht und Maststrategien haben neben der Einlagerung von Fett und dem Alter der Tiere auch massive physiologische Auswirkungen.

In einem Vergleich zwischen den Geschlechtern bei gleichem Alter (24 Monate) konnte gezeigt werden, dass Ochsen von Anfang an zarteres Fleisch liefern als Färsen und Bullen, wobei nach zwei Wochen Reifung das Färsenfleisch signifikant zarter war als Bullenfleisch. Die Zartheit erklärte sich physiologisch neben dem Fettgehalt und erhöhten Calpainwerten bei Färsen auch durch signifikant niedrigere Calpastatinwerte bei Färsen und Ochsen, da dieses Enzym Umbau- und postmortalen Abbauprozessen entgegenwirkt. Calpastatin ist auch nach einer kompensatorischen Wachstumsphase vermindert, was in dieser Untersuchung allerdings nicht vom Alterseffekt und den verschiedenden Maststrategien zu trennen war (24 versus 18 Monate).[7]

Markus Eberhardinger
Altkuh mit Kobe-Potenzial

Das erste Mal, als ich von dieser »alten Kuh« hörte, war ich sehr skeptisch, was den Genusswert des Fleischs angeht. Bei einer Veranstaltung mit dem spanischen Koch Imanol Jaka hatte ich die Gelegenheit, die alte Kuh zu testen, und war begeistert. Imanol Jaka, der Chef von Txogitxu, hat die alte baskische Tradition der alten Kuh zu einem beachtlichen Betrieb geführt. Der regionale Einkauf ist für ihn – wie für viele andere Metzger auch – nicht seine Maxime. Er kauft die mindestens 16 Jahre alten Kühe in ganz Europa nach seinen Qualitätskriterien auf. Das rohe Fleisch hat einen Geruch, der an Heu und Sahne erinnert, ist dunkelrot, und das Fett ist tief gelb und sieht aus, als ob es vor Tran nur so strotzt.

Die Steaks der alten Kuh werden bei sehr hoher Hitze im Ofen gegrillt und dann nur mit etwas Salz ohne Beilage serviert. Das Fleisch war – abgesehen von den Sehnen, die es hat und die wirklich unkaubar sind – sehr zart und von intensivem nussigem Geschmack. Für mich als Fettliebhaber aber war das absolute Highlight des Fleischs das Fett. So ein herrlicher Schmelz, an Butter und Gänsestopfleber erinnernd, und kein Stück traniger Geschmack. Das hat mich überzeugt, und ich habe sofort eine Bestellung aufgegeben, ein Côte de Bœuf mit fünf oder sechs Rippen. Das Fleisch kam bei mir an, majestätisch in Leinen gehüllt, herrlicher Duft, grandioses Fett, aber ein relativ kleiner Fleischanteil.

Ich wollte es als Côte de Bœuf, für zwei Personen am Tisch tranchiert, auf die Karte setzen. Schon beim Portionieren kamen mir die ersten Zweifel, ob das denn zu kalkulieren sei. Beim genauen Nachrechnen kam ich zu dem Ergebnis, dass ich es so nicht verkaufen kann, ich hätte pro Portion 15 Euro draufgezahlt, ohne Arbeit, Wareneinsatz für Beilage, Energiekosten und Service zu berücksichtigen. Aber dieses Fleisch, in kleinen Portionen zerteilt und einzeln gebraten, ist einfach nicht sinnvoll, es braucht Hitze, damit das Fett schön geröstet wird und der wahre Genuss entsteht. Das war das einzige Mal, dass ich dieses grandiose Fleisch in meiner Küche hatte; es ist einfach schwer bis unmöglich, ein Steak für zwei Personen für 220 Euro zu verkaufen. Aber ich denke immer gern an diese super unkalkulierbare Kuh zurück.

11.5 Das Märchen vom Kobe-Rind und was daran wirklich stimmt

Kobe-Fleisch ist die Spitze des »High-End-Rindfleischs«. Es kursieren die merkwürdigsten Geschichten, warum das Fleisch so toll ist. Zu diesen Geschichten gehört, dass den Tieren Reiswein oder Bier gegeben wird und sie täglich massiert werden, um eine gute Verteilung des Fetts im Muskel zu erreichen.

Das Fleisch der berühmten Kobe-Rinder stammt nur von Tieren, die in Kobe, der Hauptstadt der Präfektur Hyōgo (alte Provinz Tajima), produziert wurden. Sie gehören zur Rasse Wagyu und haben ein intensiv marmoriertes Fleisch mit weichem Fett, das weniger gesättigte Fettsäure hat als vergleichbar fette Tiere anderer Rassen. Wa bedeutet japanisch, Gyu bedeutet Rind, die Bezeichnung der Genetik ist also »japanisches Rind«. Dabei ist – ähnlich wie bei den Iberico-Schweinen – typisch, dass ein höherer Anteil an MUFAs eingelagert wird, die zum spezifischen Geschmackserlebnis beitragen. Alle Kobe-Rinder sind Wagyu, aber nicht alle Wagyu Kobe.[8]

Wagyu-Fleisch boomt in den USA, aber auch in Deutschland wächst der Markt. Traditionell wurden diese Rassen ursprünglich als Arbeitstiere gezüchtet, da es bis 1868 untersagt war, Fleisch von landwirtschaftlichen Nutztieren zu essen. Daher wurden Milch- und Fleischleistung bei der Züchtung zunächst völlig außer Acht gelassen. Die Proteinquellen waren traditionell Fische, Wal und Wild. Ab 1868 war es wieder erlaubt, Fleisch und Milch zu verzehren, so dass für die Zucht leistungsfähige Rassen importiert und teilweise auch mit den einheimischen Rindern gekreuzt wurden. Die Kreuzungstiere wiesen jedoch eine schlechte Arbeitsleistung auf, so dass etwa ab 1910 die Einkreuzungen vorübergehend eingestellt wurden.

Daraus gingen dann vier Rassen hervor, die als »verbessertes Wagyu« bekannt sind: Japanese Black (einheimische Mishima ge-kreuzt mit Devon, Brown Swiss und Shorthorn), Japanese Brown (aus Kreuzungen mit koreanischen Rindern, Devon- und Sim-mental-Rindern), Japanese Poll (starker Einfluss der Rasse Angus, daher hornlos, frühreif, aber schlechtere Fleischmarmorierung) und Japanese Shorthorn (Kreuzung unter anderem mit Beef Short-horn). Die alte Rasse Mishima (Widerristhöhe 110 Zentimeter, 280 Kilogramm, kurze Laktationsdauer von 116 Tagen und maximal 3,3 Kilogramm Milch pro Tag, extreme Marmorierung des Fleisches), aus denen die verbesserten Wagyu hervorgingen, konnte jedoch als Rasse erhalten werden und gilt heute in Japan als nationales Erbe. Das klassische Kobe-Fleisch kommt von den Japanese Black (Widerristhöhe 125 Zentimeter, 500 Kilogramm) mit der wichtigs-ten Linie Tajima-Gyu. In Japan gibt es insgesamt circa 2,8 Millio-nen Rinder, die für die Fleischerzeugung gehalten werden. Die vier Wagyu-Rassen machen circa 60 Prozent der in Japan gehaltenen Rinder aus.

Die Klassifizierung von Schlachtkörpern in Japan berücksich-tigt die Marmorierung, die Farbe und Helligkeit, die Festigkeit und Textur sowie Fettfarbe, -glanz und -qualität. Die Klassifizierung differenziert jeden dieser vier Faktoren mit eins bis fünf Punkten, wobei fünf die höchste Qualität darstellt. Nach japanischem Recht kann Kobe-Fleisch nur aus der Präfektur Hyōgo kommen.

Kobe-Rindern wird in Japan eine spezielle Ration gefüttert, die streng genommen wenig wiederkäuergerecht ist, da sie zu viel Energie enthält. Wie unten weiter ausgeführt besteht sie zum er-heblichen Teil aus hochenergetischem Kraftfutter aus verschiede-nen Futtermitteln wie unter anderem Soja, Mais, Gerste, Weizen. Die Tiere haben keinen Weidegang und werden ausschließlich im Stall gemästet. Um als original japanisches Kobe-Fleisch zertifiziert zu werden, müssen folgende Kriterien eingehalten werden:

- reinrassige Tajima (Tajima-Gyu) zwischen 28 und 60 Monate alt
- geboren, aufgezogen und geschlachtet in der Präfektur von Hyōgo
- eine Qualitätseinstufung nach dem japanischen System von 4 oder 5

- eine überdurchschnittliche Marmorierung (mindestens 6 auf der 12-Punkte-Skala)
- Klassifizierungsstempel »Japanische Chrysantheme«

Der Zertifizierungsprozess ist so streng, dass auf der Ebene des Einzelhandels oder in Restaurants die zehnstellige Identifikationsnummer für jedes Stück Fleisch vorliegen muss, die die Identifikation des Tajima Gyus erlaubt, von dem das Fleisch stammt. Kobe Beef, Kobe Meat und Kobe Cattle sind geschützte Marken in Japan.

In den USA gelten diese Markenvorschriften nicht, so dass verschiedenste Qualitäten von amerikanischem oder australischem Wagyu-Fleisch als »Kobe Beef« vermarktet werden können. Der Import von japanischen Rindern war zwischen 2009 und August 2012 verboten.

Die amerikanische Wagyu-Zucht (Kobe Style) geht auf vier Wagyu-Bullen (je zwei Japanese-Brown- und Japanese-Black-Bullen) zurück, die 1976 unter ungeklärten Umständen aus der japanischen Präfektur Tottori zum Einkreuzen mit Angus-Rindern in die USA gebracht wurden und das »American Wagyu Kobe Style Beef« begründeten. Da Wagyus als nationales Erbe Japans galten, war es bis 1992 eigentlich verboten, Wagyu-Genetik zu exportieren. Mitte der 1990er Jahre wurde der Export für kurze Zeit gesetzlich erlaubt, der nationale Zuchtverband verbot die Ausfuhr jedoch weiterhin. In dieser Zeit wurden etwa vierzig weitere reinrassige Wagyu-Zuchttiere in die USA importiert. Nur wenige Farmen betreiben heute in den USA eine Wagyu-Reinzucht, die meisten kreuzen Wagyu mit Angus-Rindern. Der Wagyu-Einfluss zeigt sich insbesondere in der Marmorierung des Fleischs.

Auch in Australien hat die Produktion mit Wagyu-Rindern (Kobe Style) Tradition. In den 1990er Jahren importierte Australien die ersten Wagyu-Embryonen und Sperma und begann ein Zuchtprogramm mit Rückzüchtung. Mitte der 1990er Jahre importierten die Australier reinrassige Wagyu-Bullen und -Kühe aus den USA. Heute genießen die australischen Wagyu einen guten Ruf wegen der intensiven Marmorierung ihres Fleischs und wegen des Geschmacks. Auch in Kanada und Europa gibt es inzwischen Wagyu-Züchter, aber die USA und Australien sind die bedeutendsten Länder für das außerhalb Japans gehandelte Wagyu-Fleisch. Das erste Wagyu-Kalb wurde 2006 in Deutschland geboren, der Wagyu Verband Deutschland wurde 2009 gegründet und betreibt das deutsche Wagyu-Herdbuch. Hier können entweder reinrassige Tiere (100 Prozent Wagyu, »Full Blood«) oder Tiere aus der Verdrängungszucht mit mindestens 95 Prozent Wagyu-Genanteil (»Purebred«) eingetragen werden.

Die gute Fleischqualität der Wagyu basiert darauf, dass sie enorme Mengen an intramuskulärem Fett einlagern können, dabei können Spitzenwerte von über 30 Prozent erreicht werden. Verglichen mit den in Deutschland angestrebten 2,5 bis 4,5 Prozent beim Rind stellt das ein eine völlig andere Dimension dar. Dies ist bedingt durch eine höhere Zahl von Fettzellen im Muskel bei dieser Rasse, die einzelnen Fettzellen sind dabei sogar tendenziell kleiner als bei europäischen Rassen. Insgesamt enthalten die Schlachtkörper aber mehr Fett als zum Beispiel die Schlachtkörper der frühreifen und für unsere Verhältnisse fetteren Rasse Angus (Japanese Black 42 Prozent versus deutsches Angus-Rind 22 Prozent).

Das Produktionsverfahren in Japan unterscheidet sich traditionell nach der Art des Masttiers (jung oder alt). Das traditionelle Mastverfahren für junge Ochsen ist das häufigste. Dabei werden die Tiere mit circa zehn Monaten eingestallt und bis zu einem Alter von 27 bis 28 Monaten teilweise bis zu 36 Monate gemästet. Da die Rinder traditionell als Arbeitstiere genutzt und Ochsen als Zugtiere stärker nachgefragt wurden, waren Färsen die bevorzugten Masttiere. Während der Mast wird die Energiezufuhr kontinuierlich gesteigert, das genaue Fütterungsprotokoll wird jedoch nicht der Öffentlichkeit zugänglich gemacht.

In einer der wenigen publizierten Untersuchungen zur Mast von Wagyu-Ochsen in Japan und Deutschland wird ein vierphasiges »Standardverfahren zur Produktion von marmoriertem Rindfleisch« beschrieben. In dieser Studie wurde nach einer Aufzuchtphase von drei Monaten bei der Mutterkuh von der ersten Phase (3 bis 8 Monate) mit 53 Prozent Kraftfutter (14 Prozent Rohprotein) der Anteil des hochenergetischen Futters auf 96 Prozent und 98 Prozent (9 Prozent Rohprotein) in den beiden letzten Phasen (15 bis 20 Monate und 20 bis 26 Monate) gesteigert. Mit dieser Fütterung erreichten die Ochsen circa 750 Kilogramm gegen Mastende.

Diese hochenergetische Fütterung der aufgrund von Geschlecht und Rasse bereits zur Verfettung neigenden Tiere verstärkt die Fetteinlagerung. Traditionell werden die Tiere während der Mast mit Öl massiert, und sie erhalten Bier zur Appetitanregung. Ob Bier den Appetit wirklich steigert, ist in der Literatur für die Spezies Rind nicht zu finden, allerdings enthält Bier auch Energie, die zusätzlich zur Kraftfutterration die Energieaufnahme steigert. Das Haltungssystem ist zudem so, dass sich die Tiere kaum bewegen können, um die Muskeln möglichst wenig zu beanspruchen. Diese Produktionsweise wurde bereits 1979 nur noch mit weniger als 5 Prozent der Tiere so durchgeführt. Das Massieren wird populär gerne so dargestellt, als ob es zur besseren Verteilung des Fetts in der Muskulatur beitragen würde. Das ist natürlich Unsinn.

In der oben erwähnten Schweizer Studie wurde an normalen Mastbullen die Auswirkung einer wöchentlichen Streichelbehandlung (zweimal vier Minuten pro Tier) ab der fünften Woche vor dem Schlachttermin untersucht, von welcher eine beruhigende und zähmende Wirkung erwartet wurde. Vor Beginn der Behandlung und zwei Tage vor dem Schlachttermin wurde bei allen acht Tieren untersucht, wie sie auf eine fremde Person reagieren. Die behandelten Tiere ließen sich nach fünf Wochen auch durch Fremde leichter berühren als die Kontrolltiere. Am Tag der Schlachtung wurde das Verhalten aller Tiere beim Betreten der Betäubungsbucht auf dem Schlachthof beobachtet. Die Tiere aus der Behandlungsgruppe wiesen geringere Stresssymptome auf und hatten niedrigere Werte verschiedener Stressparameter im Schlachtblut als die Kontrolltiere. Zudem war die Fleischqualität, die durch Stress vermindert werden kann, bei diesen schlechter als bei der behandelten Gruppe. So ist der intensive Kontakt mit den Masttieren durch die Massagen auch bei den Kobe-Rindern sicherlich förderlich für die Fleischqualität, da der Stress vor der Schlachtung weitaus geringer ist als ohne die positive Mensch-Tier-Beziehung.[9]

In den USA werden die Wagyu-Kreuzungen mit einer Mischung aus Mais, Hirse und Gerste sowie Weizenstroh gefüttert. Das Klassifizierungssystem des amerikanischen Landwirtschaftsministeriums, das stark die Marmorierung von Fleisch honoriert, hat drei höchste Qualitätsstufen: Select, Choice und Prime. Prime ist die höchste Stufe. Von den normalen Mastrindern in den USA erreichen nur etwa

3 Prozent diese Einstufung, während über 90 Prozent der amerikanischen Wagyu-Rinder die Klassifizierung Choice erreichen. Die intensive Marmorierung des Wagyu-Fleischs ist zwar zum großen Teil genetisch bedingt, wird aber auch durch eine spezielle Mastdauer unterstützt, die bis zu einem Alter von 30 Monaten verlängert ist, während das normale Mastrind mit 24 Monaten geschlachtet wird.

Auch die Fettzusammensetzung, das Fettsäuremuster der Wagyu, wird als ein geschmacksbestimmender Faktor diskutiert.

In einem Mastversuch mit identischer Fütterung wurde die Fettsäurezusammensetzung von Holstein- und Wagyu-Rinder verglichen. Beide Genotypen wurden auf extrem hohe intramuskuläre Fettwerte gefüttert (17 und 32 Prozent intramuskuläres Fett), wobei der intramuskuläre Fettgehalt der Wagyus aber fast doppelt so hoch war. Normalerweise ist die Gesetzmäßigkeit strikt nachweisbar, dass fettere Schlachtkörper mehr gesättigte Fettsäure haben. Allerdings hatten die Wagyu signifikant niedrigere Gehalte an gesättigten Fettsäuren (16:0 bis 20:0), während einfach ungesättigte Fettsäuren (16:1, 18:1 und 20:1) in höheren Konzentrationen bei den Wagyu vorkommen. Diese Fettsäuren machen das Fett weicher, ohne das Risiko des Ranzigwerdens zu sehr zu steigern.[10]

11.6 Fütterung und Rindfleischqualität

Der Verbraucher schreibt der Fütterung immer einen hohen Stellenwert zu. Beim Wiederkäuer kann man hinsichtlich der Fütterung einige wesentliche Effekte klar benennen, die sich auf den Genusswert auswirken.

Der erste Faktor ist die Fütterungsintensität. Prinzipiell gilt: Je niedriger diese ist, umso langsamer wächst ein Tier, umso niedriger bleibt der Fettanteil im Schlachtkörper, da der Körper die Schwerpunktsetzung bei Knochen-, Muskel- und Fettaufbau nacheinander abarbeitet, soweit Energie zur Verfügung steht. Bei intensiver Fütterung schieben sich diese Prozesse stärker ineinander, das heißt, zum Zeitpunkt der Schwerpunktsetzung beim Knochen wird bereits stark Muskelmasse und schon einiges an Fett aufgebaut. Daher kann zum Beispiel das Muskelbildungsvermögen eines Tiers bei verhaltener Fütterung besser ausgenutzt werden als bei intensiver Fütterung, da bei der intensiveren Variante die vom Markt unerwünschte Verfettung einsetzt. Die Konsequenzen für die Produktqualität sind ebenfalls klar abzuleiten. Zartheit hängt vom Alter ab, vom intramuskulären Fett, und beides ist günstiger bei den Tieren aus der Intensivmast. In Ländern mit hohem Anteil an Fleischrinderhaltung erfolgt daher die Endmast meist in Feedlots. Die Mastdauer dort liegt in der Regel zwischen 90 und 120 Tagen. Die Ochsen und Färsen stammen meist aus der Weidehaltung. Eine typische Futterration besteht überwiegend aus Körnermais/Getreide, dazu kommen Raufutter (zum Beispiel Luzerneheu) und Mineralfutter. Mit dem Anstieg der Bio-Ethanolproduktion in den USA werden vermehrt Maisschlempen[11] in den Feedlots eingesetzt. Das in Feedlots erzeugte Rindfleisch zeichnet sich durch einen hohen intramuskulären Fettanteil aus und wird von einigen Konsumenten zarter und geschmacklich besser als Vergleichsprodukte eingestuft.

Einzelfuttermittel sind beim Rind wesentlich weniger effektiv, wenn es darum geht, die Fettsäurezusammensetzung des Schlachtkörpers zu beeinflussen, da es sich ja um Wiederkäuer handelt und die Mikroorganismen des Verdauungstrakts die aufgenommenen Futtermittel modifizieren können. Es gilt allerdings auch hier die Gesetzmäßigkeit, dass Körperfett umso mehr ungesättigte Fettsäuren enthält, je magerer der Schlachtkörper ist. Daher haben die großrahmigen Rassen mehr PUFAs im Fett als zum Beispiel Angus-Rinder. Ein Grund ist dabei, dass die Phospholipide der Membran, die relativ mehr zur Lipidfraktion bei mageren Rassen beitragen, einen hohen PUFA-Anteil aufweisen. Ebenso ist bei Tieren aus intensiver Feedlot-Endmast der Anteil der gesättigten Fettsäuren aufgrund des höheren Fettanteils von vornherein höher als bei den Tieren aus Weideendmast.

Ob gesättigte Fettsäuren positiv oder negativ zu werten sind, hängt – wie bereits ausführlich dargestellt – von der Sichtweise ab. Während ernährungsphysiologisch gesättigte Fettsäuren wesentlich kritischer gesehen werden als ungesättigte, sind aus der Sicht der Verarbeitung und des Genusswerts ungesättigte Fettsäuren problematischer.

In einer Studie über die Auswirkung von Kraftfutter im Vergleich zu Gras auf den TBARS-Gehalt im Fleisch von Mastochsen konnte gezeigt werden, dass die Gehalte bei Kraftfuttermast höher waren, obwohl der Anteil der ungesättigten Fettsäuren niedriger ist. Ein Widerspruch zu den vorher beschriebenen Zusammenhängen. Er erklärt sich dadurch, dass mit dem Gras auch wesentlich mehr Vitamin E mit antioxidativer Wirkung aufgenommen wird als mit Kraftfutter.[12]

Vitamin E wirkt der Fettperoxidation entgegen. Daher ist das Risiko der TBARS-Bildung bei Rindern, die mit Kraftfutter, aber ohne Vitamin-E-Zulage gefüttert wurden, höher als bei Tieren mit einer Grassilage-Ration. Das Ausmaß der TBARS-Bildung hängt natürlich auch davon ab, wie hoch der Gehalt an mehrfach ungesättigten Fettsäuren im Schlachtkörper ist.[13]

Vitamin E hat nicht nur auf die Aromakomponenten Auswirkungen, auch die Fleischfarbe wird durch Vitamin E stabilisiert, da ansonsten ein höherer Anteil Metmyoglobin mit graubrauner Farbe gebildet wird und das Fleisch eine unansehnliche Farbe bekommt.

Es gibt im Vitamin-E-Gehalt große Unterschiede zwischen den Futterpflanzen. Während Klee wenig Vitamin E hat, sind die Gehalte im Gras hoch. Eine Fütterung mit steigenden Anteilen an Rotklee führt so zu einer verstärkten Bildung von Oxidationsprodukten, wenn nicht Vitamin E substituiert wird.[14] Dies hat jedoch auch Auswirkungen auf die Farbsättigung von Rindfleisch, insbesondere bei steigender Lagerungsdauer. Bereits nach drei Tagen sind die Farbunterschiede zwischen Fleisch von Tieren, die mit Gras gefüttert wurden, und Tieren, die Rotklee bekamen, signifikant. Wird der Ration Vitamin E zugesetzt, ist der Unterschied in der Farbe nicht mehr vorhanden.[15]

11.7 Warum amerikanisches und argentinisches Fleisch besser ist

Bei Fleischliebhabern in hohem Ruf steht argentinisches und amerikanisches Rindfleisch, obwohl unterschwellige Befürchtungen vor Hormoneinsatz immer wieder mitschwingen. Aber das Fleisch aus diesen Ländern ist einfach besser.

Dafür gibt es objektive Gründe: Ein wesentlicher Grund ist die Genetik, also die Rassen oder Kreuzungen, die eingesetzt werden. In beiden Ländern spielen die frühreifen Rassen Angus und Hereford eine große Rolle. In die USA und Argentinien wurden Angus-Rinder aus Schottland in der zweiten Hälfte des 19. Jahrhunderts importiert und in den USA seither zur dominierenden Rasse im Fleischrinderbereich. Der Zuchtverband, die American Angus Association, geht davon aus, dass Angus-Rinder und ihre Kreuzungen über 60 Prozent der Mutterkühe ausmachen. Bevor etwa 1960 in den USA die Angus-Rinder so dominant wurden, waren die ebenfalls frühreifen Hereford, die 1817 aus Herefordshire, England, importiert wurden, nach den texanischen Longhorn-Rindern die wichtigste Rasse, die heute noch in Kreuzungen bedeutsam ist. In Argentinien spielen die Hereford-Rinder nach wie vor eine große Rolle. In den USA werden auch Simmental-, Limousin- und Gelbvieh-Rinder insbesondere in Kreuzungen eingesetzt, zudem finden sich in den nördlichen Provinzen Argentiniens sowie in den südlichen trockenen Regionen der USA auch Zebu-Kreuzungen. Diese Genotypen sind jedoch unter Qualitätsaspekten schlechter zu bewerten als die frühreifen Rassen.

Neben den fetten frühreifen Genotypen spielt das Geschlecht eine wichtige Rolle. In den Mutterkuhsystemen werden die männlichen Kälber früh kastriert, so dass de facto nur Färsen und Ochsen in die Fleischproduktion gehen und damit die fetteren und zarteren Geschlechter genutzt werden.

Nicht zuletzt spielt auch die Fütterung eine wichtige Rolle. Die Nutzung des kompensatorischen Wachstums in den Feedlots führt zu einem zarteren Fleisch, da hier die Proteasen besonders aktiv durch die Kompensationsphase mit ihren ausgeprägten Umbauvorgängen im Muskel sind. Zudem können die Tiere durch die hohen Zunahmen in der Endmast früh geschlachtet werden, daher sind sie jung und auch aus diesem Grund ist das Fleisch zart. In den USA ist es das vorherrschende Verfahren, während in Argentinien etwa die Hälfte der Rinder in diesem Verfahren gemästet wird. Ob eine Gras- oder Kraftfutterendmast das bessere Endprodukt bringt, ist umstritten und sicher davon beeinflusst, welche Geschmacksrichtung man gewohnt ist. In manchen Ländern wird das eine Mastverfahren geschmacklich höher bewertet, in anderen Ländern ist es umgekehrt. In Deutschland ist die Kraftfuttermast eher das, was dem Verbrauchergeschmack entgegenkommt. Dabei spielt jedoch immer eine Rolle, ob in der Ration hohe Mengen an Vitamin E vorliegen, da ein höherer Anteil von PUFA im Futter nur dann keinen negativen Geschmackseinfluss hat.

Der letzte Faktor, der eine relativ höhere Vorzüglichkeit gegenüber dem deutschen Fleisch bewirkt, ist die lange Transportzeit, da das Fleisch mehrere Wochen lang auf der Schiffsreise nach Deutschland reift und so eine enorme Zartheit erreicht.

Damit sind alle kritischen Weichen in Richtung hoher Genuss gestellt, so dass eine enorme Produktsicherheit und ein hoher Genusswert erreicht werden und damit das deutsche Standardprodukt bei weitem übertroffen wird.

Das Wichtigste dabei ist aber, für die Produzenten lohnt sich die Produktion von hochwertigem Fleisch, daher produzieren sie es auch: Im amerikanischen Klassifizierungssystem für Schlachtkörper werden die Reife des Schlachtkörpers (Alter, Verknöcherung) und die Marmorierung (intramuskuläres Fett) primär für die Einstufung gewählt. Damit werden junge Tiere mit hoher Marmorierung am besten bezahlt (Prime). Ein komplett anderes System als in Deutschland, das Qualität mit hohem Genusswert geradezu sanktioniert.[16]

Markus Eberhardinger
Was ein Sternekoch vom Fleisch fordert: Rassen und Rindfleischqualität aus der Sicht des Sternekochs

1. Zuerst muss ich sagen, die Rasse des Rinds ist mir egal. Schmecken muss es! Ich habe jeden Tag Gäste im Restaurant, die mit der Erwartungshaltung kommen, dass es schmecken muss, und die dafür einen erheblichen Preis zahlen und kein Interesse an Experimenten haben.
2. Ich frage nicht zuerst nach dem Preis und gehe gern eine neue Zusammenarbeit mit Metzgern und Landwirten ein, aber ich bin müde von Enttäuschungen. Dass ich im Sommer von den Produkten überhäuft werde und dann im Winter kurz vor Weihnachten, wenn auch die Endverbraucher Interesse an besserem Fleisch bekunden, plötzlich Schluss ist mit der Belieferung! Vielen Dank auch, dass ich den Betrieb das ganze Jahr unterstützt

habe! Und jetzt, wenn ich meinen Gästen präsentieren will, was ich das ganze Jahr entdeckt und serviert habe, jetzt bekomme ich keine Produkte mehr geliefert.

3. Wenn ich nach den Haltungsbedingungen der Tiere frage, will ich nicht den Metzgern oder Landwirten an den Karren fahren, was sie oft denken, sondern eine ehrliche Antwort, mit der ich auch gut leben kann (ich bin ja nicht blöd)! Aber oft kommen dann bloße Phrasen, der dumme Koch wird es glauben ... Aber ich weiß genau, dass ihr nicht Ernst Hermann Maier seid, der mehr für das Tierwohl tut als die meisten Produzenten. Also, bitte versucht nicht, mich zu verarschen.

4. Die Geschichte von toller Aufzucht eines Tieres ist ein Verkaufsargument! Und damit schmücken sich viele Metzger und Landwirte. Aber das war es meist schon. Kaum ist das Tier geschlachtet, kommt es mir oft so vor, als ob es egal ist, wie mit dem Schlachtkörper weiter verfahren wird. Schnell verkaufen, dilettantisches Zerlegen. Hauptsache, er verliert so wenig Gewicht wie möglich! Aber keine Ahnung davon, was man aus dem Tier durch vernünftige Fleischreifung noch herausholen kann.

5. Fleisch ist ein Genuss, aber es muss nicht jeden Tag sein! Wenn, dann gutes Fleisch und nicht nur die »Edelstücke«. Finden Sie auch Gefallen an den »B«-Stücken und Innereien. Und vegetarisch ist auch nicht ungesund, fünf Tage die Woche sind vollkommen ungefährlich!

12 Wie man gutes Fleisch findet

Tja, nach all der Theorie, die spannendste aller Fragen. Um gutes Fleisch zu finden, muss ich wissen, was für mich gute Qualität ausmacht. Ist es nur der Genusswert? Oder will ich auch beim Essen ein gutes Gewissen haben? Dass es Zielkonflikte gibt, ist klar und in den letzten Kapiteln ausführlich dargestellt. Ich muss entscheiden, was ich will und wie wichtig mir das ist – eben wie immer im Leben.

Ich sollte wissen, wofür das Fleisch bestimmt ist, zum Kurzbraten oder zum langen Schmoren. Kurzbraten mit einem bindegewebsreichen Stück wie der Wade führt ebenso zur Enttäuschung wie ein totgekochtes Filet.

Wenn man das berücksichtigt, ist es gar nicht so schwer, gutes Fleisch zu finden. Viele Teilstücke sind wenig bekannt und bieten einen hohen Genuss zum günstigeren Preis. Ein solches Teilstück ist beim Schwein zum Beispiel die Schweineschulter, die als (Krusten-)Braten jeden Schweinerücken übertrifft. Oder der Schweinebauch, der mehr drauf hat, als der Star des Männergrills zu sein, und mit guten Gewürzen, sous-vide gegart, als Schweinebauchpraline jedes magere Steak aus dem Rennen wirft.

Also, wo finde ich es, das gute Fleisch? In den letzten Jahren sind die Spezialisten für gutes Fleisch mehr geworden, es gibt einige wirklich hochklassige Internetversandfirmen, etwa gourmetfleisch. de oder otto-gourmet.de, die tolles Steakfleisch mit konstanter Qualität liefern. Aber das hat natürlich seinen Preis. Doch nicht nur im Luxussegment des Internets gibt es diese Spezialitäten. Der Markt für Fleisch mit hohem Genusswert hat sich verbessert, inzwischen gibt es bei vielen Handelsketten Dry Aged Beef, Angus- oder Iberico-Fleisch zu kaufen. Auch das sind Steakqualitäten, die einen sicheren Genuss versprechen, da sie von der Genetik und der Reifedauer optimiert sind.

Beim normalen Fleischkauf an der Bedientheke wird es schwieriger. Hier sollte man sich zuerst mal von der klassischen Vorliebe für eine helle Fleischfarbe verabschieden, da es das Risiko für ein PSE-Stück erhöht oder beim Rindfleisch zum wenig gereiften Fleisch führt.

Dann sollte man sich mit einem höheren Fettgehalt anfreunden, da hier der Garant für den Genuss liegt. Mit diesen Kriterien an der Fleischtheke ist man schon mal gut vorbereitet.

In den Diskussionen mit den Studierenden empfehle ich, immer abends kurz vor Ladenschluss an der Selbstbedienungstheke mit geschlossenen Augen zuzugreifen, wenn man gutes Fleisch will, da die Verbraucher schon alle mageren und hellen Packungen gekauft haben und nur das dunklere und fettere Fleisch übrig geblieben ist. Nun, ganz so ist es nicht, aber fast so.

Dunkler und fetter, das sind meistens gute Hilfskriterien. Wenn es an die Bedientheke geht, wären beim Rindfleisch die beiden wichtigsten Fragen, ob es Färsen- oder Ochsenfleisch gibt (kaufen!) oder ob es Jungbulle ist (eher nicht kaufen) sowie die Frage nach der Reifedauer (mindestens drei Wochen!).

Beim Schweinefleisch ist die Reifungsdauer weniger entscheidend, hier sollte man extrem auf die Farbe und eine etwas stärkere Marmorierung achten. Blassrosa Lendenkoteletts werden selten einen hohen Genuss bringen.

Biofleisch ist in keiner Weise ein Garant für eine bessere sensorische Qualität. Eine gute Qualität wird auch in den Biobetrieben erzeugt, wenn besonders fette und feinfaserige Rassen verwendet werden. Zudem wird das Fleisch oft in kleineren Schlachtbetrieben mit kürzeren Transportwegen gewonnen, was positiv für die Qualität ist. Allerdings ist eben der Faktor Mensch, die Handwerkskunst beim Metzger, eine erhebliche Variable für die Qualität.

Für den Rindfleischkauf ist der Einkauf bei Landwirten mit Mutterkuhhaltung und Direktvermarktung ein guter Weg, allerdings nur, wenn größere Mengen in der Vorratshaltung bewältigt werden können. Der Vorteil dabei ist auch, dass man die Rasse des Tiers kennt und dass man sich meist aussuchen kann, ob man Fleisch von einem weiblichen (fetter und zarter) oder männlichen Tier (magerer, fleischreicher) haben möchte. Zudem werden die Tiere oft unter einem Jahr als Jungrinder geschlachtet. Am normalen Markt bekommt man selten Jungrindfleisch, obwohl es in seiner Zartheit (weniger Crosslinks) bei dunklerer Fleischfarbe einen hohen Genusswert bieten kann. Insbesondere wenn es sich um früh verfettende, »frühreife« Rassen wie Angus handelt, dann ist es ein tolles Produkt. Allerdings bekommt man als Käufer meistens Fleischpakete mit unterschiedlichsten Teilstücken, da eben ein Rind aus Kochfleisch, Braten und wenigen Steaks besteht. Daneben finden viele Direktvermarkter auch einen Weg, trotz Hackfleischverordnung – der Kunde darf danach sein Hackfleisch selbst herstellen, nicht aber der Landwirt für den Kunden – den Kunden die Möglichkeit zu geben, »schwierigere« Teile als Hackfleisch zu nutzen. Gerade für junge Familien ein attraktiver Weg, denn hier sind Einkaufserlebnis, Überwindung der Entfremdung von der Produktion und Förderung der Regionalität und einer artgerechten Haltungsform für Rinder garantiert. Der Haken an der Sache: in der Umweltbilanz eher kritisch zu sehen, eben perfektes Beispiel für den immer wieder bemühten Zielkonflikt.

Auch in der Schweinefleischerzeugung gibt es einen kleinen Direktvermarktungsbereich, viele Landwirte verkaufen Wurst, wenige trauen sich an den Frischfleischmarkt heran, da diese wenigen Schweine viel Arbeit bedeuten. Sie müssen aus Hygienegründen von der normalen Produktion völlig getrennt sein, und sie locken nur dann zahlungskräftige Kunden an, wenn es besondere Schweine sind. Mein Lieferant vor mehr als 15 Jahren war ein Hohenloher Landwirt, der – neben der Produktion in seinem normalen Mastbetrieb – einige wenige Kunden mit Hausschwein-Wildschwein-Kreuzungen und Duroc belieferte, alles verbrauchergerecht zugeschnitten oder verarbeitet, vom Schinken über Wurst bis hin zum Frischfleisch. Sensationelle Qualität. Eine tragende Säule wurde das nie in dem Betrieb – trotz Kundenstamm und Mundpropaganda. Zu weit weg von den großen Märkten, zu kleine Partien sehr spezieller Produkte.

Einkaufen beim Metzger, auch eine Möglichkeit. Metzger sind eben das sterbende Mittelsegment, ein Beruf mit Imageproblemen und entsprechenden Schwierigkeiten, junge Leute für den Beruf zu gewinnen. In Baden-Württemberg machen die Metzger eine gute Qualitätspolitik – nur Fleisch von weiblichen Tieren, keine Eber, eine eigene Gourmetschiene »Stauferico« –, das hat auch seinen

Preis. Mit der zunehmenden Produktdiversifizierung der Handelsketten im Fleischsektor, von Billigschiene bis High-End-Produkten,
wird es für die Metzer immer schwieriger, zu bestehen.

Aber egal, wo Sie kaufen: Es gibt gutes Fleisch, doch Sie müssen
sich damit beschäftigen, wie Sie es finden und wie Sie es bei der
Zubereitung behandeln. Und Sie müssen mithelfen, dass es weiterhin gutes Fleisch gibt, indem Sie den Landwirten helfen, unter unseren Billigpreis-Bedingungen durch Honorierung ihrer Produkte
und Anerkennung ihrer Leistungen zu überleben.

Anmerkungen

2 Menschen essen Fleisch

1 Ströhle et al., 2009
2 ebd.
3 Cunnan/Crawford, 2003
4 Leonard et al., 2007
5 ebd.
6 Psouni et al., 2012
7 Cordain et al., 2002
8 Kaplan et al., 2000. Cordain, L. (2006) Implications of the Plio-Pleistocene hominin diets for modern humans. In: *Ungar, P.S. Evolution of the human diet: The known, the unknown and the unknowable. Oxford University press. S. 363-383*
9 Übersicht über Studien nach ebd.
10 ausführlich beschrieben bei Speth/Spielmann, 1983
11 http://www.welt.de/wirtschaft/article350974/Fleisch-wird-zum-Lebensmittel-der-Unterschicht.html
12 ebd.
13 Lüth et al., 2004, nach Zühlsdorf/Spiller, 2012
14 Backer/Hudders, 2015
15 Cordts et al., 2013
16 https://vebu.de/presse/pressemitteilungen/977-aktuelle-forsa-umfrage-zeigt-in-deutschland-leben-ueber-42-millionen-teilzeitvegetarier, Zugriff 03. 03. 2016
17 evana.org, Veröffentlichungsdatum 2013; http://de.statista.com/statistik/daten/studie/261627/umfrage/anteil-von-vegetariern-und-veganern-an-der-bevoelkerung-ausgewaehlter-laender-weltweit/, Zugriff am 29. 12. 2015
18 Institut für Demoskopie Allensbach (2015): http://de.statista.com/statistik/daten/studie/173636/umfrage/lebenseinstellung---anzahl- vegetarier
19 Forschungsgruppe g/d/p; 2. bis 6. Juni 2015; 444 (von 500 insgesamt); Befragte, die Fleisch und tierische Erzeugnisse konsumierten, *Markenartikel Magazin.* Welcher Aussage bezüglich der Menge an Fleisch stimmen Sie am ehesten zu? http://de.statista.com/statistik/daten/studie/466051/umfrage/aussagen-zum-fleischkonsum-in-deutsch land-nach-alter/, Zugriff am 29. 12. 2015.
20 Verbraucherzentrale (2014): Was sind die Gründe, dass Sie keine tierischen Produkte essen/kein Fleisch essen/nur selten Fleisch essen? http://de.statista.com/statistik/daten/studie/285473/umfrage/umfrage-zu-gruenden-fuer-fleischverzicht, Zugriff am 29. 12. 2015
21 VUMA, 2015
22 *Focus*, Ausgabe 46, 07. 11. 2015. S. 70
23 YouGov (2014): Wer will's schon vegan? http://de.statista.com/statistik/daten/studie/321929/umfrage/umfrage-zu-lieblingseinkaufsstaetten-von-vegetariern-in-deutschland/, Zugriff am 29. 12. 2015

24 Backus et al., 2015
25 ebd.
26 Lüth et al., 2004
27 BLE (2016) https://datenzentrum.ble.de/ernaehrung/schlachtungen-fleisch/
kennzahlenuebersicht-der-fleischarten-bilanzpositionen-interaktive-grafik/,
BVDF (2016) http://www.bvdf.de/in_zahlen/tab_05, Westphahl und Bundschuh (2015) im Literaturverzeichnis
28 ZZF, 2015 a; ZZF 2015 b; Drösser, 2013
29 Nationale Verzehrsstudie II, 2013 und 2008
30 Nationale Verzehrsstudie II, 2013 und 2008

3 Parallelwelten: Wertschätzung, Entfremdung und das Idyll

1 http://berichte.bmel-statistik.de/SJT-5050900-0000.pdf (bzw. daraus berechnet)
2 Bundesamt für Verbraucherschutz und Lebensmittelsicherheit, 2015
3 EHI Retail Institute, 8/2014
4 Zühlsdorf/Spiller, 2012
5 Scholderer et al., 2004

4 Fleischessen und Gesundheit

1 Williams/Dunbar, 2014
2 World Health Organization (WHO), 2000; Williams/Dunbar, 2014
3 Fu et al., 2014
4 Williams/Dunbar, 2014; Mooney et al., 2014
5 WHO, 2000
6 Williams/Dunbar, 2014; Fu et al, 2014
7 http://www.assmann-stiftung.de/verborgener-hunger-hidden-hunger-ein-pro
blem-nicht-nur-entwicklungslaendern-73/
8 Bailey et al., 2015
9 Biesalski, 2013
10 WHO/FAO 2010 nach Biesalski, 2013
11 Biesalski, 2013
12 ebd.
13 Bastigkeit, 2005
14 Higgs, 2000; Pereira/Vicente, 2013
15 Higgs, 2000; Pereira/Vicente, 2013
16 Pereira/Vicente, 2013; Biesalski, 2005
17 Biesalski, 2005
18 Deutsche Gesellschaft für Nährstoffmedizin und Prävention: http://www.vi
talstoff-lexikon.de/Spurenelemente/Selen/, Zugriff am 08. 02. 2016 Deutsche
Gesellschaft für Ernährung: https://www.dge.de/wissenschaft/weitere-publi
kationen/faqs/selen/#ad4, Zugriff am 08. 02. 2016
19 Biesalski, 2005
20 WHO 2000
21 http://www.assmann-stiftung.de/verborgener-hunger-hidden-hunger-ein-pro
blem-nicht-nur-entwicklungslaendern-73/
22 Schaafsma, 2000
23 Pereira et al., 2013
24 Khoshnood et al., 2015
25 Bailey et al., 2015

26 Schmid/Walther, 2013
27 Crowe et al., 2011; Vatanparast et al. 2007; Heany/Layman 2008; Brustad et al., 2003
28 Higgs, 2000
29 zum Beispiel: http://www.provegan.info/de/studien/detailseite-studien/fleisch esser-sind-seltener-krank-als-vegetarier/
30 ebd.
31 interaktive Lebensmittelsuche Uni Hohenheim, https://www.uni-hohenheim. de/wwwin140/info/interaktives/search.htm
32 tierische Fette: Alonso et al., 2009, Lee et al., 2012, Kerth et al., 2015; Angood et al., 2008. Sirri, F., Tallarico, N., Meluzzi, A., Franchini, A. 2003 Fatty acid composition and productive traits of broiler fed diets containing conjugated linoleic acids. Poultry Science, 82, 1356-1361
33 Smith et al., 2002
34 Hara et al., 2014
35 http://www.purintabelle.de/default.htm
36 *Lancet Oncology*, 2015; http://dx.doi.org/10.1016/S1470-2045(15)00444-1, Zugriff am 08. 02. 2016
37 s. Kneifel, 2015
38 McAfee et al., 2010
39 http://www.cancer.gov/about-cancer/causes-prevention/risk/diet/cooked-meats-fact-sheet, Zugriff am 08. 02. 2016
40 ebd.
41 ebd.
42 Pang et al., 2012
43 Li et al., 2015
44 World Cancer Research Fund International (WCRF), 2007
45 zur Hausen/de Villiers, 2015
46 Klurfeld, 2015
47 ebd.

5 Fleischerzeugung und Nachhaltigkeit – ein Widerspruch?

1 Branscheid, 2012
2 http://www.nestle.de/zukunftsstudie/uebersicht, Zugriff am 08. 02. 2016
3 http://www.umweltbundesamt.de/sites/default/files/medien/381/dokumen te/pi_2015_31_03_uba-emissionsdaten_2014_zeigen_trendwende_beim_kli maschutz.pdf , Zugriff am 08. 02. 2016
4 ebd.
5 Fiala, 2008
6 Grünberg et al,. 2010
7 Jacobson et al., 2014
8 http://www.southasia.ox.ac.uk/sites/sias/files/documents/GHG%20emissi ons%20from%20rice%20-%20%20working%20paper.pdf, Zugriff am 08. 02. 2016
 9 nach Öko-Institut, 2005 (Wiegmann et al., 2005), www.ernaehrungswende.de/pdf/DP7_Szenarien_2005_final.pdf
9 nur Erzeugung ohne Transport, Page et al., 2012
10 Flachowski, 2011, nach Branscheid, 2012
11 Jacobson et al., 2014
12 Cederberg et al., 2013
13 Ogino et al., 2007
14 Cederberg et al., 2009

15 Grünberg et al., 2010
16 aus Hirschfeld et al., 2008
17 Übersicht bei Kresse, 2009
18 Brunsch et al., 2015
19 Elferink et al., 2008
20 http://www.indexmundi.com/
21 Verbraucherzentrale 2014 a (Erhebung durch Forsa; 15. bis 22. November 2013; 1202 Befragte; ab 16 Jahre); Name der Erhebung: Lebensmittel und ihre Umweltauswirkungen. S. 46, Statista, http://de.statista.com/statistik/daten/studie/285531/umfrage/umfrage-zu-moeglichkeiten-umweltprobleme-in-der-fleischproduktion-zu-verringern/

6 Tierschutz – ein (Ver-)Kaufsargument?

1 http://www.spendenrat.de/wp-content/uploads/spendenrat/downloads/bdh/Bilanz_des_Helfens_2015.pdf
2 aus: http://www.nestle.de/asset-library/documents/verantwortung/nestle%20studie/nestle_studie_2011_zusammenfassung.pdf
3 Verbraucherzentrale, 2014 b
4 Kayser/Spiller, 2011
5 Farm Animal Welfare Council, 1992
6 http://www.neuland-fleisch.de/
7 Kayser/Spiller, 2011

8 Vom Muskel zum Fleisch

1 Wicke et al., 2007
2 Rehfeld et al., 2004
3 McPherron & Lee, »mighty mice«
4 Spiegel-Online, 24. 06. 2004: http://www.spiegel.de/wissenschaft/mensch/mutation-wunderknabe-traegt-muskel-gen-a-305616.html
5 Wicke et al., 2007
6 Übersicht Lawrence et al., 2012
7 Warren et al., 2008
8 Weston et al., 2002
9 Die nachfolgend dargestellten biochemischen Prozesse der Fleischbildung sind ausführlich bei Honikel/Schwägele (2007) beschrieben.
10 ebd.
11 Cruzen et al., 2014
12 Xiong et al., 2006
13 Lomiwes et al., 2014
14 Honikel/Schwägele, 2007
15 Kahn et al., 2015
16 Kim et al., 1993, nach Dietz, 2006
17 Murata et al., 2014
18 http://www.bund.net/fileadmin/bundnet/publikationen/landwirtschaft/140108_bund_landwirtschaft_fleischatlas_2014.pdf, S. 24, Zugriff am 04. 02. 2016
19 ebd., S. 25
20 ebd.
21 Nürnberg et al., 1993
22 P. L. Sensky et al., 2006; Boles et al., 1991
23 Hartmann et al., 1998

24 Morgan et al., 1993
25 Hartmann et al., 1998
26 Schinkel/Richert, 2011
27 Carr et al., 2005 a, Carr et al., 2005 b; Xiong et al., 2006; Fernández-Dueñas et al., 2008
28 Almeida et al., 2012
29 s. Simianer 2015
30 Seelbach, 1992

9 Vom Schlachten

1 Terlouw, 2005; Terlouw/Rybarczyk 2008
2 Tierschutz-Schlachtverordnung, Anlage 2 zu Paragraph 12 (6)
3 Retz et al., 2014
4 Hoenderken, 1978
5 Focus, 22. 10. 2013: http://www.focus.de/politik/deutschland/hoehn-fuer-ver bot-von-akkord-schlachtungen-500-000-schweine-verbruehen- bei-lebendigem-leib_aid_1135979.html
6 Wenzlavowicz et al., 2012
7 ebd.
8 ebd.
9 DialRel-Projekt: http://www.dialrel.eu/introduction.html; Holleben, 2010
10 Holleben, 2014
11 nach Anil et al., 1995, nach Holleben, 2011
12 Drucksache 17/10021 Deutscher Bundestag – 17. Wahlperiode, 2012
13 Grandin, 2013
14 Nitsche, 2008
15 Daniels, 2010
16 Grandin, 2011
17 Probst et al., 2013
18 http://www.harrismeats.co.nz, Zugriff am 08. 02. 2016
19 Xiong et al., 2007
20 Obuz et al., 2014
21 Obuz et al., 2014
22 Dikeman et al., 2013
23 Suriaatmaja/Lanier, 2014
24 nach Tornberg, 2005
25 Ertbjerg et al., 2012; Tornberg, 2005 ; Christensen et al., 2011 und 2013
26 Roldán et al., 2013

10 Was die Landwirtschaft kann: Beispiel Schweinefleisch

1 Landeskuratorium der Erzeugerringe für tierische Veredelung in Bayern e. V. (LKV), 2011
2 Rehfeld/Kuhn, 2006
3 http://www.bund.net/fileadmin/bundnet/publikationen/landwirtschaft/140108 _bund_landwirtschaft_fleischatlas_2014.pdf, S. 25, Zugriff am 04. 02. 2016
4 ebd.
5 ebd.
6 Kyriazakis et al., 1993
7 top agrar 1/2008
8 Warris, 2000

9 Mörlein et al., 2007
10 Mörlein et al., 2007
11 Bee et al., 2002
12 Bryhni et al. 2002
13 Hoving-Bolink et al., 1998
14 Fischer, 2000
15 Übersicht Wesoly/Weiler, 2012 a und b
16 ebd.
17 ebd.
18 ebd.
19 ebd.
20 ebd.
21 Noriega-Gomez, 2014
22 Muriel et al., 2004, Estévez et al., 2003
23 aus Juarez et al., 2009
24 Trienekens/Wognum, 2013; Ventanas et al., 2007
25 Rodríguez-Estévez et al., 2009
26 Müller, 2011
27 Noriega, 2014
28 Noriega, 2014
29 Pugliese/Sirtori, 2012
30 Barbut et al., 2008
31 Jaworska/Przybylski 2014
32 ebd.
33 ebd.
34 Weiler/Wesoly 2012
35 Weiler et al., 1997
36 Rutter/Doyal, 1998
37 aus: http://www.zentrum-der-gesundheit.de/saeuglinge-empfinden-schmerzen
   -15000036.html, Zugriff am 08. 02. 2016
38 Wesoly et al., 2015

11 Was die Landwirtschaft kann: Beispiel Rindfleisch
1 in Tonnen Schlachtgewicht, Statistisches Bundesamt, 2015
2 Chambaz et al., 2003
3 Brandt, 2004, ergänzt mit BMLE-Statistik, http://berichte.bmel-statistik.de/
   SJT-4050200-0000.pdf
4 Papstein, 1995
5 Purchas et al., 2002
6 Warner et al., 2010
7 Choi et al., 2002
8 Eine gute Übersicht über Produkt und Produktionsverfahren findet sich bei Gotoh
   et al., 2014.
9 Probst et al., 2013
10 Gotoh et al., 2009
11 Schlempe = Rückstände einer Destillation
12 Wood et al., 2008
13 ebd.
14 Scollan et al., 2006
15 ebd.
16 Emerson et al., 2013

Literatur

Ahnström, L. M. (2008): *Influence of pelvic suspension on beef meat quality*. Dissertation, Uppsala. Sveriges lantbruksuniv., Acta Universitatis agriculturae Sueciae, 1652-6880; 2008:61.

Almeida, V. V., A. J. C. Nuñez, V. S. Miyada (2012): Ractopamine as a metabolic modifier feed additive for finishing pigs: A Review. *Brazilian Archives of Biology and Technology*, 55, 3, 445–456.

Alonso V., M. M. Campo, S. Espanol, P. Roncales, J. A. Bealtran (2009): Effect of cross breeding and gender on meat quality and fatty acid composition in pork. *Meat Science*, 81, 209–217.

Angood, K. M., J. D. Wood, G. R. Nute, F. M. Whittington, S. I. Hughes, P. R. Sheard (2008): A comparison of organic and conventionally-produced lamb purchased from three major UK supermarkets: Price, eating quality and fatty acid composition. *Meat Science*, 78, 3, 176–184.

Assmann Stiftung: http://www.assmann-stiftung.de/verborgener-hunger-hidden-hunger-ein-problem-nicht-nur-entwicklungslaendern-73/

Aubele, U. (2003): Verzehr von Fleisch und Fleisch- und Wurstwaren in Bayern. *Bayrische Verzehrsstudie II*. http://www.vis.bayern.de/ernaehrung/ernaehrung/ernaehrungssituation/doc/fleisch_grafik.pdf

Backer, C. J. S. de, L. Hudders (2015): Meat morals: relationship between meat consumption consumer attitudes towards human and animal welfare and moral behavior. *Meat Science*, 99, 68–74.

Backus, G., H. Snoek, A. de Smet (Wageningen UR), M. A. Oliver, M. Font i Furnols (IRTA), M. Aluwé, F. Tuyttens (ILVO), M. Bonneau, P. Chevillon (IFIP), M. Dall Aaslyng (DMRI), D. Moerlein, L. Meier-Dinkel, J. Trautmann (UGo), J.-E. Haugen (Nofima) (2015): CAMPIG: consumer acceptance in the EU and in 3rd countries of pig meat obtained from male pigs not surgically castrate, http://ec.europa.eu/dgs/health_food-safety/information_sources/docs/ahw/20150226_ahw_pig-castration_pres_5_en.pdf.

Bailey, R. L., K. P. West, R. E. Black (2015): The epidemiology of global micronutrient deficiencies. *Annals of Nutrition and Metabolism*, 66 (Supplement 2), 22–34. doi: 10.1159/000371618.

Barbut, S., A. A. Sosnicki, S. M. Lonergan, T. Knapp, D. C. Ciobanu, L. J. Gatcliffe, E. Huff-Lonergan, E. W. Wilson (2008): Progress in reducing the pale, soft and exudative (PSE) problem in pork and poultry meat. *Meat Science*, 79, 1, 46–63.

Bastigkeit, M. (2005): Eisen: Neue Erkenntnisse verändern Therapie. *Pharmazeutische Zeitung*, 19/2005, http://www.pharmazeutische-zeitung.de/index.php?id=27802.

Bee, G., S. Gebert, R. Messikommer (2002): Effect of dietary energy supply and fat source on the fatty acid pattern of adipose and lean tissues and lipogenesis in the pig. *Journal of Animal Science*, 80, 1564–1574.

Biesalski, H. K. (2005): Meat as a component of a healthy diet – are there any risks or benefits if meat is avoided in the diet? *Meat Science*, 70, 3, 509–524.

Biesalski, H. K. (2013): Ursachen, Folgen und Möglichkeiten zur Bekämpfung der Weltseuche Nährstoffmangel – Hidden Hunger. *Nova Acta Leopoldina*, 118, 400, 159–192.

Boles J. A., F. C. Parrish Jr., C. L. Skaggs, L. L. Christian (1991): Effect of porcine somatotropin, stress susceptibility, and final end point of cooking on the sensory, physical, and chemical properties of pork loin chops. *Journal of Animal Science*; 69, 7, 2865–70.

Botsoglou, E., A. Govaris, I. Ambrosiadis, D. Fletouris, N. Botsoglou (2014): Effect of olive leaf (Olea europea L.) extracts on protein and lipid oxidation of long-term frozen n-3 fatty acids-enriched pork patties. *Meat Science*, 98, 2, 150–157.

Brandt, R. (2004): 100 Jahre Schlachtungs- und Schlachtgewichtsstatistik. *Wirtschaft und Statistik*, 12/2004, 1414–1423.

Branscheid, W. (2012) Nachhaltigkeit in der Fleischwirtschaft: Herausforderungen und Missverständnisse. *Mitteilungsblatt Fleischforschung Kulmbach*, 197, 153–172.

Brunsch, R., B. Amon, T. Amon, W. Eckhof (2015): Mehr Tierwohl. Wieviel ändert sich für die Umweltschutzgüter im Produktionssystem? In: Kuratorium für Technik und Bauwesen in der Landwirtschaft (KTBL) (Hg.): *Herausforderung Tierwohl KTBL-Tage 2015*, Darmstadt, (978-3-945088-04-3). S. 118–123.

Brustad, M., E. Alsaker, O. Engelsen, L. Aksnes, E. Lund (2003): Vitamin D status of middle-aged women at 65–71N in relation to dietary intake and exposure to ultraviolet radiation. *Public Health Nutrition*, 7, 2, 327–335. doi: 10.1079/PHN2003536

Bryhni, E. A., Kjos, N. P., Ofstad, R., M. Hunt (2002): Polyunsaturated fat and fish oil in diets for growing-finishing pigs: effects on fatty acid composition and meat, fat and sausage quality. *Meat Science*, 62, 1–8.

Bundesamt für Verbraucherschutz und Lebensmittelsicherheit (2015): Berichte zur Lebensmittelsicherheit 2013; Nationale Berichterstattung an die EU, NRKP, EÜP: http://www.bvl.bund.de/SharedDocs/Downloads/01_Lebensmittel/03_weitere_berichte/Bericht_2013_9_6_NRKP_etc.pdf;jsessionid=8643C44D4AE58D539C04CB518BF1FB5D.2_cid350?__blob=publicationFile&v=3

Bundesministerium für Ernährung und Landwirtschaft (2015): http://berichte.bmel-statistik.de/SJT-5050900-0000.pdf

Butler, L. M., R. Sinha, R. C. Millika, C. F. Martin, B. Newman, M. D. Gammon (2003): Heterocyclic amines, meat intake, and association with colon cancer in a population-based study. *American Journal of Epidemiology*, 167, 5, 434–445.

Carr, S. N., P. J. Rincker, J. Killefer, D. H. Baker, M. Ellis, F. K. McKeith (2005 a): Effects of different cereal grains and ractopamine hydrochloride on performance, carcass characteristics, and fat quality in late-finishing pigs. *Journal of Animal Science*, 83, 223–230.

Carr, S. N., D. J. Ivers, D. B. Anderson, D. J. Jones, D. H. Mowrey, M. B. England, J. Killefer, P. J. Rincker, F. K. McKeith (2005 b): The effects of ractopamine hydrochloride on lean carcass yields and pork quality characteristics. *Journal of Animal Science*, 83, 2886–2893.

Cederberg C., M. Stadig (2003): System expansion and allocation in life cycle assessment of milk and beef production. *The International Journal of Life Cycle Assessment*, 8, 350–356.

Cederberg, C., D. Meyer, A. Flysjö (2009): *Life Cycle Inventory of greenhouse gas emissions and use of land and energy of Brazilian beef exported to Europe*. SIK-Rapport, 792, Göteborg.

Cederberg, C., F. Hedenus, S. Wirenius, U. Sonesson (2013): Trends in greenhouse gas emissions from consumption and production of animal food products – implications for long-term climate targets. *Animal*, 7, 2, 330–340. doi: 10.1017/S1751731112001498.

Chambaz, A., M. R. L. Scheeder, M. Kreuzer. P. A. Dufey (2003): Meat quality of Angus, Simmental, Charolais and Limousin steers compared at the same intramuscular fat content. *Meat Science*, 63, 491–500.

Choi, B. H., B. J. Ahn, K. Kook, S. S. Sun, K. H. Myung, S. J. Moon, K. H. Kim, J. H. Kim (2002): Effects of dietary treatment, gender, and implantation on calpain/calpastatin activity and meat tenderness in skeletal muscle of Korean native cattle. *Asian-Australian Journal of Animal Science*, 15, 11, 1653–1658.

Christensen, L., P. Ertbjerg, H. Løje, J. Risbo, F. W. J. van den Berg, M. Christensen (2013): Relationship between meat toughness and properties of connective tissue from cows and young bulls heat treated at low temperatures for prolonged times. *Meat Science*, 93, 4, 787–795.

Christensen, L., P. Ertbjerg, M. Dall Aaslyng, M. Christensen (2011): Effect of prolonged heat treatment from 48°C to 63°C on toughness, cooking loss and color of pork. *Meat Science*, 88, 2, 280–285.

Cordain, L., S. B. Eaton, J. Brand-Miller, N. Mann, K. Hill (2002): The paradoxical nature of hunter-gatherer diets: meat-based, yet non-atherogenic. *European Journal of Clinical Nutrition,* 56, Suppl. 1, S42–S52.

Cordts, A., A. Spiller, S. Nitzko, H. Grethe, N. Duman (2013): Fleischkonsum in Deutschland. Von unbekümmerten Fleischessern, Flexitariern und (Lebensabschnitts-)Vegetariern. *FleischWirtschaft,* 7/13, 59–63.

Crowe, F. L., M. Steur, N. E. Allen, Paul N. Appleby, R. C. Travis, T. J. Key (2011): Plasma concentrations of 25-hydroxyvitamin D in meat eaters, fish eaters, vegetarians and vegans. *Public Health Nutrition,* 14, 2, 340–346. doi:10.1017/S1368980010002454

Cruzen, S. M., P. V. R. Paulino, S. M. Lonergan, E. Huff-Lonergan (2014): Postmortem proteolysis in three muscles from growing and mature beef cattle. *Meat Science,* 96, 2, 854–861.

Curschmann, H., F. Kramer (1925): *Lehrbuch der Nervenkrankheiten.* Berlin/Heidelberg, 1925.

Daniels, C. S. (2010): Gas euthanasia methods in swine: Process and physiology. *American Association of Swine Veterinarians (AASV) Annual Meeting 2010,* 447–450

DGE (2015 a): Referenzwerte: https://www.dge.de/wissenschaft/referenzwerte/

DGE (2015 b): Ausgewählte Fragen und Antworten zu Selen: https://www.dge.de/wissenschaft/weitere-publikationen/faqs/selen/#ad4

Dietz, K. (2006): *Untersuchungen zu typischen Aromastoffen von Heidschnuckenfleisch im Vergleich zum Fleisch anderer Schafrassen und zur Wirkung von natürlich vorkommenden antioxidativen oder komplexierenden Substanzen auf den Warmed-over Flavor.* Dissertation vet. med. Tierärztliche Hochschule Hannover.

Dikeman, M. E., E. Obuz, V. Gök, L. Akkaya, S. Stroda (2013): Effects of dry, vacuum, and special bag aging; USDA quality grade; and end-point temperature on yields and eating quality of beef *Longissimus lumborum* steaks. *Meat Science,* 94, 2, 228–233.

Drösser, C. (2013): Stimmt's? Töten deutsche Hauskatzen jährlich über 200 Millionen Vögel? Unter: http://www.zeit.de/2013/12/Stimmts-Katzen-Voegel.

Duckett, S. K., G. Snowder, N. Cockett (2000): Effect of the callipyge gene on muscle growth, calpastatin activity, and tenderness of three muscles across the growth curve. *Journal of Animal Science,* 78, 11.

Duckett, S. K., J. P. Neel, R. Sonon Jr., J. Fontenot, W. Clapham, G. Scaglia (2007): Effects of winter stocker growth rate and finishing system on: II. Ninth-tenth-eleventh-rib composition, muscle color and palatability. *Journal of Animal Science,* 85, 12, 2691–2698.

Elferink, E. V., S. Nonhebel, H. C. Moll (2008): Feeding livestock food residue and the consequences for the environmental impact of meat. *Journal of Cleaner Production,* 16, 12, 1227–1233.

EHI Retail Institute (2014): Verteilung der Ausgaben für Frischfleisch im Lebensmitteleinzelhandel in Deutschland nach Betriebsformen in den Jahren 2007 bis 2013: In Statista – Das Statistik-Portal. Zugriff am 02. Januar 2016, von http://de.statista.com/statistik/daten/studie/372852/umfrage/ausgabenverteilung-von-fleisch-im-leh-in-deutschland-nach-betriebsformen/, Zugriff am 02. 01. 2016

Emerson, M. R., D. R. Woerner, K. E. Belk, J. D. Tatum (2013): Effectiveness of USDA instrument-based marbling measurements for categorizing beef carcasses according to differences in longissimus muscle sensory attributes. *Journal of Animal Science,* 91, 1024–1034, doi:10.2527/jas2012-5514.

Estévez, M., D. Morcuende, R. Cava (2003): Physico-chemical characteristics of M. Longissimus dorsi from three lines of free-range reared Iberian pigs slaughtered at 90 kg live-weight and commercial pigs: a comparative study. *Meat Science,* 64, 4, 499–506.

Ertbjerg, P., L. S. Christiansen, A. B. Pedersen, L. Kristensen (2012): The effect of temperature and time on activity of calpain and lysosomal enzymes and degradation of desmin in porcine longissimus muscle. Proceedings 58th International Congress of Meat Science & Technology (Paper 358), 12–17 August, Montreal, 12-17

EVANA (2013) Herkunftsverweis evana.org, Veröffentlichungsdatum 2013. Anteil von Vegetariern und Veganern an der Bevölkerung ausgewählter Länder weltweit. In Statista – Das Statistik-Portal. Zugriff am 29. Dezember 2015, von http://de.statista.com/statistik/daten/

studie/261627/umfrage/anteil-von-vegetariern-und-veganern-an-der-bevoelkerung-ausge waehlter-laender-weltweit/.FARM ANIMAL WELFARE COUNCIL (1992): FAWC updates the five freedoms. Veterinary Record, 17, 35.

Fernández-Dueñas, D. M., A. J. Myers, S. M. Scramlin, C. W. Parks, S. N. Carr, J. Killefer (2008): Carcass, meat quality, and sensory characteristics of heavy weight pigs fed ractopamine hydrochloride (Paylean). Journal of Animal Science, 86, 12, 3544–3550.

Fiala, N. (2008): Meeting the Demand: An Estimation of Potential Future Greenhouse Gas Emissions from Meat Production. Ecological Economics, 67, 3, 412–419.

Fischer, K. (2000): Schweinefleischqualität bei Fütterung nach Richtlinien des ökologischen Landbaus. Mitteilungsblatt BAFF, 39, 849–858.

Flachowsky, G. (2011): Öffentliches Interesse nimmt exponentiell zu: Die Fleischerzeugung im Spannungsfeld von Lebensmittellieferung, Ressourcenverbrauch, Emissionen und ethischen Aspekten. Fleischwirtschaft, 91. 3, 21–27.

Fritsche, U. R., U. Eberle (2007): Treibhausgasemissionen durch Erzeugung und Verarbeitung von Lebensmitteln. Öko-Institut e.V., Darmstadt.

Focus 46/2015, 7. November 2015, S. 70 Focus. (n.d.). Umsatz mit vegetarischen und veganen Produkte im Lebensmitteleinzelhandel in Deutschland in den Jahren 2012/13 bis 2014/15 (in Millionen Euro). In Statista – Das Statistik-Portal. Zugriff am 29. Dezember 2015, von http://de.statista.com/statistik/daten/studie/486844/umfrage/umsatz-mit-vegetarischen-und-veganen-produkte-im-leh-in-deutschland/

Forschungsgruppe g/d/p (2015): Ernährungsverhalten. CATI (Computer Assisted Telephone Interviewing) Mehrthemenbefragung, 6–8, unter: http://www.gdp-group.com/uploads/media/Studie_Ernaehrungsverhalten.pdf

Fu, L.,V. Doreswamy, R. Prakash 2014): The biochemical pathways of central nervous system neural degeneration in niacin deficiency, Neural Regeneration Research, 9, 16, 1509–1513.

Gotoh, T., H. Takahashi, T. Nishimura, K. Kuchida, H. Mannen (2014): Meat produced by Japanese Black cattle and Wagyu. Animal frontiers, 4, 46–54. doi:10.2527/af.2014-0033

Gotoh, T., E. Albrecht, F. Teuscher, K. Kawabata, K. Sakashita, H. Iwamoto, J. Wegner, (2009): Differences in muscle and fat accretion in Japanese Black and European cattle. Meat Science, 82, 300–309.

Grandin, T. (2013): The welfare of pigs during transport and slaughter. Abrufbar unter: http://www.grandin.com/references/pig.welfare.during.transport.slaughter.html

Grandin, T. (2011) Electric stunning of cattle. Abrufbar unter: http://www.grandin.com/huma ne/elec.stunning.cattle.html

Gruber, S. L., J. D. Tatum, J. A. Grandin, J. A. Scanga, K. E. Belk, G. C. Smith (2006): Is the difference in tenderness commonly observed between heifers and steers attributable to differences in temperament and reaction to preharvest stress? Final report submitted to the National Cattlemen's Beef Association, 1–38.

Grünberg, J., H. Nieberg, T. G. Schmidt (2010): Carbon Footprints of food: a critical reflection. Landbauforschung – vTI Agriculture and Forestry Research, 60, 2, 53–72.

Hara, T., D. Kashihara, A. Ichimura, I. Kimura, G. Tsujimoto, A. Hirasawa (2014): Role of free fatty acid receptors in the regulation of energy metabolism. Biochimica et Biophysica Acta (BBA) – Molecular and Cell Biology of Lipids, 1841, 9, 1292–1300. http://dx.doi.org/10.1016/j.bba lip.2014.06.002.

Hartmann, S., M. Lacorn, H. Steinhart (1998): Natural occurrence of steroid hormones in food. Food Chemistry, 62, 1, 7–20; http://dx.doi.org/10.1016/S0308-8146(97)00150-7.

Heaney, R. P., D. K. Layman (2008): Amount and type of protein influence bone healh. The American Journal of Clinical Nutrition, 87, 5, 1567S–1570S.

Higgs, J. D. (2000): The changing nature of red meat: 20 years of improving nutritional quality. Trends in Food Science and Technology, 11, 85–95.

Hirschfeld, J., J. Weiß, M. Preidl, T. Korbun (2008): Klimawirkung in der Landwirtschaft. Schriftenreihe des IÖW (Institut für ökologische Wirtschaftsforschung), 186, 8.

Hoenderken, R. (1978): Elektrische Bedwelming van Slachtvarken. Thesis: Utrecht.

Holleben, K. von (2010): Obligatory stunning prior to cut with exemption for particular »methods« of slaughter required by certain religious rites – Unwanted effects of an exemption without quantitative limitation to the market demand: example Belgium and France. In: J. Caspar, J. Luy: Animal Welfare at Religious Slaughter – The Ethics Workshops of the DIALREL Project. Baden-Baden, S. 227–231.

Holleben, K. von (2011): Tierschutz bei der religiösen Schlachtung – Aktuelles aus der Wissenschaft und Empfehlungen für die Praxis. Rundschau für Fleischhygiene und Lebensmittelüberwachung, 63, 236–237.

Holleben, K. von (2014): Tierschutz bei der betäubungslosen Halalschlachtung. Journal für Verbraucherschutz und Lebensmittel, 9, 405–408.

Honikel, K. O., F. Schwägele (2007): Biochemische Prozesse der Fleischbildung. In: W. Branscheid, K. O. Honikel, G. von Lengerken, K. Troeger: Qualität von Fleisch und Fleischwaren, Frankfurt am Main, 2007, S. 727–753.

Hoving-Bolink, A. H., G. Eikelenboom, J. Th. M. van Diepen, A. W. Jongbloed, J. H. Houben (1998): Effect of dietary vitamin E supplementation on pork quality. Meat Science, 49, 2, 205–212.

IfD Allensbach. (n.d.). Anzahl der Personen in Deutschland, die sich selbst als Vegetarier einordnen oder als Leute, die weitgehend auf Fleisch verzichten, von 2012 bis 2015 (in Millionen). In Statista – Das Statistik-Portal. Zugriff am 29. Dezember 2015, von http://de.statista.com/ statistik/daten/studie/173636/umfrage/lebenseinstellung---anzahl-vegetarier/. Inhaltsstoffe alle aus : https://www.uni-hohenheim.de/wwwin140/info/interaktives/search.htm

Jacobson, R., V. Vandermeulen, G. Vanhuylenbroeck, X. Gellynecj (2014): A life cycle assessment application: the carbon footprint of beef in Flanders (Belgium). In: S. S. Muthu (Hg.): Assessment of Carbon Footprint in different industrial sectors, Band 2, S. 31–52 Springer Science + Business Media Singapore. doi: 10,1007/978-981-458-75-0_2.

Jaworska, D., W. Przybylski (2014): The Effect of Selected Factors on Sensory Quality of Pork. Zywnosc. Nauka. Technologia, 5, 96, 21–35.

Juárez, M., O. Polvillo, I. Clemente, A. Molina (2009): Meat quality of tenderloin from Iberian pigs as affected by breed strain and crossbreeding. Meat Science, 81, 4, 573–579.

Kaplan, H., K. Hill, J. Lancaster, A. Magdalena Hurtado (2000): A theory of human life history evolution: Diet, intelligence and longevity. A theory of human life history evolution: diet, intelligence, and longevity. Evolutionary Anthropology, 9, 4, 156–185.

Kayser, M., A. Spiller (2011): Massentierhaltung: Was denkt die Bevölkerung? Ergebnisse einer Studie. ASG Herbsttagung, Göttingen 11. November 2011. https://www.uni-goettingen.de/ de/document/download/d018623f89fbe21a9882b1602f6df569.pdf/ASG_MKayserASpiller.pdf

Kerth, C. R., A. L. Harbison, S. B. Smith, R. K. Miller (2015): Consumer sensory evaluation, fatty acid composition, and shelf-life of ground beef with subcutaneous fat trimmings from different carcass locations. Meat Science, 104, 30–36.

Khan, M. I., J. Cheorun, R. T. Muhammad. (2015): Meat flavor precursors and factors influencing flavor precursors – A systematic review. Meat Science, 110, S. 278–284.

Khoshnood, B., M. Loane, H. de Walle, L. Arriola, M.-C. Addor, I. Barisic, J. Beres, F. Bianchi, C. Dias, E. Draper, E. Garne, M. Gatt, M. Haeusler, K. Klungsoyr, A. Latos-Bielenska, C. Lynch, B. McDonnell, V. Nelen, A. J Neville, Mary T O'Mahony, A. Queisser-Luft, J. Rankin, A. Rissmann, A. Ritvanen, C. Rounding, A. Sipek, D. Tucker, C. Verellen-Dumoulin, D. Wellesley, H. Dolk (2015): Long term trends in prevalence of neural tube defects in Europe: population based study BMJ 2015;351:h5949 doi: 10.1136/bmj.h5949 Accepted: 19 October 2015

Kim, J. O., J. K. Ha, R. C. Lindsay (1993): Role for Volatile Branched-Chain and Other Fatty Acids in Species-Related Red Meat Flavors. Journal of the Korean Society of Food and Nutrition, 22, 3, 300–306.

Klurfeld, D. M. (2015): Research gaps in evaluating the relationship of meat and health. Meat Science, 109, 86–95.

Kneifel, G. (2015): Verdorbene Fleischeslust: Was Ernährungsexperten zur WHO-Einstufung von Fleisch- und Wurstwaren als kanzerogen sagen. Medscape, 28. 10. 2015

Köhler, F., S. Wildner (1998): Consumer concerns about animal welfare and the impact on food choice – the German Literature Review Report. Universität Kiel. EU-Project CT98 3678

Kresse, D. (2009): *Minderung der Methan-, Ammoniak- und Lachgasemissionen aus Schweinemastställen durch Flüssigmistbelüftung*. Dissertation, Landwirtschaftliche Fakultät, Universität Bonn,.

Kristensen, L., M. Therkildsen, B. Riis, M. T. Sørensen, N. Oksbjerg, P. P. Purslow, P. Ertbjerg (2002): Dietary-induced changes of muscle growth rate in pigs: Effects on in vivo and postmortem muscle proteolysis and meat quality. *Journal of Animal Science*, 80, 2862–2871. doi:/2002.80112862x

Kyriazakis, I., G. C. Emmans, A. J. Taylor (1993): A note on the diets selected by boars given a choice between two foods of different protein concentrations from 44 to 103 kg live weight. *Applied Animal Behavior Science*, 56, 151–154.

Lawrence, T., V. Fowler, J. Novakofski (2012): *Growth of Farm Animals*. Cambridge, USA. CABI. 2012.

Lee, M. R. F., J. K. S. Tweed, E. J. Kim, N. D. Scollan (2012): Beef, chicken and lamb fatty acid analysis – a simplified direct bimethylation procedure using freeze-dried material. *Meat Science*, 92, 4, 863–866.

Leonard, W. R., J. J. Snodgrass, M. L. Robertson (2007): Effects of Brain Evolution on Human Nutrition and Metabolism. *Annual Review of Nutrition*, 27, 311–327.

Li, X., J. Babol, W. L. P. Bredie, B. Nielsen, J. Tománková, K. Lundström (2014): A comparative study of beef quality after ageing longissimus muscle using a dry ageing bag, traditional dry ageing or vacuum package ageing. *Meat Science*, 97, 4, 433–442. doi: 10d.1146/annurev. nutr.27.061406.093659

Li, Y. C., Y. Chen, J. Du (2015): Critical roles of intestinal epithelial vitamin D receptor signaling in controlling gut mucosal inflammation. *The Journal of Steroid Biochemistry and Molecular Biology*, 148, 179–183. doi: 10.1016/j.jsbmb.2015.01.011

LKV Bayern (Landeskuratorium der Erzeugerringe für tierische Veredelung in Bayern e. V.) (2011): Fleischleistungsprüfung in Bayern 2011, Ergebnisse und Auswertungen, http:// www.lkv.bayern.de/lkv/medien/Jahresberichte/flp_jahresbericht2011.pdf

Lomiwes, D., M. M. Farouk, G. Wu, O. A. Young (2013): The development of meat tenderness is likely to be compartmentalised by ultimate pH. *Meat Science*, 96, 1, 646–651.

Lopez-Bote, C. J. (1998): Sustained utilization of the Iberian pig breed. *Meat Science*, 49, 1, 17–27.

Lüth, M., A. Spiller, U. Enneking (2004): Analyse des Kaufverhaltens von Selten- und Gelegenheitskäufern und ihrer Bestimmungsgründe für/gegen den Kauf von Öko-Produkten. Projektabschlussbericht BMVEL (Bundesministerium für Verbraucherschutz, Ernährung und Landwirtschaft). Göttingen.

Machtolf, M., M. Moje, K. Troeger, M. Bülte (2013): Die Betäubung von Schlachtschweinen mit Helium. *Mitteilungsblatt Fleischforschung Kulmbach,* 52, 202, 203–214.

Martinez, M. E., E. T. Jacobs, E. L. Ashbeck, R. Sinha, P. Lance, D. S. Alberts (2007): Meat intake, preparation methods, mutagens and colorectal adenoma recurrence. *Carcinogenesis*, 28, 9, 2019–2027.

McAfee, A. J., E. M. McSorley, G. J. Cuskelly, B.W. Moss, J. M. W. Wallace, M. P. Bonham, A. M. Fearon (2010): Red meat consumption: An overview of the risks and benefits. *Meat Science*, 84, 1, 1–13.

McPherron, A. C., Se-Jin Lee (1997): Double muscling in cattle due to mutations in the Myostatin gene. *Proceedings of the National Academy of Sciences of the USA*, 94, 23, 12457–12461.

Mörlein, D., G. Link, C. Werner, M. Wicke (2007): Suitability of three commercially produced pig breeds in Germany for a meat quality program in consideration of drip loss and eating quality. *Meat Science,* 77, 4, 504–511.

Mooney, S. J., J. Knox, A. Morabia (2014): The Thompson-McFadden Commission and Joseph Goldberger: contrasting 2 historical investigations of pellagra in cotton mill villages in South Carolina. *American Journal of Epidemology* 180, 3, 235–244. doi: 10.1093/aje/kwu134.

Müller, S. (2011): *Untersuchungen zur Fleischbeschaffenheit und Fleischreifung von Schweinefleisch unter besonderer Berücksichtigung ausgewählter Tiergenetiken in der ökologischen Haltungsform.* Dissertation vet. med. Tierärztliche Hochschule Hannover.

Murata, K., S. Tamogami, M. Itou, Y. Ohkubo, Y. Wakabayashi, H. Watanabe, H. Okamura, Y.Takeuchi, Y. Mori (2014): Identification of an olfactory signal molecule that activates the central regulator of reproduction in goats. *Current Biology,* 24, 6, 681–686. doi: http://dx.doi.org/10.1016/j.cub.2014.01.073

Muriel, E., J. Ruiz, J. Ventanas, M. J. Petrón, T. Antequera (2004): Meat quality characteristics in different lines of Iberian pigs. *Meat Science,* 67, 2, 299–307.

Nationale Verzehrsstudie II (2008): Abschlussbericht Teil 2., Max Rubner-Institut, Karlsruhe; http://www.etracker.de/lnkcnt.php?et=dQsH8K&url=http://www.mri.bund.de/filead min/Institute/EV/NVSII_Abschlussbericht_Teil_2.pdf&lnkname=http://www.mri.bund. de/fileadmin/Institute/EV/NVSII_Abschlussbericht_Teil_2.pdf

Nationale Verzehrsstudie II (2013): Lebensmittelverzehr und Nährstoffzufuhr auf Basis von 24h-Recalls, bearbeitet von Dr. Carolin Krems, Dr. Carina Walter, Dr. Thorsten Heuer, Prof. Dr. Ingrid Hoffmann, Mai 2013, Max Rubner-Institut, Karlsruhe.

Nitsche, R. (2008): Verbesserung des Tierschutzes bei der Schweineschlachtung durch Neugestaltung des Zutriebs zur und in die CO2-Betäubungsanlage. *BLE Abschlussbericht 05UM012/W.* http://download.ble.de/05UM012_W.pdf

Noriega-Gomez, M. (2014): *Produktion von Iberico-Schweinefleisch unter geänderten gesetzlichen Vorgaben.* Masterarbeit. FG Verhaltensphysiologie Universität Hohenheim.

Obuz, E., L. Akkaya, V. Gök, M. E. Dikeman (2014): Effects of blade tenderization, aging method and aging time on meat quality characteristics of Longissimus lumborum steaks from cull Holstein cows. *Meat Science,* 96, 3, 1227–1232.

Ogino, A., H. Orito, K. Shimada, H. Hirooka (2007): Evaluating environmental impacts of the Japanese beef cow-calf system by the life cycle assessment method. *Journal of Animal Science,* 70, 424–432.

Page, G., B. Ridoutt, B. Bellotti (2012): Carbon and water footprint tradeoffs in fresh tomato production. *Journal of Cleaner Production,* 32, 219–226. doi: http://dx.doi.org/10.1016/j. jclepro.2012.03.036

Pang, G., J. Xie, Q. Chen, Z. Hu (2012): How functional foods play critical roles in human health. *Food Science and Human Wellness,* 1, 1, 26–60. doi: http://dx.doi.org/10.1016/j. fshw.2012.10.001

Papstein, J. (1995): Spezialisierung der Produktion – Ochsen., *Extensive Rinderhaltung, Qualitätsfleischerzeugung und -vermarktung.* DGfZ-Schriftenreihe 1: 95–103.

Pereira, P. M. C. C., A. F. R. B. Vicente (2013): Meat nutritional composition and nutritive role in the human diet. *Meat Science,* 93, 3, 586–592.

Probst, J. K., E. Hillmann, F. Leiber, M. Kreuzer, A. Spengler Neff (2013): Influence of gentle touching applied few weeks before slaughter on avoidance distance and slaughter stress in finishing cattle. *Applied Animal Behaviour Science,* 144, 1, 14–21.

Psouni, E., A. Janke, M. Garwicz (2012): Impact of Carnivory on Human Development and evolution revealed by a new unifying model of weaning in mammals. *PLoS One,* 7, 4.

Pugliese, C., F. Sirtori (2012): Quality of meat and meat products produced from southern European pig breeds. *Meat Science,* 90, 511–518.

Purchas, R. W., D. L. Burnham, S. T. Morris (2002): growth path on tenderness of beef longissimus muscle from bulls and steers. *Journal of Animal Science,* 80, 12, 3211–3221. doi:/2002.80123211x

Rehfeld, C., I. Fiedler, N. C. Stickland (2004): Number and size of muscle fibers in relation to meat production. In: M. F. W. te Pas, M. E. Everts, H. P. Haagsman, Muscle Development of Livestock Animals: Physiology, Genetics and Meat Quality, CAB Publishing, Cambridge, MA

Rehfeld, C., G. Kuhn (2006): Consequences of birth weight for postnatal growth performance and carcass quality in pigs as related to myogenesis. *Journal of Animal Science,* 84, Suppl:E113-E123..

Retz, S., O. Hensel., M. v. Wenzlawowicz (2014): Entwicklung und Erprobung eines stressfreien Betäubungs- und Tötungsverfahrens für Rinder aus ganzjähriger Freilandhaltung (Kugelschuss). Innovationstage 2014. 15.–16. Oktober 2014, Bonn, S. 134.

Rodríguez-Estévez, V., A. García, A. G. Gómez (2009): Characteristics of the acorns selected by free range Iberian pigs during the montanera season. *Livestock Science*, 122, 2–3, 169–176. doi: http://dx.doi.org/10.1016/j.livsci.2008.08.010

Roldán, M., T. Antequera, A. Martín, A. I. Mayoral, J. Ruiz (2013): Effect of different temperature–time combinations on physicochemical, microbiological, textural and structural features of sous-vide cooked lamb loins. *Meat Science*, 93, 572–578.

Rutter, N., L. Doyal (1998): Neonatal care and management of pain: Historical and ethical issues. Seminars in Fetal and Neonatal Medicine, doi: http://dx.doi.org/10.1016/S1084-2756(98)80084-5.

Schinckel, A. P., B. T. Richert (2011): *Impact and Use of Paylean in Market Pigs*. Animal Sciences Department, Purdue University, http://www.ansc.purdue.edu/swine/porkpage/nutrient/paylean/ImpactPaylean.html

Schmid, A., B. Walther (2013): Natural vitamin D content in animal products. *Advances in Nutrition*, 4, 4, 453–462. doi: 10.3945/an.113.003780

Scholderer, J., N. A. Nielsen, L. Bredahl, C. Claudi-Magnussen, G. Lindahl (2004): Organic pork: Consumer quality perception: Final report. http://pure.au.dk/portal/files/32304683/pp0204.pdf

Scollan, N., J.-F. Hocquette, K. Nuernberg, D. Dannenberger, I. Richardson, A. Moloney (2006): Innovations in beef production systems that enhance the nutritional and health value of beef lipids and their relation-ship with meat quality. *Meat Science*, 74, 1, 17–33.

Seelbach, V. (1992): *Das Wesen der Kuh. Schriftenreihe zur Tierwesenkunde*, Band 1. Firma Schaette. 2011. Zitiert nach nach Dissertation Jenifer Wohlers, 2011, Universität Kassel-Witzenhausen.

Sensky, P. L., K. Jewell, K. J. P. Ryan, T. Parr, R. G. Bardsley, P. J. Butter (2006): Effect of anabolic agents on calpastatin promoters in porcine skeletal muscle and their responsiveness to cyclic adenosine monophosphate and calcium related stimuli. *Journal of Animal Science – JAS*, 84, 11, 2973–2982.

Simianer, H. (2015): Verbesserung des Tierwohls – was kann die Züchtung, was braucht die Züchtung? In: Kuratorium für Technik und Bauwesen in der Landwirtschaft (KTBL) (Hg.): *Herausforderung Tierwohl*. S. 54–72, Darmstadt. Online: www.ktbl.de/inhalte/ausgewaehl te-projekte/ktbl-tage-2015

Simmet, K. (2010): *Fleischproduktion mit Wagyurindern – Hintergründe und Perspektiven*. Bachelor-Thesis, Agrarwissenschaften. Fachgebiet Verhaltensphysiologie Universität Hohenheim.

Smith, S. B., T. S. Hively, G. M. Cortese, J. J. Han, K. Y. Chung, P. Catenada, C. D. Gilbert, V. L. Adams, H. J. Mersmann (2002): Conjugated linoleic acid depresses the 9 desaturase index and stearoyl coenzyme A desaturase enzyme activity in porcine subcutaneous adipose tissue. *Journal of Animal Science*, 80, 2110–2115.

Speth, J. D., K. A. Spielmann (1983): Energy source, protein metabolism, and hunter-gatherer subsistence strategies. *Journal of Anthropological Archaeology*, 2, 1, 1–31.

Spiller, A. (2006): *Zielgruppen im Markt für Bio-Lebensmittel: Ein Forschungsüberblick*. Georg-August-Universität Göttingen.

Statistisches Bundesamt (2015): Produktion von Rindfleisch in Deutschland nach Nutzviehgruppen in den Jahren 2009 bis 2014 (in Tonnen Schlachtgewicht). In Statista – Das Statistik-Portal. Zugriff am 10. Januar 2016, von http://de.statista.com/statistik/daten/studie/217999/umfrage/rindfleischproduktion-in-deutschland/. Zugriff am 10. 01. 2016.

Ströhle, A., M. Wolters, A. Hahn (2009): Die Ernährung des Menschen im evolutionsmedizinischen Kontext. *Wiener klinische Wochenschrift*, 121, 173–187. doi 10.1007/s00508-009-1139-1

Suriaatmaja, D., T. Lanier (2014): Mechanism of meat tenderization by sous vide cooking. *Meat Science*, 96, 1, 457.

Terlouw, C. (2005): Stress reactions at slaughter and meat quality in pigs: genetic background and prior experience: A brief review of recent findings. *Livestock Production Science*, 94, 1–2, 125–135. doi: http://dx.doi.org/10.1016/j.livprodsci.2004.11.032.

Terlouw, E. M. C., P. Rybarczyk (2008): Explaining and predicting differences in meat quality through stress reactions at slaughter: The case of Large White and Duroc pigs. *Meat Science*, 79, 8, 795–805.

Tornberg, E. (2005): Effects of heat on meat proteins – Implications on structure and quality of meat products. *Meat Science*, 70, 3, 493–508.

Trienekens, J., N. Wognum (2013): Requirements of supply chain management in differentiating European pork chains. *Meat Science*, 95, 3, 719–726.

Vatanparast, H., D. A. Bailey, A. D.G. Baxter-Jones, S. J. Whiting (2007): The Effects of Dietary Protein on Bone Mineral Mass in Young Adults May Be Modulated by Adolescent Calcium Intake. *Journal of Nutrition*, 137, 12, 2674–2679.

Ventanas S., J. Ventanas, J. Tovar, C. García, M. Estévez (2007): Extensive feeding versus oleic acid and tocopherol enriched mixed diets for the production of Iberian dry-cured hams: Effect on chemical composition, oxidative status and sensory traits. *Meat Science*, 77, 2, 246–256.

Verbraucherzentrale (2014 a): Lebensmittel und ihre Umweltauswirkungen Wie stehen Sie zu den folgenden Möglichkeiten, die Umweltprobleme durch die Herstellung von Fleisch zu verringern?: In Statista – Das Statistik-Portal. Zugriff am 29. Dezember 2015, http://de.statista.com/statistik/daten/studie/285531/umfrage/umfrage-zu-moeglichkeiten-um weltprobleme-in-der-fleischproduktion-zu-verringern/

Verbraucherzentrale (2014 b): Lebensmittel und ihre Umweltauswirkungen. Wie große Sorgen machen Sie sich persönlich bezüglich der folgenden Probleme im Zusammenhang mit Lebensmitteln?; In Statista – Das Statistik-Portal. Zugriff am 10. 02. 2016 http://de.statista.com/statistik/daten/studie/285496/umfrage/sorgen-von-verbrauchern-bei-lebensmitteln-in-deutschland/

VUMA (2015): Arbeitsgemeinschaft Verbrauchs- und Medienanalyse. (n.d.). Bevölkerung in Deutschland nach Häufigkeit des Konsums von Fleischersatzprodukten (z. B. Tofu) von 2010 bis 2015; In Statista – Das Statistik-Portal. Zugriff am 29. 12. 2015 http://de.statista.com/statistik/daten/studie/172354/umfrage/haeufigkeit-konsum-von-fleischersatzprodukten/

Warner, R. D., P. L. Greenwood, D. W Pethick, D. M Ferguson (2010): Genetic and environmental effects on meat quality. *Meat Science*, 86, 1, 171–183.

Warren, H. E., N. D. Scollan, M. Enser, S. I. Hughes, R. I. Richardson, J. D. Wood (2008): Effects of breed and a concentrate or grass silage diet on beef quality in cattle of 3 ages. I: Animal performance, carcass quality and muscle fatty acid composition. *Meat Science*, 78, 3, 256–269.

Warris, P. D. (2000): *Meat science: An introductory text*. CAB-International, Cambridge University Press, Cambridge, 1–223.

Weiler, U., R. Wesoly (2012): Physiologische Aspekte der Androstenon- und Skatolbildung beim Eber. *Züchtungskunde*, 84, 5, 365–393.

Weiler, U., K. Fischer, H. Kemmer, A. Dobrowolski, R. Claus (1997): Influence of androstenone sensitivity on consumer reactions to boar meat. In: M. Bonneau, K. Lundstroem, B. Malmfors (Hg.): *Boar taint in entire male pigs.*. EAAP Publication No. 92, 147–151, Wageningen.

Wenzlawowicz, M. von K. von Holleben, E. Eser (2012): Identifying reasons for stun failures. *Animal Welfare*, 21, 2, 51–60.

Wesoly, R., U. Weiler (2012 a): Nutritional Influences on Skatole Formation and Skatole Metabolism in the Pig. *Animals*, 2, 2, 221–242.

Wesoly R., U. Weiler (2012 b): Wirkung von Fütterungsmaßnahmen auf die Skatolbildung und die Skatoleinlagerung beim Schwein. *Züchtungskunde*, 84, 5, 412–426.

Wesoly, R., I. Jungbluth, V. Stefanski, U. Weiler (2015): Pre-slaughter conditions influence skatole and androstenone in adipose tissue of boars. *Meat Science*, 99, 60–67.

Weston, A. R., R. W. Rogers, T. G. Althen (2002): Review: The Role of collagen in meat tenderness. *Professional Animal Scientist*, 18, 2, 107–111.

Westphahl, V., R. Bundschuh (2015): Vieh und Fleisch. *Agrarmärkte 2015*. Landesanstalt für Entwicklung der Landwirtschaft und der ländlichen Räume Schwäbisch Gmünd.

Wicke, M., S. Maak, C. Rehfeld, G. von Lengerken, (2007): Anatomisch-physiologische Grundlagen der Fleischqualität. In: W. Branscheid, K. O. Honikel, G. von Lengerken, K. Troeger (Hg.): *Qualität von Fleisch und Fleischwaren*. Frankfurt am Main, S. 689–726.

Wiegmann, K., U. Eberle, U. R. Fritsche, K. Hünecke (2005): *Umweltauswirkungen von Ernährung – Stoffstromanalysen und Szenarien*. Ernährungswende – Diskussionspapier Nr. 7 des Öko-Instituts; Darmstadt/Hamburg, http://www.ernaehrungswende.de/pdf/DP7_Szenarien_2005_final.pdf

Williams, A. C., R. I. M. Dunbar (2014): Big brains, meat, tuberculosis and the nicotinamide switches: Co-evolutionary relationships with modern repercussions on longevity and disease? *Medical Hypotheses*, 83, 1, 79–87.

Wood, J. D., M. Enser, A. V. Fisher, G. R. Nute, P. R. Sheard, R. I. Richardson, S. I. Hughes, F. M. Whittington (2008): Fat deposition, fatty acid composition and meat quality: A review. *Meat Science*, 78, 4, 343–358.

World Health Organization (2000): *Pellagra and its prevention and control in major emergencies*; http://www.who.int/nutrition/publications/en/pellagra_prevention_control.pdf

Xiong, Y. L, M. J. Gower, C. Li, C. A. Elmore, G. L. Cromwell, M. D. Lindemann (2006): Effect of dietary ractopamine on tenderness and *postmortem* protein degradation of pork muscle. *Meat Science*, 73, 4, 600–604.

Xiong, Y. L., O. E. Mullins, J. F. Stika, J. Chen, S. P. Blanchard, W. G. Moody (2007): Tenderness and oxidative stability of post-mortem muscles from mature cows of various ages. *Meat Science*, 77, 1, 105–113.

Zühlsdorf, A., A. Spiller (2012): *Trends in der Lebensmittelvermarktung Begleitforschung zum Internetportal lebensmittelklarheit.de: Marketingtheoretische Einordnung praktischer Erscheinungsformen und verbraucherpolitische Bewertung;* http://www.vzhh.de/ernaehrung/229080/Lebensmittelvermarktung_Marktstudie_2012.pdf

zur Hausen, H., E.-M. de Villiers (2015): Dairy cattle serum and milk factors contributing to the risk of colon and breast cancers. *International Journal of Cancer*, 137, 4, 959–967.

ZZF (2015 a): Der deutsche Heimtiermarkt 2014; In Statista – Das Statistik-Portal. Zugriff am 02. 01. 2016 http://de.statista.com/statistik/daten/studie/6382/umfrage/umsatz-mit-heimtier-fertignahrung-seit-2008/

ZZF (2015 b): Anzahl der Haustiere in deutschen Haushalten nach Tierarten in den Jahren 2000 bis 2014; In Statista – Das Statistik-Portal. Zugriff am 02. 01. 2016 http://de.statista.com/statistik/daten/studie/30157/umfrage/anzahl-der-haustiere-in-deutschen-haushalten-seit-2008/